Le meilleur de soi

Du même auteur
aux Éditions J'ai lu

N'y a-t-il pas d'amour heureux ?, *J'ai lu* 7157
La guérison du cœur, *J'ai lu* 7244
Victimes de autres, bourreau de soi-même, *J'ai lu* 7465

GUY CORNEAU

Le meilleur de soi

Le rencontrer, le nourrir, l'exprimer

J'AI LU

Bienêtre

À Pierre,
pour son amitié
et parce que ce livre lui doit beaucoup.

Fais taire tes opinions, tes sentiments, tes humeurs.
Efface ta personne.
Alors ton guide intérieur, ne se causant plus aucun trouble
à lui-même,
te conduit à la chose essentielle qui est en toi :
l'impassible nature universelle.

LUCRÈCE

Un jour, sous le vaste ciel,
Le monde entier s'unira dans la paix.

Sagesse hindoue

Première partie

LA CONTRACTION

1

POUR QUE LE MEILLEUR SOIT

La part vivante de soi

Chaque être doit gagner sa liberté. Le combat que chacun est amené à livrer se déroule loin des champs de bataille, il se passe à l'intérieur. C'est une lutte pour libérer le meilleur de soi.

Chacun de nous veut exprimer le meilleur de lui-même. Chacun aspire à être vrai. Nous ne désirons pas seulement toucher à notre vérité, nous cherchons aussi à la manifester et à la dire. Au-delà de l'image sociale qui nous cloisonne, au-delà de la peur de blesser les autres si nous osons être authentique, nous souhaitons arriver à trouver les mots justes pour parler de ce que nous ressentons au plus profond. Comme si nous ne pouvions connaître de satisfaction véritable avant d'en être là.

Pourtant, nous passons notre temps à négliger le meilleur de nous-même. Nous n'arrêtons pas de remettre ce projet à plus tard. Nous vivons entravé, comme si quelque chose ou quelqu'un nous empêchait d'aller vers l'idéal.

Nous n'avons même pas une idée très claire de ce que signifie le meilleur de soi. Le terme nous interpelle, mais nous ne savons pas de quoi il s'agit exactement. Ça se situe beaucoup plus du côté d'une impression que d'une pensée précise. Nous aurions même tendance à l'associer à des notions de performance comme dans l'expression « être le meilleur ». Or en ce cas, nous sommes peut-être en train de parler du pire de nous-même. Car on ne peut approcher le meilleur sans évoquer la part d'ombre des êtres, à savoir la comparaison, le jugement et la volonté de repousser sans cesse ses limites afin de se sentir supérieur aux autres.

Étrangère à toute idée de performance ou de comparaison, l'expression *le meilleur de soi* désigne la partie vivante de nous, celle qui existe tout naturellement et tout simplement sans attente de résultat. Au-delà des difficultés de la vie personnelle, il y a une partie bonne, joyeuse et amoureuse en chaque personne. Il n'est besoin de faire ni prouesses ni courbettes pour entrer en contact avec elle. Cette partie est toujours là et nous attend patiemment. Elle est la part la plus belle et la plus large de soi, comme un terrain vierge qui n'aurait pas été touché par les vicissitudes de l'existence.

Dans ce livre, j'explique le chemin vers cette partie lumineuse. Toutefois, vous pouvez la rencontrer tout de suite car elle ne vous quitte jamais. En lisant ces lignes, permettez-vous de relâcher toute tension pour quelques secondes. Respirez profondément et entrez dans un état où il vous est possible d'apprécier votre être. Laissez se dissoudre la partie ombrageuse et goûtez la lumière qui est déjà en vous. Baignez-vous dans cet état de simplicité intérieure. Dégustez-le. Goûtez à votre propre vibration lorsqu'elle est ouverte et détendue. Laissez une présence amoureuse émaner de votre cœur. Sachez qu'en faisant cela non seulement vous êtes en contact avec le meilleur de vous-même mais que vous contribuez par votre lumière à faciliter l'équilibre de la vie. Il est bon de revenir régulièrement à cet état de facilité intérieure. Vous découvrirez peu à peu qu'il est une des clés du changement.

En fait, le meilleur de soi symbolise notre individualité profonde, avec nos goûts et nos talents, avec notre façon unique de nous inscrire dans l'existence. Il est ce que nous sommes réellement, notre *je suis* véritable, celui que nous aurons besoin de reconnaître et de manifester dans la vie si nous voulons connaître un bonheur durable.

Le psychiatre et psychanalyste suisse Carl Gustav Jung a donné le nom de *soi* à cette dimension psychique. Il signale qu'elle repose sur un paradoxe en ce qu'elle réunit à la fois ce qu'il y a de plus original en nous et ce qui nous rend semblable à tous les êtres humains et même à l'univers qui nous entoure. En somme, le soi participe à la fois de l'individuel et de l'universel. Pour moi, l'expression *le meilleur de soi* désigne le *soi* au sens proprement jungien. La prise de conscience de son existence, de même que sa manifestation dans la réalité constituent les assises d'une vie réussie.

Cependant, les théories ont souvent le désavantage de fixer les choses. Bien que Jung ne parle que de processus et de transformation, on l'oublie souvent et on a tendance à voir le soi comme une entité solide. Je tenterai dans ce livre d'en éclairer la face mouvante et créatrice.

Je précise au passage que, par les expressions *énergie créatrice, pulsion créatrice, pulsion de vie, mouvement créateur* ou *élan créateur* qui jalonnent le texte, j'entends beaucoup plus que la créativité artistique ou le bricolage. Pour moi, tout est création, chacun de nos gestes, chacune de nos pensées, chacune de nos entreprises. Tout contribue à la création de soi et du monde. Tout participe au déploiement du vivant et de la conscience. Le meilleur de soi vit au cœur de nous et il cherche à venir au monde. Il est le mouvement même de la vie.

L'univers respire

Ce qui précède m'amène à poser le meilleur de soi dans un contexte plus large : la force créatrice de l'univers. L'univers est vivant. Il est énergie créatrice. Il s'exprime. L'expression de sa force créatrice produit un mouvement qui, par sa force de cohésion, pourrait être qualifié d'amoureux.

Dans ce sens, tout est amour, soit énergie créatrice en mouvement. La loi de l'univers semble reposer sur ce mouvement que rien ni personne ne peut arrêter. Une chose est sûre, tout bouge tout le temps : notre planète, les galaxies, le climat, la nature, notre corps, le battement de notre cœur, le souffle de nos poumons et j'en passe.

En d'autres mots, l'univers pulse et cette pulsion de vie nous met au monde. Une pulsion est une force qui s'exerce au plus profond d'une personne et qui la pousse à accomplir une action dans le but de réduire une tension. La pulsion de vie nous associe donc automatiquement à l'expression et à l'action.

D'autant plus que le mot *création* renvoie étymologiquement aux mots *chair* et *incarnation*. La pulsion créatrice d'un être humain est donc une tension qui trouve son aboutissement dans la chair, dans une incarnation de plus en plus expressive de l'univers qu'elle exprime.

Nous pourrions tout aussi bien dire que l'univers respire. En effet, le cycle de la respiration marque notre vie de la conception à la mort et notre souffle nourrit tout autant notre être physique que psychique. Inspiration : l'air entre en nous pour nous revivifier. L'extérieur et toutes ses expressions s'impriment en nous pour nous recréer. Nous inspirons toutes les connaissances qui flottent dans l'univers et de la sorte l'inspiration nous touche. Léger temps d'apnée : le souffle circule en soi, il nous renouvelle, il nous purifie, il nous fait prendre de l'ampleur et de l'expansion. Expiration : l'air sort. D'une part, on s'abandonne et on se détend. De l'autre, nous nous exprimons. Nous mélangeons nos énergies au monde environnant. Nous participons à la création universelle. Léger temps mort : on se repose, on se répare, on se ressource. Et le cycle reprend.

Lorsque l'on respire de façon consciente, la respiration devient un temps de rappel à soi. Elle constitue une occasion sans pareille de savourer sa propre présence. Au sein du rythme respiratoire, nous pouvons goûter notre propre vibration et en profiter pour honorer la partie de soi qui tend vers le meilleur, celle qui cherche sans relâche l'amour et la joie pure.

Comme nous le verrons toutefois, cette respiration naturelle perd vite son ampleur. Les contractions liées à l'angoisse qui traversent toute vie affectent grandement cette façon toute simple de se nourrir. Sous le coup de la peur, nous n'arrêtons pas de respirer, mais nous restreignons l'amplitude du mouvement respiratoire. Du coup, certaines parties du corps et de la psyché vont manquer d'oxygène, ce qui entraîne malaise, maladie et perte de contact avec soi.

Le miracle de la première cellule

Pour la physique quantique, la partie de la science physique qui s'occupe des phénomènes ultrapetits, tous les éléments de l'univers sont interreliés dans un océan de vibrations subatomiques qui se situe dans l'espace entre les objets. Les êtres humains n'y sont plus conçus comme ayant des esprits dissociés de leur corps et ils ne sont pas distincts de la nature qui les entoure. Au contraire, ils forment plutôt une « forme pulsante » qui interagit constamment avec cette vaste mer d'énergie. Dans cette conception, la conscience apparaît comme un facteur de cohérence supérieure qui organise et oriente le mouvement créateur.

> Ce que les chercheurs ont trouvé n'est rien de moins qu'époustouflant. Selon eux, sur le plan le plus élémentaire, nous les humains ne sommes pas que des réactions chimiques mais plutôt une charge énergétique. Les humains et tous les êtres vivants forment une même énergie

au sein d'un champ d'énergie relié à tout. Ce champ d'énergie est le moteur central de notre être et de notre conscience, l'alpha et l'oméga de notre existence[1].

Par rapport à la pulsion créatrice universelle, la période qui s'étend de la conception d'un être humain jusqu'à sa naissance demeure un grand mystère. Dans son séminaire d'embryologie, le Dr Olivier Soulier précise qu'en neuf mois le rythme de croissance est tel qu'il faudra par la suite dix ans pour atteindre un développement comparable. Si notre tête continuait à croître à la même vitesse qu'au tout début de notre vie, elle aurait la grosseur de la Terre à la fin de notre existence. Nous venons de cette force de vie qui anime chacune de nos fibres et, sans cette puissance intérieure, nous n'existerions pas[2].

En résumé, nos parents font l'amour et il se crée une nouvelle cellule. Cette cellule-souche microscopique manipule l'information nécessaire à sa reproduction et à la spécialisation de chaque élément ainsi produit. Autrement dit, elle s'auto-organise, s'automanifeste et s'autoguérit. Cellule-architecte, elle guide la création d'un organisme complet avec les centaines de milliards de cellules qui composent un individu adulte incluant les systèmes reproducteur, nerveux, sanguin, pulmonaire, digestif et immunitaire qui s'articulent les uns par rapport aux autres.

Cette cellule possède une énergie cohérente et structurée qui lui donne un caractère propre. Nourrie par le brassage universel et issue de lui, elle se spécifie en une essence individuelle qui fonde notre individualité fondamentale, notre *je suis* véritable, celui dont je parlais plus haut. C'est comme si la cellule mère avait deux noyaux, l'un représentant son

1. Lynne McTaggart, *L'univers informé – La quête de la science pour comprendre le champ de la cohérence universelle*, Paris, Ariane, coll. « Science et Holisme », 2005, 311 p., p. 13.

2. Pour entrer en contact avec le travail du Dr Olivier Soulier, vous pouvez consulter son site : http://www.lessymboles.com.

caractère universel et l'autre son caractère individuel, car nous sommes à la fois pareils et différents de ceux qui nous entourent.

Il est important d'aborder ce sujet d'entrée de jeu car cette puissance de vie ne nous quitte jamais. Lorsque ce souffle s'arrête, nous mourons. Ce pouvoir est pulsion de création et de manifestation individuelle. Il cherche à s'exprimer pour notre plus grand bonheur. De la conception à la mort, il nous guide. Garder le contact avec lui équivaut à favoriser la santé et l'équilibre en soi.

Le bien précieux

La plupart des contes évoquent le meilleur de soi. Ils décrivent les épreuves que des héros et des héroïnes doivent traverser pour entrer en possession d'un trésor. Fait notable, le fameux trésor que l'on ne découvre qu'après un long parcours initiatique ne se trouve souvent nulle part ailleurs que chez soi.

Ce trésor est comparable à ce que les grands mythes désignent comme une lumière vivante qui se lève en nous. Par exemple, la naissance de Jésus associée au solstice d'hiver et représentée par les lumières de Noël symbolise cette énergie salvatrice qui peut se réveiller en nous.

Aujourd'hui, nous cherchons à stimuler la part vivante de nous-même par les vitamines, l'exercice, la bonne alimentation, les centres de santé et les cures de toutes sortes. Nous essayons de la trouver aussi à travers la reconnaissance de ceux et celles qui nous entourent, nous sentant vitalisé par un compliment et déprimé par une critique. Nous la recherchons également dans le domaine des relations amoureuses, quand ce n'est pas en thérapie ou aux pieds d'un maître spirituel. Mais est-ce que nous pénétrons à l'intérieur de nous ? Souvent, la quête nous épuise. Par dépit, nous finissons par trop manger et trop boire, par voir trop de télévision, bref nous nous réfugions dans la surconsommation, la suralimentation et le surcroît de travail pour ne pas entendre de l'intérieur que nous ne sommes pas arrivé au bonheur. Nous sommes parvenu à donner le change pour un temps, toutefois, la force d'inertie nous a rattrapé et nous nous écroulons épuisé et désespéré, à court de vitalité.

Il faut dire que le contexte religieux n'a pas toujours aidé. Tout en donnant un sens à la souffrance humaine à travers différents récits comme l'histoire de Jésus, la religion a tout de même eu pour effet malheureux de nous convaincre que nous étions d'obscurs pécheurs. Prenant racine dans ce fondement judéo-chrétien, la psychologie en a bien involontairement rajouté une couche. Pour sûr, elle nous a fait comprendre que nous n'étions pas d'abjects pénitents, mais elle nous a appris que chacun de nous avait quelque chose dont il devait se guérir. Nous sommes passé de l'état de pécheur à celui de névrosé.

Je caricature, bien sûr, et nous pourrions croire qu'il n'y a pas là matière à fouetter un chat ; cependant, nos manières de concevoir finissent par devenir de véritables obstacles dans la quête du meilleur de soi. Elles jouent un rôle de paravent qui nous empêche d'entrer en contact avec nous-même et de nous considérer dans notre véritable lumière. Loin de penser qu'au niveau de l'essence nous sommes de radieux diamants, nous sommes plutôt enclin à penser que nous sommes de vulgaires cailloux jetés sur la route par hasard. Si nous ne luttons pas contre de telles interprétations, nous y restons enfermé et elles deviennent la serrure même de notre prison. Le bien précieux s'en trouve perdu.

Des écueils lumineux

Au cours de l'existence, notre pulsion de vie va rencontrer des obstacles, il est vrai. Des tensions qui produisent des contractions et des fermetures vont amoindrir la force de la pulsion. Des barrages vont s'ériger face au flux d'énergie dont jouit un être. La vitalité va en souffrir. L'être se sentira moins vivant. De surcroît, les contractions et les peurs feront en sorte qu'il connaîtra de la confusion et qu'il perdra le contact avec sa puissance de manifestation, le meilleur de soi. En un mot, il va perdre le contact avec lui-même.

À partir de ce moment, un individu qui vit dans l'ignorance de son propre pouvoir va tenter de se connecter aux autres et de trouver chez eux, ou à l'extérieur, une confirmation de sa valeur. S'il ne trouve pas cet appui, il finira par penser qu'il ne vaut rien, qu'il n'est pas à la hauteur et que rien de bon ne peut lui arriver. Il aura alors atteint un point de contradiction interne alarmant. À l'origine puissant et capable de se déterminer par la force de ses inspirations et de ses aspirations, il se retrouvera dépendant de diverses stimulations de surface, destinées à tromper l'ennui et la difficulté qu'il éprouve à vivre hors de sa lumière. Nous pourrions dire qu'il s'est alors produit dans l'individu une sorte d'écart entre lui et lui-même.

Toutefois, le mécanisme de la vie est si parfait que cet écart lui sera signalé par des douleurs physiques ou psychiques, des accidents de parcours et des conflits avec les autres. Je souligne qu'il n'y a rien de mal dans ces circonstances. Il n'y a pas lieu de s'en sentir coupable. Ces situations ne sont pas les réactions d'un Dieu outré ni une punition pour d'éventuels péchés. Elles obéissent tout simplement à une mécanique étonnante qui fait que nous ne pouvons pas nous éloigner de nous-même et de ce qui ferait notre bonheur sans le ressentir.

Autrement dit, comme tout système vivant, le nôtre obéit à une loi d'autorégulation interne. Cela est vrai tout autant pour le domaine physiologique que pour la dimension psychique. C'est comme un train sur des rails. Ses roues sont si bien alignées que, dès qu'il y a déviation, il y a crissement. Ce n'est pas que le train commette une faute, c'est qu'il y a un mauvais ajustement. C'est la même chose lorsque notre voiture va mal. Nous prêtons l'oreille, nous écoutons les dysfonctionnements du mécanisme afin de les identifier et, fort de cette connaissance, d'intervenir de façon à rendre au véhicule toute sa puissance.

Ainsi, malgré les écueils, nous ne sommes jamais soumis à un déterminisme total. Bien au contraire, ces écueils sont lumineux puisqu'ils peuvent permettre un réajustement. Il va sans dire que, dans cette compréhension des choses, il n'y a rien d'écrit à l'avance. L'existence se joue d'instant en instant. Nous pouvons faire de notre vie un déplorable gâchis en refusant d'écouter nos crissements internes ou au contraire la transformer en œuvre d'art. Le choix est entre nos mains.

Bien évidemment, pour qu'il y ait choix, il faut qu'il y ait quelqu'un pour choisir. Rien de réellement transformateur et créateur, rien de ce qui rend un être réel, ne peut se passer sans qu'un individu l'ait autorisé de l'intérieur. Force est de constater que, tant que cette conscience n'est pas éveillée, tout arrive par accident. Les bonheurs comme les malheurs viennent et repartent au hasard, obéissant au simple mouvement de la vie, signalant au maître de la maison qu'il n'est pas encore entré chez lui.

La perte de contact avec soi

La perte de contact avec soi est l'un des thèmes centraux de ce livre. À chaque conférence que je donne, il se trouve quelqu'un pour poser la question : « Que fait-on quand on ne sait plus ce que l'on aime et ce dont on a le goût ? » Il y a quelques années, je donnais un séminaire dans un magnifique lieu de nature, en France. Après m'avoir écouté attentivement, une femme prit la parole : « Monsieur Corneau, je suis une bonne mère de famille qui élève trois enfants. Je prie ou je médite un peu chaque jour. Néanmoins, lorsque vous parlez d'être soi-même, je ne vois pas ce que vous voulez dire. »

Cette femme n'est pas différente de nous. C'est une femme de bonne volonté, une femme de devoir et de principe, qui mène une vie honorable en faisant du mieux qu'elle peut. Elle a même une vie intérieure riche. Mais elle est coupée de sa vitalité. Ce qui fait que sa vie manque de saveur. Nous pourrions mettre ses paroles dans la bouche de millions de personnes bien intentionnées. Elles posent en filigrane la question : comment retrouver le contact avec soi ? Eh bien, la première chose à faire consiste à ne rien faire. Puisqu'il s'agit de prendre conscience de ce qui voile l'élan de vie, il faut d'abord avoir la sagesse de ne rien entreprendre et d'observer le voile. La compréhension des dynamiques de rapetissement et de diminution de soi est importante. Elle permet de ne pas retomber à la moindre difficulté. En somme, si vous vous demandez par où commencer, c'est simple : il est bon de débuter par une observation fine et bienveillante de vos mécanismes d'enfermement.

Pour en parler, le terme *conditionnement* semble ici le plus approprié car les voiles, les complexes ou les rétrécissements du flux énergétique dont nous parlerons conditionnent littéralement nos façons de penser, de ressentir et de nous comporter.

Toutefois, pour observer ces conditionnements, il nous faut un angle de vue, une hypothèse, si vous préférez. Je vous propose d'adopter celle-ci : au lieu d'imaginer que nous sommes de pauvres hères victimes de leur destin, imaginons plutôt que nous sommes des diamants qui ont oublié leur véritable nature. Concevons-nous, au point de départ, comme naturellement débordant d'énergie, remplis d'amour et d'idées créatrices. C'est à partir de cette perspective que nous allons examiner la nature des voiles qui se sont mis en place et qui nous empêchent de constater l'existence de notre lumière.

La bonne nouvelle, dans tout cela, vient de ce que nous sommes né pour le bonheur et que, si nous l'oublions, nous serons rappelé à l'ordre. Comme tous les arbres, comme toutes les plantes, nous sommes destiné à grandir, à nous déployer et à nous épanouir pour notre plus grand plaisir et pour celui de notre entourage. Certaines racines sont si vivaces qu'elles passeront à travers une fondation de béton pour poursuivre leur route. Telle est la force du ferment de joie qui nous fonde.

L'écoute bienveillante

La conviction que j'ai acquise le long de mon existence d'homme et de thérapeute est que nos vies sont intelligibles et que nous pouvons les comprendre si nous acceptons d'écouter les bruits qui s'élèvent en nous. Non seulement sont-elles intelligibles mais nous nous accompagnons et nous nous guidons les uns les autres dans cette compréhension de ce qu'il y a de meilleur. Ainsi, l'expérience de chacun sert aux autres. Même le parcours le plus destructeur nous renseigne sur le chemin à éviter si nous voulons nous préserver du malheur ou d'une fin précoce.

La condition essentielle de cet entendement est la suspension des jugements et même des opinions sur soi. Lorsque nous pensons en termes de « je ne devrais pas être dépressif » ou « telle chose ne devrait pas se produire », nous limitons automatiquement notre capacité à saisir le sens de ce qui nous arrive. Comme le remarque à juste titre le biogénéticien Albert Jacquard, l'opinion n'est pas de la pensée, c'est de la pensée mal dégrossie. La pensée commence après l'opinion.

En l'occurrence, je sais pertinemment que l'écrit que vous avez entre les mains risque de provoquer des tensions en vous. Je vous propose donc d'observer ces réactions avec bienveillance pour que vous puissiez vous comprendre à travers elles. Sinon, vous ne ferez que vous juger, ou juger mon travail, et vous refermerez le volume. Je vous invite à vous donner la chance pendant les quelques heures que durera votre lecture de prendre congé des évaluations, des étiquettes et des comparaisons, ou du moins de les avoir à l'œil.

Il s'agit d'adopter le point de vue de ce que j'appelle l'observateur bienveillant. Il se situe à l'opposé de celui du moraliste qui veut évaluer ce qui est bien et ce qui est mal. L'observation indulgente cherche plutôt à découvrir la fonction des différents éléments qui composent une vie, incluant ceux que nous jugeons négatifs tels que la peur, la colère et les comportements destructeurs. L'observateur compréhensif cultive l'attitude suivante : « Si tout cela avait un sens, que pourrait-il bien être ? » Il devient ainsi le sujet de sa propre étude, disciple de la vie, maître et disciple de lui-même.

Cette attitude repose sur l'écoute. Lorsque nous prenons la peine d'écouter quelqu'un en profondeur, nos jugements fondent souvent comme neige au soleil. Lorsqu'une personne éveille en nous le souvenir d'expériences similaires, nous perdons le réflexe de l'étiqueter pour adopter celui de la compassion. La distance fait place à la chaleur et à l'accueil, l'humanité remplace la dureté et le rejet. La même chose vaut par rapport à soi. Lorsque nous cessons de nous juger pour nous écouter et nous comprendre, une intimité avec soi prend forme et c'est le début d'un amour authentique de soi-même qui n'est pas une complaisance par rapport à nos écueils mais le soutien nécessaire qui pourra nous amener à regagner notre puissance oubliée.

Il n'en reste pas moins que le meilleur de soi demeure difficile à définir et ce n'est pas surprenant puisqu'il est bien enfoui en nous. Il est enseveli sous des tonnes de peurs, d'attentes, de croyances négatives et d'expériences difficiles. Pour que le pire arrête d'étouffer le meilleur, il faut donc entreprendre une œuvre de compréhension et de libération psychologique. C'est à cette découverte que je vous convie.

Les étapes du chemin

Chaque écrit entraîne son auteur dans un projet qu'il découvre en cours de route. Ce livre ne fait pas exception. Parti pour écrire un ouvrage que je décrivais à mes éditeurs comme court et pratique, j'ai été emporté par un mouvement plus vaste : présenter une perspective de vie axée sur l'attitude créatrice comme base d'une existence plus satisfaisante. Pour arriver à mes fins, j'ai fait converger plusieurs éléments qui viennent de la psychologie, de la philosophie, de la science contemporaine et de la spiritualité. Les composantes que j'ai retenues participent, à mon sens, du même flux créateur, et une image que j'espère cohérente en émerge.

L'ouvrage est divisé en trois parties qui présentent chacune une perspective différente. La première est celle de la dépendance et de l'autodestruction inconsciente. C'est dans cette partie que nous parlerons de la perte de contact avec le meilleur de soi puisqu'il nous faut saisir au point de départ comment cette connexion a été perdue. Pour ce faire, nous évoquerons d'abord la naissance car le bouleversement qu'elle constitue provoque la perte de contact d'avec notre partie lumineuse. Nous visiterons par la suite un couple d'amoureux prisonnier d'une mécanique inconsciente qui l'enferme dans ses personnalités de surface, et que l'insatisfaction pousse à se quereller sans cesse. J'ai voulu ce couple un peu à l'image de chacun de nous, que nous vivions en couple ou non. Au fil des chapitres, nous comprendrons ce qui peut bien se cacher derrière une simple altercation. Peurs, attentes inconscientes, blessures anciennes, croyances destructrices, mesures de survie compensatoires seront au rendez-vous de cet examen. J'ai tenté de garder un ton léger, mais la matière par définition est sombre puisqu'elle est celle-là même de notre enfermement.

Courage, cependant. Dans la deuxième partie du livre, nous aborderons la perspective lumineuse, celle de la libération. Nous explorerons des stratégies de contact avec soi et nous verrons comment l'être peut dépasser ses entraves, se rencontrer en profondeur et nourrir le meilleur de lui-même. Il y sera question des idéaux, des talents et des dons, des goûts et des rêves. L'essence individuelle de l'être s'y profilera, digne mandataire de la pulsion universelle.

Puis, dans la troisième partie, nous aborderons la perspective du changement, à savoir celle de l'expression du meilleur de soi dans les situations de tous les jours. Chacun peut arriver à prendre contact avec son potentiel caché, chacun peut toucher à l'amour, à la paix et à la force créatrice ; cependant, les exprimer et les manifester dans la vie quotidienne représente un défi de taille. Nous parlerons donc de création et de maîtrise et nous verrons comment la joie est un produit de notre expression pleine et entière. Nous verrons également comment la parole joue un rôle central dans cette expression.

Ce livre s'élabore donc en trois temps et en autant de parties. D'abord prendre contact avec le meilleur de soi au-delà de ce qui le piège en nous. Ensuite, apprendre à se libérer des entraves en nourrissant le meilleur de soi et, finalement, envisager comment on peut l'exprimer. Ainsi, cet ouvrage résume, poursuit et complète ce dont j'ai parlé dans *Victime des autres, bourreau de soi-même*[1]. En réalité, il manquait un terme à ce titre. Il aurait dû se lire *Victime des autres, bourreau de soi-même, ou créateur de sa vie*. Je me suis rendu compte par la suite que la dimension de la création, bien que présente dans le livre, n'était pas suffisamment élaborée. Voilà pourquoi je lui donne ici tout l'éclairage nécessaire.

Vous trouverez également en cours de route quelques schémas d'analyse et des exercices qui vous permettront de

1. Guy Corneau, *Victime des autres, bourreau de soi-même,* Paris, Robert Laffont, 2003 ; Montréal, les Éditions de l'Homme, 2003 ; Paris, Éditions J'ai lu, 2004.

comprendre où vous en êtes dans votre vie, et plus particulièrement dans votre relation avec vous-même. Ces schémas et exercices sont repris de séminaires que j'ai élaborés au sein des Productions Cœur.com en collaboration avec Pierre Lessard, un pédagogue remarquable qui m'accompagne depuis le lancement de l'association, en 1997[1]. Ils ont été également proposés lors d'une série d'ateliers produits pour la télévision québécoise, avec d'autres intervenants[2].

Les sources que j'ai utilisées pour élaborer cet ouvrage sont en partie jungiennes. Toutefois, je me réfère aussi à d'autres psychanalystes, psychiatres et psychothérapeutes : Freud, bien entendu, Otto Rank, Stanislav Grof, Wilhelm Reich, Marie-Lise Labonté et David Chamberlain, pour ne nommer que ceux-là. Pour parler de la réalité énergétique de l'être, j'ai tenté de trouver mon chemin à travers quelques documents scientifiques qui m'ont fort éclairé. Je les citerai au passage, mais je m'en voudrais de ne pas mentionner d'entrée de jeu *L'univers informé,* un ouvrage de la journaliste d'investigation scientifique Lynne McTaggart qui a reçu plusieurs prix[3].

Finalement, je me suis fait le rapporteur de nombreux témoignages et expériences personnelles, qui émaillent le volume. Je tiens à remercier vivement ceux et celles qui ont accepté que des tranches de leur vie soient relatées ici pour l'éclaircissement des lecteurs.

Tout bien réfléchi, je dirais de ce livre que j'en suis beaucoup plus le traducteur que le créateur. De toute façon, faisons-nous jamais autre chose que traduire des inspirations venues du champ de la conscience universelle ? Je me suis donc attaché à interpréter dans un langage accessible,

---

1. On peut trouver la liste des ateliers offerts par les Productions Cœur.com sur le site www.productionscœur.com.
2. La série s'intitule *Guy Corneau en atelier.* Elle est produite par les Productions Point de Mire et elle est diffusée sur les ondes de la station Canal-Vie. Voir www.canalvie.com.
3. Lynne McTaggart, *op. cit.*

d'une part, ce que je lisais et, d'autre part, ce que je ressentais au fond de moi.

Dans une perspective plus large, ce livre boucle une boucle, pour moi. J'ai cherché à travers chacun de mes ouvrages un pont réaliste qui irait de la psychologie à la spiritualité en fournissant au lecteur un instrument de connaissance de lui-même et ce, en dehors du cadre d'une religion, d'une secte ou même, bien que je sois jungien, d'une école psychologique exclusive. En ajoutant à la description attentive de la personnalité et de ses écueils, la dimension de la pulsion créatrice et de l'idéal qui vient orienter cette pulsion, et en montrant que tout cela vise l'acquisition par chacun d'une autonomie et d'une liberté réelles, j'ai trouvé les jalons dont j'avais besoin pour compléter mon approche globale.

2

VENIR AU MONDE

L'angoisse existentielle

Tel qu'annoncé, nous allons consacrer la première partie de notre ouvrage à la question de la perte de contact avec la pulsion créatrice qui nous anime, une rupture qui conduit à la dépendance et à l'autodestruction inconsciente.

Dans les prochains chapitres, nous allons tenter de comprendre les effets de notre venue au monde à travers trois thèmes majeurs : la naissance, la mise en place des cuirasses corporelles et la construction d'une personnalité protectrice. Par la suite, nous explorerons de façon concrète comment, puissance lumineuse en mouvement, venant au monde pour créer et exprimer la beauté universelle, nous finissons par être convaincu, après le passage de la naissance et des premières années de vie, que nous n'avons rien de radieux en nous. Pour être aimé, nous nous confinons alors dans les limites d'une image que nous offrons aux autres comme garante de notre valeur même si elle étouffe ce que nous ressentons d'authentique. Le drame de la dépendance a débuté.

À présent, portons notre regard sur la période de gestation et de naissance de l'enfant. Depuis une quinzaine d'années, on observe de plus près cette étape du développement humain et une révolution importante de nos conceptions se prépare. Nous allons donc commencer par une description en partant des différents angles du processus lui-même. S'il s'agit d'éclairages apportés par des chercheurs actuels, les conceptions du passé y trouvent néanmoins leur place. Ces conceptions passées et présentes nous permettront de mesurer l'ampleur des bouleversements qui sont en jeu pour le nouveau-né et de mieux comprendre les contractions du flux créateur qu'ils peuvent générer sur les plans tant physique que psychologique.

Ces contractions amènent l'enfant à perdre progressivement le contact avec ses sensations internes et à s'orienter de plus en plus vers l'extérieur, délaissant ses propres ressources pour faire ce qu'on lui demande. Ces resserrements s'associent presque tous à l'angoisse. En effet, au cours de cette période où sont éprouvées les angoisses initiales, se produisent également les premiers *rétrécissements* du flux énergétique, le mot *rétrécissement* correspondant d'ailleurs à l'étymologie même du mot *angoisse*.

Il est important de se pencher sur les nouvelles perspectives récemment ouvertes pour comprendre la naissance. Dans la conception thérapeutique habituelle, la responsabilité des problèmes d'un individu repose souvent sur ses parents. Or, une grande partie des peurs qui inhibent la vie d'un individu ne relève pas d'eux. C'est le cas de la plus importante d'entre elles, à savoir l'angoisse existentielle. Elle est à la fois peur de la mort, peur de la division, peur du vide, peur du néant, peur de vivre et peur de ne plus exister. Elle représente le fondement même de toutes nos angoisses. Nous l'éprouvons en venant au monde et elle fait partie des événements naturels de l'existence.

Je veux dire par là que les parents ne peuvent éviter au nouveau-né les effets naturels du passage, et qu'ils ne sont pas responsables de toutes les angoisses qui peuvent survenir par la suite. De cette façon de voir découle un bénéfice psychologique certain. L'individu n'apparaît plus comme complètement soumis aux aléas de son enfance, et quoique leur rôle demeure important, les parents n'ont plus à se sentir totalement responsables des drames dans lesquels s'enfonce parfois leur progéniture. L'individu se retrouve de la sorte dans un dialogue plus étroit et plus constructif avec son existence, une perspective que je désire mettre en évidence tout au long de mon écrit.

Le fœtus a des émotions

Contrairement à la croyance populaire, les recherches en psychologie clinique nous montrent que la période de la gestation et de la naissance ne va pas sans heurts. L'enfant arrive au monde avec des peurs bien réelles nonobstant le bon ou le mauvais déroulement de la grossesse. Il sort d'un ventre chaud où il était complètement pris en charge, il entre maintenant dans un monde où il devra gagner son autonomie. Il était en symbiose totale avec sa mère, il devra apprendre à vivre en solo. Il vivait dans un univers liquide, il passe à un environnement fait d'air. Il flottait sans poids, il devra s'adapter à la gravité terrestre. Ce sont là des changements radicaux qui marquent l'enfant.

Comme je l'expliquais, le nouveau-né arrive avec des angoisses qui lui sont propres. Ces angoisses sont de nature existentielle, à savoir qu'elles viennent au monde en même temps que lui. Nul n'en est responsable à part le fait de naître. Elles sont inhérentes à ce changement d'état radical, et nous les revivons chaque fois que nous sommes pris dans des bouleversements majeurs liés par exemple à une rupture amoureuse ou même à un simple déménagement.

On pourrait objecter que l'idée ne tient pas la route puisque ni le fœtus ni le nouveau-né n'éprouve d'émotions : leur cerveau n'a pas fini de se constituer. C'est une affirmation à réviser, selon le Dr David Chamberlain, un chercheur en psychologie clinique de l'université de Californie à San Diego. Une vingtaine d'années d'observation des périodes natale et prénatale l'a conduit à concevoir le bébé en gestation comme un être conscient, émotif et pleinement réactif à ce que vit la mère.

> Grâce à l'échographie, nous dit-il, on a pu filmer des fœtus frappant de leur petit poing fermé la longue aiguille que l'on venait d'introduire dans le ventre de la mère pour un test d'amniocentèse. Un intrus se présentait dans leur monde et ils tentaient de se défendre contre cette menace. On en a vu d'autres bondir littéralement toutes les fois qu'il y avait des éclats de voix entre les époux. On a même des images d'un fœtus s'asseyant en position droite et ne bougeant pas pendant deux jours après que sa mère a été brutalisée par son conjoint. Il était terrifié[1].

Je dois dire, pour avoir vu ces films moi-même, qu'ils sont très convaincants. Impossible, après cela, de penser à la gestation et à la naissance de la même façon. Notre conception du fœtus humain, explique le Dr Chamberlain, fait que nous accueillons encore les enfants dans la violence alors qu'ils nous crient littéralement leur inconfort : « Regardez ces visages rouges de colère. Entendez ces cris de peur. C'est comme si nous étions aveugles à leurs marques de détresse et sourds à leurs protestations depuis des générations. »

Il affirme que les bébés ont beaucoup à nous apprendre et que, par exemple, les résultats de certaines recherches mettent en lumière l'existence d'un lien entre les mauvaises conditions de la gestation et certaines dispositions au

---

1. David Chamberlain en conférence à Montréal lors du premier Symposium international de la santé et de la périnatalité en 2005. Notes personnelles de l'auteur. On trouve le condensé des recherches de David Chamberlain dans un livre intitulé *The Mind of Your Newborn Baby* (*L'esprit de votre nouveau-né*), Berkeley North Atlantic Books, 1998, 238 p.

comportement criminel[1]. Ces observations nous permettent de constater que le fœtus possède déjà l'appareillage nécessaire qui lui permettra d'expérimenter les émotions liées à la naissance. Le cerveau n'est pas terminé, mais il y a déjà une conscience qui est en action.

Otto Rank et le traumatisme de la naissance

Plusieurs médecins et thérapeutes en ont eu l'intuition avant les avancées scientifiques actuelles. Au début du siècle dernier, le psychologue et psychanalyste Otto Rank, l'un des premiers disciples de Sigmund Freud, entrevoyait ce niveau de perception chez le nourrisson, et parlait de la naissance comme d'un traumatisme. Un traumatisme se définit comme un événement qui entraîne chez un sujet un afflux d'excitation qui dépasse le seuil de tolérance de son appareil psychique. Il ne peut donc pas l'intégrer, psychologiquement parlant. Il a formulé la théorie que la névrose d'angoisse, un profond dérèglement émotionnel, était causée par le choc que l'enfant vit en naissant.

En fait, Rank s'était mis à réfléchir à ce qui rendait la fin de l'analyse difficile pour la plupart des patients, mais avec des péripéties différentes pour chacun. Il eut l'intuition qu'ils étaient en train de revivre les difficultés de leur venue au monde. Il se disait que l'analyse était comme une matrice où le patient venait vivre une renaissance ; par conséquent, la délivrance de cet enfant symbolique passait par les mêmes

1. David Chamberlain, « Birth and Violence », article que vous pouvez trouver dans le journal en ligne Birth Psychology (*Psychologie de la naissance*), l'organe d'information officiel de l'Association for Prenatal and Perinatal Psychology and Health (Association pour la santé et la psychologie prénatale et périnatale). Bien qu'uniquement en anglais, ce journal qui s'occupe essentiellement de la période qui va de la conception à la naissance est rempli d'informations et de témoignages étonnants. Traduction de l'auteur.

angoisses de mort qui avaient été vécues lors de l'arrivée sur terre.

Rank alla même jusqu'à remettre en question le fameux désir incestueux de l'enfant pour sa mère postulé par Freud, son maître à penser. Ce désir, à l'origine du complexe d'Œdipe, viendrait de ce que l'enfant cherche à retourner dans le ventre de sa maman. Le disciple y voyait plutôt une « formation réactionnelle » à un épisode vécu difficilement. La formation réactionnelle est un mécanisme de défense que le moi conscient utilise, et qui le pousse à changer en son contraire ce qui est dérangeant ou intolérable.

Autrement dit, un nouvel état affectif se forme en réaction tout aussi bien à ce qui est angoissant qu'à ce qui pourrait être trop plaisant. Par exemple, la personne qui a des fantasmes libidineux qu'elle trouve inacceptables se montre exagérément prude, ou encore la mère qui déteste ses enfants s'affiche comme très aimante. Vu sous cet angle, l'enfant chercherait à maquiller en désir ce qui lui fait peur. En somme, le désir de sa propre mère masquerait la réalité du traumatisme de la naissance.

On raconte qu'au début, Freud fut séduit par l'approche de son disciple mais que finalement il ne put s'y résoudre. Cela entraîna le rejet de Rank par le maître viennois, qui considérait que ses théories étaient remises en question par celles de son jeune protégé. Sans doute, Freud, en bon neurologue de son temps, avait-il du mal à admettre que le cerveau fût assez mûr pour répéter dans le processus analytique ce qu'il n'avait pas pu enregistrer lors de sa naissance. Tout en admettant que la venue au monde marquait de façon indélébile tout être humain, il considérait qu'on ne pouvait travailler que sur ce dont on se souvenait. Comme la mémoire active ne s'éveille que vers l'âge de deux ans, ce qui était accessible à l'investigation thérapeutique ne commençait pour lui qu'après cet âge.

Pourtant, par la suite, plusieurs cliniciens allaient trouver des méthodes pour travailler sur les périodes de la naissance et de la gestation, affirmant qu'ils prenaient ainsi les névroses à la racine.

Arthur Janov, un thérapeute américain, est l'un de ceux-là. Il a imaginé la technique du « cri primal » pour amener les participants de ses séminaires à exprimer la difficulté de venir au monde, difficulté dont le souvenir reste marqué dans toutes nos cellules.

> La pratique d'Arthur Janov auprès de milliers de patients l'a convaincu peu à peu que les vrais déséquilibres psychiques remontaient presque invariablement aux traumatismes liés à la naissance – souvent provoqués par le manque d'amour, aussi grave selon lui que le manque d'oxygène –, qui modèlent littéralement le cerveau archaïque[1].

De son côté, la psychothérapeute Marie Lise Labonté, qui travaille sur les cuirasses corporelles que nous mettons en place pour nous protéger des chocs du passé, parle de la naissance comme d'une *blessure fondamentale*, si aiguë, si douloureuse, que nous essayons de la refouler toute notre vie durant, pour ne pas la revivre[2].

Stanislav Grof et les matrices prénatales

D'autres pionniers ont réalisé que nombre d'individus avaient des souvenirs précis de leur naissance. Dans un article passionnant, le journaliste et auteur Patrice Van Eersel nous en présente un[3]. Il s'agit de Stanislav Grof. Menant des expériences avec le LSD et par la suite avec une méthode

---

1. Otto Rank, *Le traumatisme de la naissance,* Paris, Petite Bibliothèque Payot, 1968, p. 13-14.
2. Marie Lise Labonté, *Au cœur de notre corps,* Montréal, Les Éditions de l'Homme, 2000, p. 49-50.
3. Patrice Van Eersel, *Le Tchèque qui faisait mourir et renaître sous LSD,* dans « Les dossiers clés » de la revue *Nouvelle Clés,* à la rubrique « Psychologie des profondeurs ». Voir www.nouvellesclés.com. À noter que l'article est paru pour la première fois dans le magazine *Actuel* en avril 1985.

de respiration intense qu'il a appelée « holotropique », ce psychiatre américain d'origine tchèque a vu des centaines de personnes revivre spontanément les circonstances de leur venue au monde et même de leur gestation.

Responsable d'un laboratoire de recherches, d'abord à l'Institut psychiatrique de Prague puis à l'hôpital Spring Grove de Baltimore, ayant en sa possession plus de cinq mille protocoles, Grof fut à même de vérifier à de multiples reprises la véracité des propos de ses patients auprès de leurs parents et de leurs proches. Surtout lorsque les détails concernent la réaction d'une femme enceinte à la mort de son père ou le fait qu'elle ait perdu les eaux plus d'une semaine avant l'accouchement, des éléments qui n'occupent pas souvent les discussions entre parents et enfants.

La théorie qu'il a formulée veut que, dans un état second induit par la drogue ou l'hyperoxigénation, le psychisme repère les blocages énergétiques principaux et tente de s'autoguérir en reproduisant la séquence. De cette façon, les charges peuvent être libérées, par le corps d'abord, puis retravaillées au niveau psychologique par la personne qui a accepté de faire face de la sorte à ses refoulements. Ainsi l'intégration de ce qui fait obstacle devient possible, et une reprogrammation peut être considérée.

Pour tenter de mettre de l'ordre dans la jungle des phénomènes auxquels il a été confronté, Grof en est venu à formuler une théorie de la naissance en quatre phases qu'il a appelée *matrices prénatales*. Chaque matrice constitue une empreinte fondamentale liée aux événements de la naissance. Elle moule notre expérience future et fonctionne comme un tambour que fait résonner ce que nous allons vivre par la suite. Autrement dit, chaque fois que nous vivons des expériences similaires, la matrice est réactivée. Voilà pourquoi nous nous retrouvons parfois angoissé, désespéré ou triste d'une façon que nous jugeons sans commune mesure avec ce qui nous arrive. Nous n'avons pas de mots pour décrire ce qui nous affecte car le tout est préverbal. Ça s'est passé avant le langage. La matrice résonne, tout simplement.

De la béatitude à la descente aux enfers

Voici une description succincte de ces matrices, que j'emprunte à l'article très fouillé de Van Eersel. Je vous les présente car cette théorie, fondée sur une immense collection de faits, est l'une des premières tentatives sérieuses d'expliquer ce qui se déroule au moment de la naissance et comment ce passage vient influencer notre vie.

Grof note qu'au point de départ l'embryon vit dans un espace symbiotique qui s'associe à une forme de béatitude où il goûte sensuellement et émotionnellement à l'unité fondamentale. C'est la première matrice, dont nous aurions tous la nostalgie, celle où nous connaissons un sentiment de plénitude, dans le ventre de la mère.

Puis le travail de la naissance commence brusquement et vient perturber cette béatitude. L'être est bousculé. D'autant plus qu'à ce stade, ne voyant pas d'issue, il entre dans une sorte de descente aux enfers accompagnée d'impressions de mort. C'est le noir total de la deuxième matrice. Pour ceux qui sont restés longtemps dans cette phase du travail et qui par conséquent ont une matrice très « chargée », selon l'expression de Grof, le monde apparaît comme un endroit absurde où tout effort est vain. Par la suite, l'individu aura tendance à répéter des situations de grande souffrance physique et psychologique. Le psychiatre pense que les artistes de l'absurde auraient tous une deuxième matrice très chargée.

En m'entendant parler des angoisses vécues par le nourrisson, un de mes amis fit un rapprochement spontané avec la naissance de son fils. Talentueux, celui-ci ne peut créer que sous l'effet d'un stress énorme, avec la certitude que de toute façon il n'y arrivera pas. Or ce père me raconta que sa naissance avait été longue et laborieuse. L'enfant se présentait par le front et il ne pouvait s'engager pour sortir. À un point donné, l'obstétricienne avait déclaré : « Si ce n'est pas réglé dans vingt minutes, nous devrons pratiquer une césarienne. » La mère était entrée dans un état de panique intense : une opération était pour elle synonyme d'échec. Toutefois, à bout de forces, elle avait dû s'y résoudre. Aujourd'hui, son fils porte encore l'empreinte de cette venue au monde. Elle se réactive chaque fois qu'il doit accoucher d'une création. En attendant la dernière minute pour se mettre à l'œuvre, il répète inconsciemment les conditions de sa naissance. Finalement, comme sa mère, il doit produire dans un temps très court avec la conviction que la situation est désespérée et que ses efforts ne servent à rien.

La lumière au bout du tunnel

La troisième matrice prénatale est un tunnel au bout duquel apparaît la lumière : le col de l'utérus s'ouvre. Conséquemment, elle est associée à des efforts qui valent la peine. Pourtant, avant la délivrance, il faut passer par le moment le plus violent de la naissance, où les contractions sont les plus fortes et où la tête de l'enfant subit des pressions extrêmes, aspirée dans cet étroit passage ménagé entre la vessie et le rectum de la mère. Ici, nous retrouvons « jouissance extrême et souffrance extrême inextricablement emmêlées », selon les mots du journaliste Van Eersel. Les personnes dont cette matrice est particulièrement chargée mélangent la violence, le sexe et le sang, et sont attirées par des expériences sadomasochistes ou même scatologiques.

Grof raconte qu'un patient souffrant de problèmes masochistes graves que des centaines d'heures de thérapie n'avaient pu modifier a été guéri en retrouvant des mémoires de cette phase de la naissance. Dans son cas, elle avait duré des heures. Le temps passé dans cette agonie avait pris la forme d'un traumatisme et il tentait encore d'intégrer cette souffrance extrême à travers des pratiques sadomaso où il transformait en plaisir ce qui était de l'ordre de la douleur, cherchant dans des orgasmes intenses la délivrance entrevue au bout du tunnel de la naissance.

Quant à la dernière matrice, c'est celle de la naissance elle-même. Moment de jouissance presque pure, elle rappelle la première mais, hélas, est souvent de courte durée en raison de l'accueil médical, qui ne donne pas suffisamment de temps à l'enfant pour s'acclimater à son nouvel environnement.

Contourner la vigilance du mental

Incidemment, d'autres pratiques confirment les théories du psychiatre tchèque sur les moyens utilisés par le cerveau pour s'autoguérir. Bien qu'elle ne tente pas d'éclairer spécifiquement le moment de la naissance, s'adressant aux traumatismes en général, une technique découverte depuis peu y contribue. Il s'agit de l'EMDR (Eye Movement Desensitization and Reprocessing) que ses praticiens décrivent en français comme une « intégration neuro-émotionnelle par les mouvements oculaires ». Dans ses séminaires, David Servan-Schreiber, auteur du livre *Guérir*[1], expose comment le mouvement des yeux mis au point par cette discipline induit un léger état second, qui aide la personne qui s'y prête à s'orienter vers une situation problématique qu'elle a décidé de revivre intérieurement pour la modifier.

Le mouvement des yeux proposé est le même que celui observé pendant les phases de sommeil paradoxal, qui correspondent aux périodes de rêve. On pense que le cerveau se sert de ces phases pour faire le tri et classer les événements de la journée. Or certains événements qui sont

---

1. David Servan-Schreiber, *Guérir le stress, l'anxiété et la dépression sans médicaments ni psychanalyse,* Paris, Robert Laffont, 2003, p. 97. David Servan-Schreiber est aussi coauteur de *Des yeux pour guérir, EMDR, la thérapie pour surmonter le stress, l'angoisse et les traumatismes,* Paris, Le Seuil, 2005.

d'ordre traumatique provoquent un degré d'excitation tel qu'ils ne peuvent être classés. Ils se figent donc dans la psyché comme des zones douloureuses. En provoquant volontairement le mouvement des yeux, le sujet, qui a maintenant plus d'informations, peut classer lui-même l'événement traumatisant et ainsi le ranger dans le passé.

Le bienfait de ces diverses techniques réside dans le fait qu'elles contournent la vigilance de notre appareillage mental et en particulier de nos mécanismes de défense qui veillent à ce que rien ne vienne perturber la stabilité du moi conscient. En induisant un état second comparable à un léger état de transe. Elles nous permettent aussi un accès à des couches de la psyché que Freud croyait inaccessibles à l'analyse. Fait paradoxal en soi car la psychanalyse est bel et bien fille de l'hypnose, qui avait marqué ses débuts et qui a permis la découverte de l'inconscient.

Je n'ai mentionné que quelques-unes de ces méthodes, mais il en existe nombre d'autres. Elles permettent de pratiquer une sorte de nettoyage et de reconditionnement des cellules, puisque celles-ci semblent être essentiellement de l'énergie informée et codifiée. Dans son livre, *La Découverte de l'inconscient,* l'anthropologue Henri Ellenberger notait déjà, en 1976, que plusieurs de ces approches rejoignaient les pratiques des chamans, qui, de tout temps, ont utilisé la transe comme mode de guérison[1].

En nous ouvrant à ces méthodes et à ces façons de penser, nous acquérons des moyens d'explorer les blocages inconscients, de vivifier la vie consciente et de faire en sorte que ce ne soit pas la maladie ou l'accident qui vienne créer une brèche par où ce qui n'a pu s'exprimer auparavant puisse enfin être libéré. Qu'il s'agisse de psychanalyse, de cri primal, de méthode de libération des cuirasses (MLC), de *rebirth*, de l'EMDR, de respiration holotropique, de plantes au potentiel thérapeutique comme l'ayahuasca, le but

1. Henri Ellenberger, *Histoire de la découverte de l'inconscient,* Paris, Fayard, 2001.

thérapeutique reste le même : redonner de l'expansion à ce qui a été rétréci, pour retrouver de l'énergie, de la force créatrice et du goût de vivre. En cela, chacun de ces processus ressemble à la naissance puisque chacun d'eux nous propose de repasser par un canal étroit, de façon consciente et volontaire cette fois, pour renaître symboliquement.

Le contact « peau à peau »

Ces découvertes plaident efficacement pour un meilleur accompagnement de la grossesse et de l'enfantement. Aujourd'hui, les théories d'Otto Rank ont été remises en contexte. La recherche psychologique a fait apparaître que, si la naissance peut être traumatisante, c'est surtout en fonction de la qualité de l'accueil fait à l'enfant. Dans un numéro hors série intitulé « Neuf mois pour venir au monde, 30 questions sur la plus belle aventure de la vie », le magazine français *Science et Vie* relate une étude conduite par des chercheurs israéliens. « Sari Goldstein et Imad Makhoul ont montré en 2004 que lorsque le nouveau-né bénéficie d'une heure de contact peau à peau avec sa mère au lieu de quelques minutes seulement, il est sensiblement moins agité, pleure beaucoup moins et profite d'épisodes de sommeil plus longs et plus calmes[1]. »

La pédopsychiatre française Myriam Szejer poursuit :

> Si l'on prend le temps de laisser le nouveau-né en peau à peau sur sa mère, il porte spontanément ses doigts et ses poings encore imprégnés du liquide amniotique à sa bouche et grâce au réflexe de reptation qui le propulse par petites poussées, il commence à ramper. En quelque quarante minutes, il crapahute jusqu'au sein. Celui-ci l'attire par sa forme et par son odeur similaire à celle du liquide amniotique. À cette distance, le bébé distingue

1. Lisa Garnier, « Que ressent le fœtus au moment de l'accouchement ? », magazine *Science et Vie*, hors série n° 234, p. 132.

les traits du visage de sa mère. Et c'est avec une grande concentration qu'il la regarde. En un temps record – quelques heures –, il apprend à la reconnaître visuellement... Puis la voix, les battements du cœur, la chaleur de sa mère le rassurent car ce sont les principaux repères anténataux qu'il a mémorisés[1].

Dans la perspective qui est la nôtre, c'est-à-dire le mouvement créateur de l'être, cette période de contact où le petit enfant va chercher par lui-même ce dont il a besoin au lieu d'être pris en charge comme quelqu'un de totalement impuissant présente des avantages certains. Il apprend à compter sur ses propres ressources. De plus, on peut penser que ce premier échange entre la mère et l'enfant va atténuer grandement l'angoisse existentielle car il est la plupart du temps empreint d'amour et d'émerveillement. En tout cas, si on désire augmenter le taux d'anxiété, chez l'un comme chez l'autre d'ailleurs, on ne peut faire mieux que d'isoler rapidement l'enfant de sa mère.

Or ce contact peau à peau du bébé avec sa maman dans la période qui suit l'accouchement est loin d'être monnaie courante. En France, par exemple, sur huit cents établissements, une quarantaine seulement le pratiquent. En fait, la norme semble plutôt de laisser le bébé pendant deux minutes sur le ventre de la mère. Autrement dit, si l'enfant n'est pas traumatisé par la naissance elle-même, sa prise en charge tambour battant par l'équipe soignante, son éloignement rapide de la mère et l'environnement froid, lumineux et bruyant qu'il découvre le feront à coup sûr. Sans parler du bain de l'enfant, de la désobstruction systématique de ses voies aériennes et de l'aspiration gastrique qui sont régulièrement pratiqués sans être toujours nécessaires.

Sur un ton plus social, la pédiatre Gisèle Gremmo-Feger observe que ce contact primaire entre maman et enfant, que l'on pratique avec le père lorsque la mère est dans l'impos-

---

1. *Ibid.*

sibilité de le faire, favorise la communication et déclenche les mécanismes d'attachement de façon telle qu'il diminue les risques de maltraitance dans les milieux socio-économiques défavorisés et qu'il fait baisser de façon spectaculaire le taux des abandons d'enfants dans des pays où ils sont fréquents[1].

Et il n'y a pas que le peau à peau. Même si elles demeurent marginales, de nouvelles pratiques ont fait leur apparition pour aider l'enfantement et améliorer la réception du nouveau-né. Qui n'a pas vu ces magnifiques photos de bébés nageant dans l'eau quelques minutes à peine après l'accouchement ? Maisons de naissance gérées par des sages-femmes sous supervision médicale, naissance dans un bain d'eau chaude, naissance en piscine, lumières tamisées dans la salle d'opération et présence du père lors de l'accouchement sont quelques-uns des éléments mis en place pour accompagner le passage et permettre une transition plus heureuse. Sans parler du temps de la grossesse qui lui aussi fait l'objet de transformations importantes avec l'introduction de techniques comme l'*haptonomie*. Il s'agit d'une méthode de communication tactile avec le bébé par l'intermédiaire de la paroi du ventre de la mère qui a été popularisée dans le monde francophone par le Dr Frédérick Leboyer et développée par le Néerlandais Frans Veldman.

Ainsi, malgré la lenteur des changements, la science confirme ce que les mères et les pères du monde entier savent depuis des temps immémoriaux : le fœtus est un être conscient. Ce à quoi nous ajouterions : un être conscient qui risque de garder sa vie durant les empreintes de sa venue au monde. Voilà autant de raisons de traiter cette période avec le plus de délicatesse possible, et de faire en sorte qu'elle cesse de correspondre à une première expérience de violence.

Attention, toutefois ! Même si ces approches procurent un environnement facilitant, il ne faut pas les élever au rang

1. *Id.*, p. 133.

de dogme. Il reste que, pour certaines femmes, il est impensable d'accoucher dans l'eau chaude ou d'allaiter, et que, pour certains pères, il est traumatisant d'assister à l'accouchement. Ils ne feront pas de mauvais parents pour autant. Ce qui compte est la reconnaissance que le fœtus est vivant et conscient beaucoup plus tôt que nous le pensions auparavant.

Un facteur décisif : les états intérieurs des parents

Cette reconnaissance peut aussi permettre aux parents d'être vigilants sur leurs propres états intérieurs. En effet, les mouvements affectifs du couple parental, en particulier ceux de la mère – ses pensées, ses émotions et ses angoisses –, sont comme une eau dans laquelle baigne le nourrisson. Ils prennent par conséquent une importance capitale qui est un argument de plus en faveur d'un accompagnement des parents qui le désirent pendant la grossesse.

Observons cependant que la mère est aussi la médiatrice d'états qui ne lui sont pas personnels. Elle peut craindre par exemple pour le bien-être du nourrisson lorsqu'elle vit une relation conjugale qui bat de l'aile ou dans un climat social perturbé. À travers le cocktail biochimique qu'elle offre à l'enfant, elle devient l'agente de ce qui se passe en elle tout aussi bien que dans le couple parental, l'entourage immédiat et l'environnement social. En effet, ce n'est pas la même chose de mener une grossesse tranquille à la campagne ou de la vivre pendant une guerre ou dans un temps de grands bouleversements sociaux. À travers la mère, l'enfant se trouve informé des événements extérieurs et réagit à ces pressions.

Une nuance me semble primordiale, ici. La mère est *l'agente* de toutes ces informations, mais elle n'est pas responsable des faits eux-mêmes. Tout comme elle n'est pas garante des réactions du bébé. Pourtant, les mères font souvent la confusion et se sentent ainsi coupables de ce qui arrive à leur enfant. Certes, leur attitude est loin d'être neutre, pour ce qui est du sort de l'enfant, et si elles s'attachent à vivre leur grossesse dans un climat de confiance et d'amour, cela va influencer l'enfant positivement. Toutefois, leur responsabilité s'arrête là. Pour le reste, on ne peut tout prévoir, et il faut accepter d'emblée que le nouveau-né porte des marques de sa venue au monde.

Dans un article intitulé « Early Parenting is Prenatal Parenting ! » (Prendre soin de l'enfant dès les premiers jours, c'est en prendre soin avant la naissance !), David Chamberlain encourage les parents à se préoccuper du bien-être de l'enfant dès la conception parce qu'une série de dangers le guette.

> En ce qui concerne la reproduction, les parents font face à des risques qui sont à la fois anciens et nouveaux. Cela inclut les bactéries et les virus qui deviennent souvent problématiques lorsque nous ne sommes pas suffisamment en forme pour les combattre. En plus vient une liste d'autres défis : les déficiences nutritionnelles, un torrent de produits chimiques industriels, des stimulants et des sédatifs sans cesse présents comme la nicotine, la caféine, l'alcool, d'attirantes « drogues de rue » comme les opiacés et les amphétamines, les médicaments prescrits par les médecins, les radiations électromagnétiques et même l'usage abusif des ultrasons lors des visites au bureau de l'obstétricien. En raison de tant de problèmes environnementaux, la sécurité et le caractère sacré du ventre de la mère sont menacés comme jamais auparavant[1].

Voici donc de quoi sont faits les premiers bouleversements subis par l'enfant. Ils lui font perdre le contact avec

---

1. David Chamberlain, « Early Parenting is Prenatal Parenting ! », article qui apparaît dans le journal en ligne *Birth Psychology (Psychologie de la naissance)*, l'organe d'information officiel de l'Association for Prenatal and Perinatal Psychology and Health (Association pour la santé et la psychologie prénatale et périnatale). Voir aussi www.birthpsychology.com. Traduction de l'auteur.

ses sensations intérieures et il se retrouve en pleine confusion. Il ne doit pas nécessairement en être ainsi puisque, comme nous venons de le voir, plusieurs techniques peuvent influencer de façon positive les conséquences de l'entrée dans le monde. Elles nécessitent que nous devenions tous et toutes plus conscients des enjeux en cause.

Les cuirasses corporelles

Nous venons d'examiner quelques-uns des bouleversements associés au passage de la naissance. Le nouveau-né possède des réflexes naturels qui lui permettent de s'en protéger. Ils sont de précieuses aides. Ils sont de la même nature que ceux qui font que nous ne ressentons pas sur le coup un choc physique ou psychique violent. Cet engourdissement permet souvent de sauver sa vie. Toutefois, cette anesthésie est passagère. Si les événements font en sorte qu'il faut rester tendu, qu'on ne peut se relâcher, s'installent alors des contractions permanentes.

Au cours du passage de la naissance et lors des premières années de la vie, de nombreuses mesures de protection se mettent en place en nous pour nous aider à ne pas ressentir trop intensément ce qui risque de nuire à notre développement. Paradoxalement, ces mesures protectrices naturelles vont devenir les principales responsables de la perte de contact avec soi lorsqu'elles s'établissent de façon permanente dans l'organisme. Autrement dit, si la menace perdure, les précieux réflexes naturels deviennent des carapaces. Celles-ci ont été étudiées depuis longtemps par les théoriciens du corps. Ils les nomment « cuirasses ». Ils entendent par là un bouclier vivant, « qui respire au même rythme que nous et qui nous constitue », comme le dit Marie Lise Labonté.

Penchons-nous sur cette notion de cuirasse. Elle nous aidera à comprendre ce qu'il faut entendre par rétrécissement du flux créateur et perte de contact avec soi.

La théorie du stress

Pour expliquer les cuirasses, la théorie du stress va nous aider. Elle est relativement simple : je perçois une agression, un état d'alarme est généré dans mon organisme, il produit tension nerveuse et contraction ; c'est le stress. Cette mobilisation énergétique me prépare à deux actions spécifiques : fuir ou attaquer, car ces deux gestes permettent une décharge naturelle de la tension.

Cependant, que se passe-t-il si je ne peux ni fuir ni attaquer ? Qu'arrive-t-il si je suis dans un milieu clos dont je ne peux sortir et où je perçois des ondes de rejet, dans le ventre de ma mère, par exemple, ou dans une classe où je suis la seule minorité visible ? Que se produit-il si je suis face à des parents blessés qui humilient, écrasent ou frappent ? Que faire si j'ai un patron exigeant et dominateur que je dois affronter chaque matin parce que j'ai besoin d'un salaire pour vivre ?

On dirait que la nature n'a pas prévu que de telles situations pouvaient durer longtemps – elles ne se résolvent donc pas facilement. Si je ne peux fuir ou attaquer, je vais me retrouver en situation « d'inhibition d'action », c'est-à-dire que la décharge naturelle de la tension est empêchée. Naissent alors des émotions qui resteront enfermées en moi. Ces émotions engageront la formation de nœuds corporels autour des articulations, des organes ou de n'importe quelle autre partie du corps.

Le rôle biologique de cette véritable « psychosomatisation » est que je puisse oublier la tension et fonctionner quand même. Ainsi la médecine chinoise a pu observer que les gens qui vivent des colères rentrées, pour prendre un exemple classique, développent fréquemment une vulnérabilité du foie – ils se font « de la bile ». De même, vous pourrez avoir mal dans le haut du dos si vous en prenez trop sur vos épaules sans dire un mot. Et ainsi de suite.

Autrement dit, lorsque le corps vit un stress, comme une sensation de haine ou de rejet, ce stress se propage à la vitesse de l'éclair à travers la membrane conjonctive qu'est le fascia. Le fascia est un tissu qui gaine chaque muscle et qui parcourt notre organisme en entier comme une toile d'araignée. Il permet une mobilisation instantanée qui vise la protection. Si une décharge appropriée est possible dans la fuite ou dans l'attaque, le fascia élimine la tension et les émotions avec elle. Cependant, si l'être est dans l'impossibilité d'éliminer le stress de façon efficace, les émotions fixeront la tension nerveuse dans le corps.

La formation de la cuirasse

Une cuirasse se forme pour protéger la personne des perturbations potentielles liées à des expériences telles que la peur, le rejet, l'abus, l'injustice, l'humiliation, l'abandon ou la trahison. Elle enveloppera le trouble intérieur et l'enfermera dans la forteresse corporelle. Cette cuirasse deviendra l'expression physique de la personnalité, un concept que nous aborderons de manière détaillée dans le prochain chapitre.

Comme le dit Marie Lise Labonté dans un livre intitulé *Au cœur de notre corps*, la cuirasse est « l'expression pure de la vie, mais de la vie inhibée ». La cuirasse, expression de l'intelligence universelle, n'a pas pour fonction d'emprisonner l'expression de la vie, l'onde de plaisir ou l'élan créateur. Mais elle le fait par la force des choses. Car, en réprimant les perturbations douloureuses de façon à permettre la survie au stress, elle réduit du même coup l'accès au plaisir.

La psychothérapeute du corps décrit ainsi la cuirasse :

> Elle prend son assise dans le corps et s'installe d'une façon inconsciente. Par son action d'inhibition, de défense et de protection, la cuirasse possède un mécanisme qui lui est propre. Elle n'est pas associée à un muscle spécifique mais à un ensemble : le regroupement musculaire d'une région, les organes internes, les os, le tissu conjonctif qu'est le fascia, le sang, la lymphe et les liquides interstitiels. Elle n'est pas associée à une émotion mais à un ensemble qui lie émotions, pensées, images et impressions que l'on appelle l'affect. La cuirasse est vivante et est capable d'expression et de mémoire car habitée de l'intelligence de vie[1].

Le psychiatre Wilhelm Reich, un autre disciple dissident de Freud, voyait les cuirasses comme des anneaux qui enserrent certaines parties du corps – les yeux, la gorge, le cœur ou le bassin – et forment des passages rétrécis qui bloquent la circulation de l'énergie. La vie circule encore. On peut observer le mouvement de contraction et de relâche propre au mouvement vital, mais ce dernier est limité et ne permet plus à la personne de jouir de toutes ses potentialités créatrices et *orgasmiques*. Le terme *orgasmique* est une expression chère à Reich, selon lequel toute vie cherche à s'épanouir dans l'extase individuelle et cosmique.

Lorsque à travers les manipulations appropriées d'une méthode corporelle, on touche à une cuirasse, ce sont les images, les souvenirs et les états affectifs primaires qu'elle enveloppe qui se réveillent. La personne revit alors dans son corps et dans son esprit ce qui a été refoulé. Comme les révélations peuvent être troublantes et les décharges énergétiques fortes, il vaut mieux faire ce travail dans le cadre d'une thérapie individuelle ou de groupe.

Le corps ne ment pas et il se souvient de tout. L'inconscient s'y loge aussi fermement que dans le psychisme

1. Marie Lise Labonté, *Au cœur de notre corps, op. cit.*, p. 40.

et c'est une bénédiction que nous ayons maintenant des outils qui permettent d'atteindre les refoulements et de les défaire à travers la dimension physique.

La cuirasse fondamentale

Dans le livre que j'ai cité plus haut, Marie Lise Labonté évoque les différentes cuirasses et l'âge de leur formation. Nous ne la suivrons pas dans cette description mais il me semble important de présenter la première de ces cuirasses parce qu'elle a trait à la naissance et entre directement dans notre propos.

On l'appelle la cuirasse fondamentale et elle est liée à ce que Marie Lise Labonté nomme la pulsion de mort. Quoique l'on puisse remettre en question l'existence même d'une pulsion de mort, l'angoisse de mort existe, pour sûr. Dans le cadre de cet ouvrage, elle correspond aux peurs mortifères évoquées plus haut et tombe dans la catégorie des angoisses existentielles. Cette cuirasse est la première à être façonnée, tout naturellement ; elle est reliée à l'angoisse de la naissance, aux premiers mois de la vie, aux premières sensations d'abandon et aux états de survie que peut vivre le nouveau-né.

> Elle [la cuirasse] porte les pensées télépathiques de peur, de doute et même de rejet captées par l'enfant dans le ventre de sa mère. Elle porte la vibration de la voix du père, de la mère ou des autres êtres qui ont entouré la grossesse. Elle porte les traumatismes reliés à la naissance : l'angoisse intrinsèque du passage, le mouvement dans le tunnel, le refus de sortir du ventre de la mère, le besoin d'être libéré, la peur de l'inconnu. Elle porte les souffrances reliées au cordon ombilical, la peur de la strangulation, la séparation, la coupure, le sentiment

d'abandon dès les premières minutes de vie, l'angoisse de vivre ou de mourir[1].

Lorsque l'auteur écrit que la cuirasse *porte* quelque chose, elle veut dire qu'elle l'incorpore et qu'elle le cache en elle. Elle ajoute que, sans surprise, cette cuirasse prend racine au cœur même du corps. Elle se colle aux muscles intérieurs, elle se lie à la profondeur du tissu conjonctif. Elle touche aussi le tissu crânien, le système nerveux central et les muscles profonds des yeux. Bref, elle est enfouie dans la structure intime de l'organisme. Cette cuirasse est très puissante car elle agit directement sur la pulsion de vie. Elle se fabrique à partir de la force de cette pulsion et peut aisément contribuer à la destruction de l'être si elle devient trop rigide.

Selon Marie Lise Labonté, cette cuirasse contracte fortement l'énergie vitale et provoque une tension profonde. Des conséquences importantes en résultent. Il n'est pas rare de rencontrer des personnes qui, cherchant bien inconsciemment à se protéger des angoisses liées à la naissance et à l'existence, ont forgé une carapace de base tellement solide qu'elles n'arrivent même plus à se détendre.

Cette contraction poussée à l'extrême empêchera le corps de se détendre en profondeur, de s'abandonner à l'amour, à l'énergie sexuelle, à la joie et à la spontanéité de l'être. Elle s'exprimera par des accidents d'auto quasi mortels, par des maladies incurables ou des maladies chroniques qui entraînent la mort à petit feu ainsi que par l'automutilation, l'*overdose*, les crises cardiaques à répétition et le suicide manqué[2].

Lorsque le blindage est trop épais, on perd carrément le goût de vivre. La mort semble alors la seule solution. Cela

1. *Id.*, p. 50.
2. *Ibid.*

explique le calme des gens qui vont se suicider. Ils ont enfin trouvé leur réponse. En contractant la cuirasse de base et en se libérant de ce lourd manteau d'angoisse, l'individu ressent une forme d'extase. Enfin, il retrouve son pouvoir face à la vie, et enfin, il peut choisir : la renaissance ou la destruction.

Au-delà du blindage

À travers la description de la première cuirasse, vous pouvez vous faire une idée des forces en présence. Nous venons au monde poussé par l'énergie universelle mais, dès le départ, des resserrements se produisent et le flux créateur s'en trouve rétréci. Ces cuirasses protectrices vont continuer à se former l'une sur l'autre. Bientôt, une cuirasse de désespoir viendra se superposer à celle de la pulsion de mort, parce qu'il vaut mieux se sentir impuissant que menacé de mort. Puis viendra celle de l'enfant performant qui est prêt à tout faire pour les autres afin d'être aimé et ne pas ressentir en lui le désespoir. Autour de l'adolescence, s'édifiera la cuirasse du *corps bâti* où l'être trouvera refuge dans son allure physique pour se protéger des attaques intérieures et extérieures.

Ainsi, différentes couches protectrices se mettent en place tout au long de la vie. Celui ou celle qui prend le chemin du meilleur de soi acceptera de s'en défaire pour retrouver sa véritable personne. Il est bon de savoir qu'une fois franchis les divers corps de souffrance que représentent ces cuirasses, l'individu ne reste pas prisonnier de sombres méandres ou du vide qu'il craint tant de trouver. À mesure qu'une pratique thérapeutique axée sur le corps progresse, il rencontrera spontanément des états d'amour et de joie qui existent en lui et qui coïncident avec sa vraie nature. La base de la base est lumineuse disent les bouddhistes tibétains, qui utilisent le terme de luminosité de la racine (*ground luminosity*) pour la décrire. Ou, pour employer une expression que j'ai créée en paraphrasant la quête des alchimistes : au fond de l'ombre, il y a de l'or.

Une perception se dégage de ce que nous avons dit du passage de la naissance et de ses bouleversements : un être qui, pour se protéger, se cuirasse jusqu'à s'enfermer. Craignant les émotions fortes qu'il pressent en lui, il ne s'aventure plus sur le chemin de sa sensibilité. Par peur du pire, il se prive aussi du meilleur. Avec la mise en place de ces mécanismes de survie, il perd graduellement le contact avec sa réalité universelle, confiante et naturellement créatrice.

Allons voir maintenant du côté plus spécifiquement psychologique l'effet de ces contractions en explorant le concept de personnalité.

3

LA PERSONNALITÉ PROTECTRICE

Le bouclier psychique

Nous venons de passer en revue certains facteurs qui viennent accroître ou diminuer l'angoisse existentielle du nourrisson, et qui ont pour conséquence la formation de cuirasses plus ou moins rigides. Cette connaissance va nous servir de fondation pour explorer le versant proprement psychique des mesures protectrices. Le pendant psychique des cuirasses corporelles s'appelle la personnalité. Si la formation des cuirasses se révèle la grande responsable de la contraction de la force de vie, notre identification inconsciente à la personnalité est la principale raison du maintien de ces contractions dans le temps. Nous allons donc reprendre le parcours *in utero,* en termes plus psychologiques cette fois.

La sensibilité de l'embryon fait en sorte qu'il réagit aux ondes de bienvenue, de calme ou de rejet qui irriguent le ventre maternel. Il commence à s'adapter à son environnement futur alors même qu'il est encore dans le sein de la mère grâce aux sensations et aux pressions qu'il éprouve. Comme un fruit développe une peau, il développe une couche protectrice que nous appellerons plus tard sa personnalité. Elle est une sorte d'interface entre soi et le monde.

La formation de la personnalité correspond à un mécanisme de survie instinctif. Elle est une réponse naturelle aux heurts de l'existence et elle se renforcera à la mesure des chocs qui ne manqueront pas de se produire. Autrement dit, en réponse aux contractions que le fœtus éprouve sous forme d'impressions et d'états affectifs primaires, un bouclier de protection va commencer à se mettre en place avant même son entrée dans le monde. Ce bouclier est à la fois subtil et vivant. Il s'exprime par des comportements. Ainsi, les mères différencient les attitudes de leurs enfants alors qu'ils sont encore dans leur ventre. « Ma première était calme, on aurait dit qu'elle dormait presque tout le temps. Tandis que j'ai l'impression que celui-ci court vers la sortie », me confiait une maman sur le point d'accoucher.

Il peut être surprenant de penser que le bébé est déjà en train de s'adapter à ce qu'il va vivre en naissant. Pourtant, ajuster son attitude à ce que nous allons trouver avant d'entrer quelque part est un réflexe conditionné qui se manifeste chaque jour de notre vie. Imaginez que vous êtes invité dans une soirée où il y a des personnes que vous ne connaissez pas ou avec lesquelles vous désirez entrer en contact. Votre premier réflexe pour contrer l'anxiété sera de vous donner une contenance en choisissant des vêtements appropriés, en arrangeant votre coiffure, en vous maquillant si vous êtes une femme. Vous astiquez votre armure, vous soignez votre interface. Vous allez jusqu'à adopter une attitude psychique ouverte ou fermée selon la circonstance. Probablement à votre insu, vous vous apprêtez à jouer une sorte de rôle, compromis entre ce que vous êtes vraiment et ce que l'on attend de vous. Cela vaut tout aussi bien pour un rendez-vous amoureux, pour le travail… ou pour la naissance.

C'est ainsi que la puissance intérieure qui pousse l'enfant à sortir du ventre de sa mère affronte dans le même temps un premier barrage d'importance. Le nouveau-né se recroqueville et se contracte pour se protéger. L'angoisse ouvre le bal de sa vie.

Cette angoisse est compréhensible. L'unité primordiale est rompue et l'enfant a peur de ne plus exister au-delà du passage. De plus, comme nous l'avons vu, la naissance peut coïncider avec une expérience de division et de séparation. Il craint d'être mis à l'écart ou de s'anéantir dans la masse des êtres qui l'accueillent. Il vit ce que l'on appelle en psychanalyse une angoisse de mort. Pour sûr, la pulsion de vie est plus forte que cette angoisse mortifère et le guide sans faille vers le changement d'état. Cependant, son mouvement vital est déjà contracté, c'est-à-dire que le flux s'en trouve amoindri.

Pour vous faire une idée de l'angoisse dont il est question ici, pensez à votre propre peur de la mort. N'a-t-elle pas son origine dans l'ignorance où vous vous trouvez de ce qu'il adviendra au-delà de la perte du corps physique ? L'enfant qui va vivre un changement d'état radical vit des sensations et des impressions similaires.

Par la suite, de cette angoisse de mort naîtra une gamme de peurs essentielles telles que la peur de la solitude, la peur de la trahison, la peur de l'abandon ou la peur du rejet. Ajoutons à cette liste la peur de rater sa vie, qui joue un rôle de premier plan lorsque nous sommes devant des transformations importantes. Ces peurs fondamentales s'appuient toutes sur des expériences vécues pendant l'enfance, mais leur véritable origine est l'angoisse de ne plus exister. Autrement dit, ce que l'enfant vit en famille va se conjuguer d'une façon particulière avec l'angoisse de mort, la renforçant ou l'atténuant.

Par exemple, la peur de la solitude se fonde sur une enfance dominée par le sentiment de mise à l'écart. Cependant, il y a fort à parier qu'elle a pour véritable source l'angoisse associée à l'entrée dans le monde.

Comme je l'ai dit plus haut, l'avantage d'une telle conception est qu'elle décharge en partie les parents de la responsabilité des insécurités de l'enfant. Sur le plan existentiel, l'individu n'y apparaît plus uniquement comme une victime de ses géniteurs, mais bien comme un être qui arrive au monde avec les angoisses intrinsèques à la naissance de tout être humain. Cela a quelque chose de rassurant : nous restons créateurs de notre destin malgré les charges qui s'y attachent.

Notre principal problème vient du fait qu'à partir de cette expérience physique de séparation d'avec la mère nous formulons une interprétation mentale, celle d'une division pratiquement irréparable d'avec le monde. Cette certitude refait surface chaque fois que nous traversons une crise profonde.

Notez qu'il s'agit bel et bien d'une interprétation et non d'un fait. Certes, cette interprétation est fondée sur une expérience réelle : le nourrisson est à l'extérieur du ventre de la mère, dont il s'est séparé parfois dans des douleurs mortifères. Cependant, à partir du point de vue de ceux qui vivent déjà, le nouveau-né arrive au monde, il n'aboutit pas dans le néant. Sauf exception, il est attendu comme un roi. Pour ceux qui l'accueillent, il est loin de vivre une expérience de division, il est plutôt en train de vivre une expérience de communion. Il y a eu changement d'état, mais le fil de l'unité n'a pas été brisé.

Pourtant, chacun de nous porte la peur de la solitude et de l'abandon ancrée en lui. Chacun est habité par la crainte secrète de ne plus exister si des pairs le rejettent ou s'il perd la face en public. Le philosophe Pierre Weil qualifie de fantasme de séparativité cette interprétation de notre désunion. Pour lui, elle est la source de tous nos maux, qu'ils soient individuels ou collectifs. Luttant pour un rapprochement des sciences et des traditions spirituelles, il propose l'idée suivante de la réalité ultime : un espace primordial infini et atemporel d'où émane l'énergie universelle. « Tous les systèmes connus de l'univers sont des systèmes énergétiques, composés de la même énergie », dit-il : selon lui, s'en croire séparé ne peut mener qu'à la catastrophe[1].

1. C'est dans son livre *L'art de vivre en paix – Manuel d'éducation pour une culture de la paix* (Éditions Unesco/Unipaix, 2001) que Pierre Weil reprend cette idée fondamentale. À noter qu'il est le recteur honoraire de l'Université holistique de Brasilia (Brésil) qui œuvre à un changement de culture pour éduquer à une conscience de paix. Cet effort est soutenu par l'Unesco.

Cela veut dire que, dans la vie, avant d'être victime des autres comme nous le croyons fermement, nous sommes d'abord et avant tout victime de sensations et d'impressions à partir desquelles nous avons conclu que nous étions seul et abandonné, donc divisés des autres. J'aimerais souligner cette phrase au crayon rouge car elle signifie que nous sommes surtout prisonnier de nos conceptions et les jouets d'une simple interprétation. Si tel est le cas, nous pouvons transformer la réalité de notre existence par un changement de regard. Voilà la mesure de notre liberté. Toutefois, nous verrons dans le prochain chapitre les raisons qui font que nos croyances de base ne sont pas si faciles à modifier.

Le besoin d'être reconnu

L'être humain est un animal social, c'est-à-dire qu'il a besoin d'interactions avec ses semblables pour se découvrir et pour évoluer. Cela sert tout à fait son projet créateur, qui consiste en retrouvailles avec l'unité fondamentale à travers son action dans l'humanité. Porté par son mouvement, il aspire à être reconnu comme un être universel et aussi pour son apport unique lié à l'exercice de ses dons et de ses talents. Au fond de lui-même, que nous le reconnaissions ou non, chacun de nous souhaite contribuer au bien-être collectif en manifestant son essence créatrice, pour son propre bonheur et pour celui des autres.

Comme nous venons de le voir, ce mouvement simple et pur se trouve rapidement associé à l'angoisse et au développement d'une couche protectrice, la personnalité, qui va venir recouvrir et même s'opposer à l'individualité créatrice. Cela introduit de la confusion chez l'individu ; il cherche maintenant à être reconnu par ses pairs pour contrer l'impression d'une solitude irrémédiable. Autrement dit, en plus d'engendrer une couche protectrice, l'angoisse liée à la séparation d'avec la mère va stimuler chez l'enfant un besoin ardent d'exister dans les yeux des autres. Sous l'impact de la souffrance, il perd contact avec la réalité de son mouvement créateur et cherche maintenant la preuve de son existence dans le regard d'autrui plutôt que dans la joie qu'il éprouve à manifester son essence créatrice.

Le « besoin d'être reconnu » est la façon universelle qu'ont les êtres humains de contrer l'impression d'un abandon et le sentiment d'une exclusion. Par la suite, ce besoin de reconnaissance sera au cœur de la création d'une image sociale à laquelle nous ne dérogeons pas volontiers de crainte de perdre le sentiment de valeur propre qu'elle nous procure. Si la personnalité sert de bouclier de protection, le besoin de reconnaissance va servir de pont vers les autres. La personnalité et le besoin d'être reconnu sont indissociables, et se nourrissent l'un l'autre.

La personnalité est comparable à un personnage que l'acteur accepte d'incarner le temps d'une pièce. Sauf qu'ici, la représentation ne s'arrête pas et que l'acteur devient prisonnier de son rôle par crainte de ne plus être apprécié par les autres s'il quitte les habits dans lesquels on est habitué à le voir. Au départ, il voulait participer à la pièce, à l'humanité, en y joignant son talent. À la longue, il finit par être sur pilote automatique, comme s'il obéissait à une programmation. Possédé par la peur, motivé par les heurts, désirant échapper aux expériences difficiles du passé et devenant complètement dépendant de ceux et celles qui semblent répondre à ses besoins de reconnaissance et de sécurité, l'acteur disparaît peu à peu sous les masques du personnage.

Voyons quelques exemples.

Jean est le huitième d'une famille de neuf enfants. Il comprend très tôt que ses parents n'ont pas beaucoup d'attention à lui accorder, et se sent mis à l'écart. À partir de ce moment, l'angoisse existentielle va prendre pour lui le nom de peur fondamentale du rejet. Il combat cette peur en s'isolant durant de longues heures, développant une personnalité effacée. Ainsi personne ne peut le rejeter, et il n'a pas à vivre ce malaise. Ce retrait constitue également une stratégie inconsciente pour attirer l'attention des siens, et cache un espoir secret de reconnaissance. Comme on ne vient pas le chercher, il se réfugie dans un monde imaginaire qui lui sert de paravent contre l'angoisse. Il passe de longues heures à rêvasser assis sur une grosse pierre, face à la rivière de son enfance.

À l'adolescence, il a l'occasion de monter sur scène une première fois, et c'est alors qu'il aperçoit une lueur de plaisir dans les yeux de ses parents, l'éclat de reconnaissance qu'il a toujours cherché. Il décide de devenir acteur. Sa vie va se dérouler entre les feux de la rampe, où le public joue le rôle de parents de substitution, et une existence en grande partie solitaire où il retrouve son monde imaginaire. Plus tard, malgré ses succès, il se rend compte que la crainte du rejet est encore bien chevillée à son être et qu'elle alimente la plupart de ses actions. Il constate même que toutes les insécurités se réfugient dans le corps, dans ce qu'il appelle le « corps de peur », et il décide de réagir en pratiquant les arts martiaux. Sa devise personnelle devient : « Si j'ai peur, il faut que j'y aille. » Il s'agit à n'en pas douter d'une façon de combattre l'emprise du personnage intérieur.

Lise, pour sa part, est l'aînée d'une famille d'artistes. Tout va bien jusqu'à ce qu'un petit frère fasse son apparition. Il est talentueux et s'attire vite l'admiration des parents, au grand dam de la fillette qui ne se sent plus reconnue. Elle se met donc à faire le clown pour concentrer l'attention sur elle. Elle se dit : « Si je les fais rire, c'est moi qui contrôle la situation. » Pendant de nombreuses années, cette femme aux multiples talents se croira obligée de « faire la folle », selon sa propre expression, pour attirer le regard des autres. Elle devient ainsi victime d'un personnage qu'elle n'arrivera à remettre en question que dans la cinquantaine.

Jean se retire et Lise fait la folle. Cela fait partie de leur personnalité. Ils se présentent au monde de cette façon. C'est leur façon de se défendre qui ne les défend de rien. Bien au contraire, attirés par leurs images de surface, leurs partenaires ne permettront pas qu'ils y dérogent. C'est ainsi que les drames de l'enfance se rejouent sans cesse, notamment au sein du couple.

Il y a bien d'autres façons de réagir au manque d'attention des parents. Lorsque j'ai travaillé dans les prisons, j'ai connu des hommes qui, loin de s'effacer, s'étaient dit : « Si je ne peux me faire valoir par les bons coups, je me ferai valoir par les mauvais. Je vais les emmerder le plus possible. Ils ne pourront pas oublier que j'existe. » On peut aussi penser : « Je vais tout dire, je vais tout montrer, je ne garderai rien pour moi. Comme ça, ils me remarqueront, ils ne se méfieront pas de moi, et je serai apprécié. » Tout donner, faire pitié, tout contrôler, se méfier de tout, jouer l'éternel naïf, devenir éponge, bon garçon ou bonne fille, voilà quelques façons parmi une multitude d'autres de s'assurer une survie et de lutter contre l'angoisse de ne plus exister.

Ce qu'il est primordial de retenir, sur ce point, c'est qu'il s'agit d'une réaction naturelle et instinctive aux heurts de l'existence et aux peurs que ces heurts provoquent en nous. Il n'y a donc pas lieu de se sentir coupable d'avoir une personnalité. Le problème est que, si cette façon de faire nous protège dans un premier temps, elle devient vite une prison qui nous enferme et réduit notre capacité de déploiement. Elle finit par empêcher le contact avec le flux créateur, avec le meilleur de soi.

L'attachement au personnage

Revenons brièvement aux cas de Lise et Jean. Leurs façons d'être ne résument pas leurs personnes. Elles ne représentent qu'une partie d'eux-mêmes, la surface, pourrions-nous dire, leur réaction aux expériences du passé, en somme. Mais à la longue, ils se sont identifiés à cette façon d'être parce qu'elle leur a permis de survivre. Elle est devenue leur « identité », ce à partir de quoi ils disent « je » de façon consciente. Ils croient fermement que cette identité les définit, qu'ils sont cela et pas autre chose.

À force de se cantonner dans cette réaction de survie, ils n'arrivent plus à en sortir. Leur attitude s'est cristallisée, et ils ne voient plus autre chose en eux. Certes, ils « réagissent » mais ils « n'agissent pas » encore. En psychanalyse, nous dirions que le sujet n'a pas encore pris la parole ou même, qu'il n'est pas encore né.

Nous ne sommes pas habitués à considérer notre personnalité sous cet angle, j'en suis conscient. J'aurais pu me contenter du terme *persona* que le psychanalyste Carl Gustav Jung a proposé pour désigner le masque social que nous présentons aux autres, demeurant par exemple le professeur imbu de sagesse jusque dans la chambre à coucher. J'aurais pu également utiliser l'expression de *faux soi* (*false self*) utilisée par la psychanalyse néofreudienne pour parler d'individus qui se sont développés de façon factice, largement par manque d'amour et pour s'attirer un peu d'estime de leur entourage, un entourage qui leur sert de béquille psychologique tant ils se sentent vides.

Cependant, le mot *personnalité*, d'usage courant, crée une résonance plus large, qui correspond mieux à ce que je cherche à éclairer. Il désigne un conditionnement global qui se met en place dès la naissance et se renforce sans cesse à travers les circonstances de la vie.

Il est impératif de prendre le recul nécessaire pour commencer à « se voir faire », comme on dit communément, pour constater l'existence de ce personnage grâce à une observation assidue de soi-même. On se rend compte alors que notre personnalité est souvent bien adaptée aux demandes des autres mais fort mal adaptée à ce que nous sommes véritablement.

Au risque de me répéter, je précise que le problème n'est pas dans le développement d'une personnalité quelle qu'elle soit. Après tout, chaque forme vivante possède une peau protectrice et cela est aussi vrai sur le plan psychologique que sur le plan physique. La difficulté provient du fait de croire que ce bouclier psychique nous résume réellement et qu'il nous protège alors qu'au contraire il nous expose au malheur. Plus précisément, c'est notre attachement tout à fait inconscient à cette personnalité supposée nous représenter entièrement qui pose le véritable problème. À partir du moment où l'on fait l'expérience que ce mécanisme ne présente que l'aspect contracté et défensif de sa personne, on peut avoir accès aux autres dimensions de son être.

Si vous faites continuellement le clown, on finira par ne réclamer de vous que cet aspect de boute-en-train. Vous n'oserez plus montrer aux autres que vous pouvez aussi être triste, vous tournerez tout en dérision. Ce sera votre spécialité, et vous ne pourrez plus vous présenter dans une soirée sans ce masque.

Si, au contraire, vous êtes du genre réservé, vous n'oserez pas vous lever dans une soirée pour danser passionnément ou prendre la parole en public. Vous respecterez votre image pour que les autres vous respectent en retour, même si vous avez des fourmis dans les jambes. La réaction de survie s'est transformée en piège. Elle vous empêche de suivre vos goûts véritables et de les exprimer.

Si nous n'osons pas montrer à notre entourage notre être véritable, comment s'étonner par la suite de ne pas rencontrer les amours, les amis, les collègues qui nous correspondent réellement ? Peut-il y avoir pire piège que d'être aimé pour ce que nous ne sommes pas, que d'être reconnu pour des facettes de nous-même et des capacités que nous avons développées pour plaire aux autres mais que nous n'apprécions pas ?

Aimer et être aimé

Je suis conscient que la question peut être confondante car, après tout, chacun de nous désire aimer et être aimé. Il n'y a rien de plus naturel. Nous avons besoin d'un éclairage plus spécifique pour éviter cette possible impasse.

La première question qui se pose pourrait se formuler ainsi : être aimé, soit, mais en fonction de quoi ? Être aimé pour les dimensions qui appartiennent à notre personnalité, à notre bouclier, ou être aimé pour qui nous sommes vraiment, c'est-à-dire pour notre individualité ? Je crois que la véritable aspiration de chaque être, son cri du cœur, consiste à être aimé pour ce qu'il est vraiment car chacun vient au monde avec des aptitudes et des dons différents. Toutefois le courage de vivre selon ses goûts profonds ne semble pas monnaie courante. Voyons comment se creuse l'écart entre la personnalité et l'individualité.

Avoir le courage de vivre selon ses goûts profonds, c'est s'aimer suffisamment. Or cet amour de soi prend racine en grande partie dans la façon dont nous avons été aimés dans notre enfance. Les parents chargent plus ou moins consciemment leurs enfants d'attentes multiples. Or la sensibilité ouverte des nourrissons fait d'eux des experts dans l'art de faire plaisir à papa et à maman. Tentant de vaincre l'angoisse de vivre, cherchant un regard qui confirme leur importance, ils se plient aux désirs de l'entourage pour le rendre heureux et être aimés en retour. Ce réflexe tout naturel de l'enfant entame sa déconnexion d'avec lui-même.

Si les parents prennent garde à leurs attentes, s'ils s'habituent à les remettre en question, ils sauront éviter ces écueils en grande partie. Ils pourront permettre à l'enfant le développement d'aptitudes qui ne correspondent pas nécessairement aux leurs. Paradoxalement, c'est en respectant leurs propres goûts qu'ils sauront le plus efficacement guider l'enfant vers les siens. De la sorte, ce dernier aura des chances de renouer plus tôt avec son individualité, sans attendre la crise d'adolescence ou celle de la quarantaine pour reconnaître la douloureuse distance qui s'est creusée entre lui et lui-même.

Mieux, si les parents sont allés jusqu'à reconnaître leur propre dimension universelle et se situent consciemment dans un élan de réunification avec le tout, ils recevront l'enfant lui aussi comme un être universel qu'ils guideront du mieux qu'ils le peuvent vers une expression heureuse de tout ce qu'il est. N'est-ce pas là le sens de la parole du poète Khalil Gibran lorsqu'il dit aux pères et aux mères :

Vos enfants ne sont pas vos enfants.
Ils sont les fils et les filles de l'appel de la Vie à elle-même.
Ils viennent à travers vous mais non de vous.
Et bien qu'ils soient avec vous, ils ne vous appartiennent pas[1].

LA PEUR DE DÉPLAIRE

Peu importe le don particulier d'un enfant, s'il n'a pas été autorisé par les parents, s'il ne s'est pas reflété dans leurs yeux bienveillants, il lui est difficile de s'en occuper, de ne pas s'en couper. L'estime que nos géniteurs ou leurs substituts nous manifestent nous donne de la valeur ; nous intériorisons cette valeur propre et elle permet de nous estimer en retour. Si ce processus ne prend pas place, on développe alors ce qui plaît aux parents et l'on abandonne le reste, de peur de déplaire. Ce faisant, on reste pris dans la dépendance aux autres, en attente d'une confirmation, dans la crainte du rejet et de la solitude.

Cela est encore pire si un enfant a vécu des traumatismes. Il y a quelques semaines, j'écoutais parler Mireille, à la télévision. Elle racontait qu'à treize ans, sa mère ayant déserté la maison, on l'avait séparée de sa sœur aînée pour la « placer » en foyer d'accueil. Elle n'avait pas revu cette sœur depuis douze ans et la recherchait activement. Elle disait d'abondance comment cette séparation précoce avait renforcé une attitude de méfiance, et que, malgré un époux aimant et la venue au monde d'une belle petite fille, elle n'arrivait pas à prendre confiance en elle-même. Les émouvantes retrouvailles se sont faites sous l'œil de milliers de téléspectateurs. Au moins, y avait-il là, sur le plan symbo-

1. Khalil Gibran, *Le prophète*, Paris, Casterman, 1956, p. 19.

lique, reconnaissance de la réalité de ce drame silencieux et espoir de réparation d'une blessure restée vive – mais que d'attentes déposées dans les bras d'une sœur aînée !

À l'instar de Mireille, beaucoup souffrent d'une estime de soi défaillante et sont affectivement dépendants des autres faute de n'avoir pas été reçus avec suffisamment de compréhension et de bienveillance ; faute, également, d'être enfermés dans leur personnalité sans savoir qui ils sont véritablement. Ils cherchent encore la lueur d'approbation dans les yeux de parents symboliques ou véritables. Ils en sont pour ainsi dire assoiffés, et ils craignent de perdre l'estime de ceux et celles qui leur accordent ce reflet positif. En réalité, ils vivent dans le regard des autres, captifs de leur propre image. Leur quête est invisible mais s'ils pouvaient se voir dans ce rôle, c'est la figure d'un mendiant qui leur apparaîtrait. Ce mendiant vit dans la recherche constante d'apparats destinés à masquer son indigence, à jeter de la poudre aux yeux.

Hélas, il existe un terrible théorème psychologique, que l'on pourrait formuler ainsi : plus un être est coupé de la jouissance de ses propres talents, plus il se retrouve dépendant de l'approbation des autres et prisonnier de son image. Comme la considération recherchée ne vient jamais en quantité suffisante, la vie reste insatisfaisante. On se soumet à toutes sortes de contorsions pour plaire aux autres et ne pas perdre leur estime mais pendant tout ce temps notre véritable puissance, le meilleur de soi, est laissée de côté. Nos propres ressources sont en jachère, et l'on ne goûte pas aux plaisirs de l'autonomie. Comme me l'a dit un thérapeute fort peu complaisant auquel je racontais mes mésaventures amoureuses avec le plus grand sérieux : « Vous savez, Guy, dans la vie, le grand truc, ce n'est pas d'être aimé, c'est d'aimer. »

Il me faisait sentir ainsi qu'il y avait un abîme entre le mode de la dépendance qui se résume dans la formule : « J'ai absolument besoin d'être aimé pour sentir que j'existe et que je vaux quelque chose », et celui de l'autonomie psychique qui s'exprime par : « Je manifeste mon amour en offrant ma création au monde. » Il m'invitait à faire confiance à mes propres ressources afin de les élaborer et les offrir aux autres, ce qui est un acte d'amour et de création au sens large. Sur le plan intérieur, la réussite d'une vie se mesure souvent à partir de ce changement de pôle.

La capacité de référence à soi

Une des conséquences de la coupure d'avec le meilleur de soi est le développement d'un système de dépendance. En effet, à partir du moment où un être perd le contact avec lui-même, il cherche un appui à l'extérieur. Comme il le ferait s'il perdait l'équilibre en effectuant un exercice physique.

En cela, le rôle des parents, des parents de substitution et des figures parentales symboliques tels que grands-parents, oncles et tantes, parrains et marraines, enseignants et médecins de famille, demeure primordial. Ils peuvent aider l'enfant à rester près de lui-même et de ses propres ressources, à éviter le piège de la dépendance, en partie du moins.

Reconnaître l'enfant pour ses véritables talents plutôt que pour ses réflexes d'adaptation et même de suradaptation aux demandes de l'extérieur constitue assurément un pas dans la bonne direction. Alors la carapace protectrice se fait moins rigide, et l'attachement à celle-ci se relâche. L'enfant a plus de chances de conserver le lien avec ses ressources propres, avec son vécu intérieur, avec ses sensations et ses impressions. Par conséquent, il aura plus facilement confiance en lui-même et s'autorisera plus tôt à exercer ses capacités. Le jeune y gagnera en vitalité et en goût de vivre, des éléments précieux pour la croissance.

Les figures parentales peuvent favoriser le contact d'un jeune avec lui-même au moyen de questions telles que : Que penses-tu de ce qui arrive ? Comment décrirais-tu ce que tu ressens actuellement face à ce paysage ou par rapport à cet événement ? Comment formulerais-tu ton besoin actuel ? De quoi as-tu besoin et qu'est-ce que ce besoin va satisfaire réellement ? As-tu des demandes à formuler en fonction de tes besoins et pouvons-nous faire ensemble l'inventaire de ce qui est possible et de ce qui ne l'est pas[1] ?

Il s'agit d'accompagner l'enfant dans sa recherche de réponses, quitte à lui faire des suggestions à l'occasion. Il s'agit également de lui faire appréhender un monde nuancé où ses sentiments ne sont pas nécessairement ceux des autres, où les différences ont le droit d'exister et peuvent même être goûtées. Bref, c'est une sorte de gymnastique qui présente un intérêt majeur. Combien d'adultes ne sont pas capables de dire ce qui se passe en eux tant sur le plan affectif que sur le plan physique ? À moins d'être sous le coup de sensations ou d'impressions puissantes, ils « ne se sentent pas » tellement ils sont enfermés dans la bulle de la personnalité.

Voilà pourquoi c'est souvent au sein de crises violentes que les individus se révèlent à eux-mêmes. Il n'est nul besoin qu'il en soit ainsi. Lorsque l'enfant a la permission ou la force intérieure d'entretenir le lien avec ce qu'il ressent, sa vie en est facilitée d'autant. Il développe une capacité de se référer à lui-même, qui lui permettra de s'orienter pendant toute son existence.

Cela est si vrai que la recherche en psychologie, qui met aujourd'hui l'accent sur les cas dont l'issue est heureuse plutôt que sur les impasses, a découvert que, parmi les facteurs de « résilience[2] », la présence d'une personne bienveillante figurait en bonne place. Celle-ci entretient l'espoir,

1. Ce sont là des questions inspirées de la technique de la communication non violente. Voir à cet effet le livre de Marshall Rosenberg, *Les mots sont des fenêtres ou des murs,* Saint-Julien-en-Genevois, Éditions Jouvence et Syros, 2001.

2. Le terme « résilience » a été introduit en psychologie pour désigner la capacité qu'ont certains enfants de résister à un sort adverse sans s'écrouler et perdre espoir.

évite que soit coupé le contact avec les ressentis, comme souvent dans les situations traumatisantes. On ne saurait donc sous-estimer le rôle de guide des parents.

Au cours de ma vie d'homme et de thérapeute, j'ai pu vérifier chez les autres et chez moi combien il est difficile d'avoir accès à ses sensations profondes lorsqu'on a longtemps été coupé de soi-même. Le retour à soi se fait lentement. Il demande un effort réel et continu, la plupart du temps dans le cadre d'une psychothérapie. À ce jour, si on me demande à brûle-pourpoint si je veux participer à tel ou tel projet, j'ai encore besoin d'un moment de retraite intérieure pour prendre contact avec ce que je ressens vr106aiment. Au fil du temps, j'ai appris à me respecter et à contourner ma peur de déplaire en me donnant cette période de reconnexion. Ainsi, j'arrive à répondre de façon juste, pour moi-même, et c'est beaucoup plus satisfaisant.

Dans les prochains chapitres, nous nous attacherons à distinguer les différents éléments qui composent la personnalité car c'est le meilleur moyen de provoquer une rupture de l'identification inconsciente ; ainsi nous nous rendons témoin de ce que nous croyons être mais que nous ne sommes qu'en surface. Le poste d'observation ainsi créé permettra une relation avec notre personnage intérieur auquel nous ne faisions qu'obéir aveuglément. En effet, ce qui demeure inconscient a le pouvoir de nous posséder à notre insu, et de nous faire agir, penser et ressentir dans le sens de nos complexes.

Nous sommes toujours sur la route du meilleur de soi. Toutefois, pour la parcourir jusqu'au bout, nous devons comprendre le mieux possible comment fonctionne la personnalité car elle est et demeure notre principal écueil sur le parcours de la vie.

4

AUTOPSIE D'UN CONFLIT

Un bond dans le temps

Nous pourrions continuer notre examen de manière chronologique, en démontrant comment des couches successives s'additionnent pour donner de plus en plus de poids et de réalité au personnage factice dont nous devenons prisonnier. Ainsi, aux effets du passage natal, nous ajouterions les blessures du passé, les peurs, les croyances, les attentes, les états émotifs et les comportements. Tous ces éléments conditionnent l'être et agissent comme un frein sur l'expression de son authenticité.

J'ai pensé qu'il serait plus intéressant de vous expliquer cela à partir de la situation d'un couple dans lequel chacun et chacune pourra se reconnaître. Nous allons ainsi faire un bond en avant dans le temps : les bases étant posées, nous observons ce qu'elles donnent dans l'âge adulte.

En fait, ces différentes constructions, principalement le fait d'avoir perdu le contact avec soi, vont nous entraîner dans une vie de dépendance et de conflits qui nous semblera la seule possible, comme si nous étions né pour souffrir. Nous serons témoin des difficultés dans lesquelles ce couple se débat. C'est le moment où la lumière du diamant est la plus obscurcie, où les êtres sont le plus emmêlés dans leurs voiles, emmurés dans les rôles qu'ils jouent l'un pour l'autre. Nous pourrons ainsi mieux voir les diverses couches de conditionnement qui les affectent. Notre but est d'analyser leur dynamique psychologique afin de mettre en évidence toujours la même perspective : celle de la dépendance et de l'autodestruction. En étudiant les éléments qui accompagnent et qui motivent leur conflit, nous saisirons ce qui piège le meilleur de soi en eux.

Notez que j'emploie ici le mot conflit au sens large. Il désigne une situation où l'on trouve de la tension, du malaise, des malentendus, bref de l'inconfort. Ce conflit peut être ouvert ou fermé. Pensez par exemple à un conflit familial qui n'a jamais fait surface : une longue tension est vécue en silence par tous les membres de la famille, une tension qui peut durer des années sans résolution et sans qu'on en dise mot. Il s'agit là d'un conflit fermé, d'un désaccord qui ne se dira peut-être jamais. Toutefois, les éléments de base en sont les mêmes que s'il s'agissait d'une dispute, c'est-à-dire un conflit qui explose au grand jour avec éclats de voix et explications à la clé. Nos protagonistes entrent dans ce dernier cas de figure.

Une surprise malvenue

Hélène et André vivent ensemble depuis quelques années. Ils sont dans la jeune quarantaine. Ce soir, une querelle vient d'éclater entre eux parce qu'encore une fois André a pris une décision qui implique Hélène sans lui en parler.

HÉLÈNE (*ton plaintif*). — J'en ai assez. C'est toujours la même histoire. Combien de fois faudra-t-il que je te le répète ? Je veux que tu me consultes avant de prendre des décisions qui me concernent. Un dîner samedi soir avec nos meilleurs amis... Mais j'aurais pu être occupée, samedi soir !

ANDRÉ (*affirmatif, enjoué*). — Mais non, ma chérie, tu ne pouvais pas être occupée, nous sommes toujours ensemble le samedi soir. Alors, j'ai pensé te faire une surprise en invitant nos meilleurs amis.

HÉLÈNE. — Lorsque tu fais des choses comme celle-là sans m'en parler, ça me heurte. J'ai l'impression que je ne compte pas pour toi.

ANDRÉ (*un peu irrité*). — Ah, tout de suite les grands mots ! Tu sais bien que tu comptes beaucoup pour moi. C'est simplement que, lorsque je te consulte, ça prend une éternité.

HÉLÈNE. — Peut-être que je prends un peu trop de temps pour me décider, mais sache que j'ai des envies, moi aussi.

ANDRÉ. — Peut-être, mais on n'en entend jamais parler. Prends l'autre jour. Nous voulions aller au restaurant et tu te plaignais amèrement de mon choix. Tu me disais que les grandes brasseries où tout le monde se fait voir, ce n'était pas ton fort. Alors je t'ai demandé de proposer un autre resto. Tu ne savais plus quoi dire. J'étais consterné. Tout ça pour en arriver là. Et c'est toujours comme ça ! Comme ça pour le cinéma, comme ça pour les activités du week-end, comme ça pour les dîners entre amis.

HÉLÈNE. — Tu exagères : ce n'est pas TOUJOURS comme ça ! La vérité, André, c'est que je n'ose pas te proposer les endroits que j'aime parce que tu ne t'y sentirais pas à l'aise.

ANDRÉ. — Comment peux-tu le savoir si tu ne proposes rien ?

HÉLÈNE. — Je le sais, c'est tout ! Moi, j'aime manger au comptoir, dans des petits endroits enfumés, avec le moins de décorum possible. Et toi, tu détestes ça.

ANDRÉ. — Ce que je déteste, Hélène, c'est que tu penses savoir mieux que moi ce que j'aime.

HÉLÈNE. — Tu ne fais pas mieux ! Tu décides à ma place de ce que je ferai samedi soir et tu me l'imposes.

ANDRÉ (*tentant de calmer le jeu*). — Je pensais te faire plaisir... Est-ce que c'est interdit de faire des surprises à sa femme ? De toute façon, tu ne seras pas toute seule pour cuisiner, je vais t'aider !

HÉLÈNE. — M'aider, m'aider ! Tu ne m'aides pas, André : tu fais semblant. Tu portes les paquets et tu me regardes faire en sirotant un verre de vin. Aider quelqu'un, tu ne sais pas ce que ça veut dire. Tu es complètement pris par tes choses à toi. Il n'y a que toi qui comptes dans ta vie. Je dois suivre tes désirs et tes envies, que ça me plaise ou non.

ANDRÉ. — Hélène, arrête ça tout de suite ! À t'entendre parler, on dirait que tu es une esclave.

HÉLÈNE. — Moi, ça me décourage, tout ça, et ça me déçoit que nous en soyons encore là après des années de vie commune. J'ai l'impression que ça ne changera jamais. Tu n'es pas capable d'aimer, André. Si tu m'aimais, ce serait bien différent.

ANDRÉ. — Si tu m'aimais… Si tu m'aimais… L'amour, tu n'as que ce mot-là à la bouche. Mais, je t'aime, Hélène. Dis plutôt que tu ne me trouves pas à la hauteur. C'est comme si je n'étais jamais au niveau de ce que tu attends de moi. Je ne dis jamais ce qu'il faut dire… Je ne fais jamais ce qu'il faut faire…

HÉLÈNE. — Eh bien, ça, c'est le comble ! Je m'indigne contre une de tes décisions et c'est toi qui es la pauvre victime maintenant ! C'en est trop pour moi. J'avais juste besoin que tu m'écoutes un peu. Mais ça ne marche jamais, on dirait que tu en es incapable. Toutes les fois que j'ose me plaindre, tu te mets en colère sans même essayer de comprendre. Eh bien, ton souper, tu peux te le mettre là où je pense.

ANDRÉ. — Mais c'est à cause de toi si je suis en colère. C'est exactement ce que je suis en train de t'expliquer. Je ne me sens jamais à la hauteur avec toi. Écris le script, Hélène, écris le script. Mets-moi les mots dans la bouche. Comme ça je ne ferai plus jamais d'erreur.

HÉLÈNE. — Tu es de mauvaise foi, André. La vérité, c'est que les hommes ne comprennent rien aux femmes.

Des comportements qui alimentent les conflits

Comme vous voyez, c'est mal parti. Quand ils en arrivent à cette histoire de scénario, Hélène se sent humiliée et elle se fâche, André se sent coupable mais il est trop orgueilleux pour revenir en arrière. En fait, si nous continuions, nous assisterions à une véritable déclaration de guerre car Hélène ne peut pas tolérer qu'André s'exprime de la sorte. Elle est blessée. Après tout, c'est elle qui ne se sent pas prise en compte, dans cette relation.

Je vous propose d'interrompre ici la scène pour le moment car nous avons suffisamment d'éléments pour nous faire une idée de ce qui est en jeu dans leur dynamique amoureuse.

Au fait, c'est intéressant, cette histoire de « scénario » parce qu'il est vrai qu'Hélène et André sont prisonniers d'un script écrit à l'avance. Le problème vient du fait que ce n'est pas eux qui l'ont créé. Il s'agit d'un scénario produit par leurs conditionnements inconscients, des conditionnements qui les conduisent inéluctablement au conflit et à l'impasse, et qui sont le produit de cette perte de contact avec leur puissance intérieure.

Habituellement, pour qu'un conflit éclate, il faut qu'il se soit passé quelque chose entre deux ou plusieurs personnes. Il faut que cet événement ait été provoqué par un comportement ou une attitude. Ainsi, Hélène réagit au comportement d'André qui, encore une fois, a pris une décision sans lui en parler. Le comportement d'André reflète son attitude intérieure : il ne croit pas qu'Hélène saura se décider s'il lui parle à l'avance de son projet. Hélène adopte alors un comportement de plainte. Son attitude intérieure est de détresse et d'impuissance face à une conduite qui se répète. Après avoir trouvé refuge dans les pleurs, elle va se retirer dans la chambre à coucher. André, de son côté, va tenter de fuir cette conversation d'abord en essayant de faire taire Hélène puis en s'isolant dans le mutisme.

Autant d'attitudes et de comportements qui mènent au conflit et qui l'alimentent. Cependant, ces attitudes et ces comportements ont des histoires qui dépassent largement le cadre de la dispute qui agite nos personnages. Ceux-ci nous parlent du passé de leur couple, et ils nous parlent également du passé de chacun d'entre eux avant qu'ils soient ensemble ; d'où l'intérêt de l'autopsie que nous nous apprêtons à pratiquer, et dont nous suivrons les éléments point par point non sans avoir effectué auparavant quelques remarques sur le couple, les émotions et les complexes.

Le couple fait ressortir les tensions

Le couple demeure le lieu privilégié d'éclatement des conflits, des rivalités et des malentendus parce que chacune de ses deux moitiés réagit fortement à l'autre, et le fait à travers des attitudes et des comportements qui provoquent des frictions.

En fait, dans toute relation suivie, il y a des frictions. Nous pourrions tout aussi bien parler de relations amicales, familiales ou professionnelles. Ces frictions expriment le mouvement même de la vie humaine. Certaines sont si agréables que nous les recherchons ardemment ; ce sont la caresse, la parole qui valorise. D'autres, par contre, nous heurtent et nous blessent.

Ces frictions sont dues à la proximité physique. Plus les personnes s'éloignent l'une de l'autre, plus les frictions courent de sacrées chances de s'atténuer, les bonnes comme les mauvaises. Il est à noter également que, plus on se croit dans une situation sans issue, plus les frictions sont fortes, chacun tentant de dominer, d'apeurer, de culpabiliser ou de ridiculiser son interlocuteur. À moins que l'un d'entre eux ne se soumette complètement, stratégie qui achète la paix à court terme mais qui risque d'être destructrice à long terme.

Faites disparaître l'un des protagonistes, et vous n'aurez plus de querelle parce que vous n'aurez plus de friction. C'est précisément ce qui nous amène à penser que les autres sont responsables de nos humeurs et de nos conflits puisque, lorsqu'ils ne sont pas là, nous n'en avons pas.

Mais est-ce vraiment parce que nous n'en avons pas ? ou plutôt parce qu'ils ont disparu de l'espace conscient, un peu comme les soucis du jour s'effacent lorsque nous dormons ? Pour un psychanalyste, la réponse est toute trouvée et elle ne vous surprendra pas : les conflits dorment en nous. Nous ne les sentons pas ou nous ne les percevons pas quand nous sommes seuls. Ils ne se profilent que sous forme de malaises physiques et d'humeurs qui nous traversent de temps à autre. Ils attendent une étincelle pour s'enflammer – la personne qui saura les faire éclater En ce sens, nous devrions être reconnaissants envers ceux qui, en nous heurtant, nous font exploser parce qu'alors nous avons une chance d'observer ce qui se passe en nous, qui demeure la plupart du temps inconscient.

Le génie dans la lampe

« Être en couple, c'est gérer à deux des problèmes que l'on n'aurait pas eus tout seul. » L'humoriste français Coluche résume ainsi ce que je viens de décrire. Tout à fait juste. Mais en réalité, il est important que nous apprenions à gérer à deux des problèmes que nous n'aurions pas eus tout seul. De la plus haute importance même car, sans ces frictions que nous trouvons problématiques, nous n'apprendrions pas qui nous sommes. Nous ne nous découvririons pas. Plus précisément, nous ne prendrions pas conscience des éléments qui nous enchaînent et qui gênent notre progrès vers l'expression du meilleur de nous-même. Sans ces conflits souvent explosifs et sans nos malaises intérieurs, le meilleur resterait enfermé en nous.

Je ne suis pas en train d'affirmer que ces conflits et la souffrance qu'ils entraînent sont nécessaires à la vie, mais plutôt qu'ils sont, je le répète, des signaux vivants qui nous disent que le mouvement vital a du mal à progresser en nous et qu'il rencontre des obstacles. Ils peuvent donc devenir des aides précieuses si l'on accepte de se mettre à leur écoute, car nous avons le pouvoir de les transformer en outils de connaissance de soi et de libération.

Surprenante constatation, n'est-ce pas ? Utilisons une métaphore. Vous rappelez-vous du conte *Aladin et la lampe merveilleuse* ? Imaginons que chacun de nous possède une lampe qui emprisonne un génie. Il s'agit d'un génie effervescent, qui cherche son chemin vers la sortie. Mais pour que la lampe le libère, il faut que quelqu'un la frotte. Or personne ne frotte votre lampe et, à la longue, elle se ternit. Au point que vous ne savez même plus ce qu'il y a dedans, car vous ne voyez plus à l'intérieur. Que va-t-il se passer ? Vous risquez d'avoir une vie agitée car votre « génie » voudra se faire entendre. En effet, il a le pouvoir d'attirer à lui des événements et des personnes qui vont venir se frotter à vous, à votre lampe pour le libérer, au risque de la casser et d'en détruire le contenu.

Ainsi, tout se passe comme si nous avions un précieux génie à l'intérieur de nous. Il veut se manifester et prendre part à la vie. Nous nous agitons alors, parfois avec frénésie, cherchant de la magie partout à l'extérieur de nous. En conséquence, la vie nous malmène pour nous rappeler que le trésor est en nous. Nous vivons alors crises, maladies, faillites, divorces, dépressions… Autant d'occasions de pratiquer une fissure qui laissera s'échapper notre puissance captive. Autant d'invitations à suivre le fil des frictions qui nous rappellent notre génie oublié.

Les comportements traduisent des émotions

Si vous frottez deux pierres ensemble, l'action d'un corps sur l'autre produira de l'énergie, celle-ci se traduira en chaleur et, éventuellement, une étincelle apparaîtra. Chez les êtres humains, les frictions produisent une énergie qui se traduit en émotions. Au plan psychique, nous ressentons les charges énergétiques à travers l'intensité du climat émotionnel. Ainsi, il a suffi de quelques minutes pour que l'enthousiasme d'André se change en colère devant l'accueil plutôt froid qu'Hélène a réservé à sa proposition. La lampe a été frottée, mais le génie qui en est sorti n'est pas beau à voir. Pourtant, c'est exactement le génie qu'André devait rencontrer. Tout comme Hélène doit rencontrer le génie qui est sorti de sa lampe, qui affiche une amertume teintée de désespoir.

Le dictionnaire définit ainsi le mot émotion : « Trouble, agitation momentanée, souvent impulsive, provoquée par un intense sentiment de joie, de peur, de surprise, qui peut occasionner certains malaises, certains phénomènes physiques, comme la pâleur, le rougissement, l'accélération du pouls, la sudation. » Les synonymes en sont tout aussi instructifs. Ils nous parlent de bouleversement, de choc, de frénésie, de mouvement, de passion, jusqu'à la commotion, jusqu'au traumatisme.

En psychologie, il n'y a pas de bonnes et de mauvaises émotions. Il n'y a donc pas de jugement à porter et pas de parti à prendre. Elles peuvent nous faire vivre quelque chose d'agréable ou de désagréable, mais en elles-mêmes les émotions sont neutres. Elles sont une expression spontanée de la nature humaine. Cependant, elles représentent une mine précieuse d'informations sur nous-mêmes. Elles nous permettent d'observer la nature des éléments qui bougent en nous ; surtout lorsque nous prenons le terme émotion dans un sens psychologique plus restreint. Il devient alors synonyme d'*affect*, c'est-à-dire un état affectif élémentaire qui nous prend à notre insu, que nous subissons, et qui nous contrôle plus souvent que le contraire. Bref, un état qui nous « affecte » malgré nous.

Lorsque nous parlons des émotions, nous parlons en fait de l'océan sur lequel navigue l'humanité, la plupart du temps sans gouvernail et sans cap, ballottée. Faute d'être reconnues, nos eaux intérieures soulèvent de grandes vagues où nous risquons de nous noyer. Car l'émotion déferle en nous comme une lame qui nous porte, nous emporte ou nous submerge.

Le langage lui-même n'utilise-t-il pas des images comme « se noyer dans la tristesse », « être submergé par la colère », « être terrassé par la peur » ou, à l'opposé, « nager en plein bonheur », ce qui est le contraire de la submersion ?

À l'évidence, notre psyché recèle des éléments qui, parce qu'ils sont ignorés, nous possèdent et nous contrôlent. Un événement vient nous percuter et soudain notre seuil de vigilance s'affaisse, une émotion prend possession de nous, notre humeur change, notre comportement se modifie, et une autre partie de nous-même se révèle au monde.

Par exemple, lorsque nous buvons trop, notre humeur peut changer de façon dramatique. Notre seuil de vigilance conscient s'abaisse sous l'effet de l'alcool et nous devenons moins timide, plus affirmatif, plus arrogant ou, au contraire, plus effacé. Un fragment caché de notre personnalité a été stimulé, il mène le jeu pour un temps et nous le suivons dans le dédale des émotions.

De même, lorsque nous sommes en période de deuil, nous sommes attiré par ce qui est triste, et ce qui est gai a soudain le pouvoir de nous heurter. Imaginez maintenant un deuil non résolu, qui dure depuis l'enfance et vous comprendrez comment une humeur peut contrôler votre vie entière, vous servir de fenêtre par où vous regardez le monde, n'y voyant et n'y retenant que les événements qui correspondent à un passé que vous vous êtes pourtant efforcé d'oublier.

La psychologie des complexes

Pour décrire en termes strictement psychologiques ce qui se passe lorsqu'on se trouve ainsi possédé par une humeur, on peut dire qu'on tombe sous l'influence d'un complexe. Par exemple, quand Hélène éclate en sanglots devant l'incompréhension d'André, ce dernier, au lieu d'écouter, se fâche. Pour quelques minutes ou pour quelques heures, un complexe va lui dicter son comportement et son état intérieur.

Pour des raisons liées à son enfance, André est incapable de supporter la peine de sa compagne. Une humeur colérique s'empare alors de lui et il tente de faire taire Hélène parce que ses larmes lui rappellent quelque chose d'intolérable en rapport avec sa propre détresse d'enfant que personne n'a su entendre. Parce qu'il ne le sait pas, il tombe sous l'influence du complexe d'infériorité qui monte de l'intérieur : il ne se sent pas à la hauteur. S'il était conscient de son désespoir passé, il y a de fortes chances qu'il serait capable de recevoir la détresse d'Hélène. Au lieu de quoi, il inflige à celle-ci le traitement qu'il a subi de ses parents pendant tant d'années, à savoir la domination et la négligence.

Nous avons beaucoup à apprendre de la psychologie des complexes, pour le sujet qui nous intéresse. Ces derniers constituent de véritables sous-personnalités, relativement bien organisées, qui s'emparent de nous lorsque nous faisons face à l'inattendu. Si nous ne nous occupons pas d'eux, eux s'occupent de nous. Ils ont leur propre mémoire et leur propre façon de penser, de sentir et d'agir. Ainsi, lorsque vous êtes en colère, vous vous souvenez de ce que votre partenaire a pu dire ou faire contre vous depuis des années, toutes choses qui d'ordinaire dorment en paix. De même, vous pouvez aller jusqu'à désirer le malheur de l'autre, en contradiction avec vos souhaits quotidiens. Vous vous voyez élever le ton, taper du poing sur la table, casser des assiettes, claquer des portes... Autant d'actes que vous regretterez dans les heures qui suivent. Mais, pour le moment, votre complexe a le dessus. Vous êtes « hors de vous », selon l'expression populaire, c'est-à-dire hors de votre état conscient habituel.

Le héros de football et capitaine de l'équipe française Zinedine Zidane nous a donné, lors de la finale mondiale de 2006 qui opposait l'Italie et la France, sans doute bien malgré lui, un exemple de l'émergence subite d'un complexe. Nous sommes à dix minutes de la fin de la deuxième et dernière période de prolongation. Le joueur élevé au rang de légende vivante est à quelques minutes de sa retraite annoncée. C'est son dernier match. Pourtant, les insultes d'un joueur italien le font sortir de ses gonds. Oubliant le Mondial, les trois milliards de téléspectateurs, sa carrière exemplaire, le rôle de modèle qu'il tient auprès de millions de jeunes, il se retourne et donne un coup de tête en pleine poitrine de son adversaire. « Zizou » est exclu de la partie pour son geste inacceptable et incompréhensible.

Le 12 juillet 2006, juste après l'incident, il déclarait sur les ondes de TF1 : « Et pour vous dire que c'est pas quelque chose de calculé... parce que si j'avais calculé mon coup... vous pensez bien que... je suis à dix minutes d'une fin de carrière... j'aurais pas pu faire ce geste-là. »

Pour le psychologue, le comportement de Zidane est très lisible. Une insulte l'a blessé, une sous-personnalité est montée à la surface. Pendant quelques secondes, le Zidane que tout le monde admire a été submergé par une partie plus sombre de lui-même. Il n'y avait plus de Coupe du monde, il n'y avait plus de fin de carrière, il n'y avait plus de solidarité d'équipe, il y avait seulement la blessure et le besoin de répondre à l'insulte. Pendant quelques secondes, le capitaine qui avait su mener ses joueurs jusqu'à cette finale a perdu la tête – et s'en est servi pour un « coup de boule » donné en plein cœur de son adversaire, sans doute parce que l'invective l'avait touché en plein cœur de son identité.

Pour sortir des véritables états de possession dans lesquels nous mettent les complexes, le mieux est de revenir sur les événements vécus afin de prendre conscience de ce que cachent les émotions. L'irruption soudaine d'une sous-personnalité au fil du quotidien nous invite à vivre avec plus de vigilance. Ainsi, la connaissance de soi finit par aider à la dissolution de ces forces autonomes. D'autant plus qu'alors, l'énergie qui structure un complexe devient disponible à la conscience. Voilà pourquoi la connaissance de soi permet un accroissement de vitalité. Si, pour une raison quelconque, on néglige cet effort d'attention donné à ce qui se cache dans l'ombre de notre personnalité, on risque de se retrouver de plus en plus fortement dominé par ces véritables boules d'émotion et, par conséquent, de s'appartenir de moins en moins.

L'émotion refoulée ronge la structure psychique

Utilisons une métaphore. L'eau infiltrée dans les murs d'un édifice n'a pas trouvé de voie d'évacuation ou d'évaporation. Bientôt, elle va provoquer des cloques sur la peinture. Ces dernières nous signalent qu'il y a des problèmes. Ceux-ci sont inhérents à la structure puisqu'elle laisse pénétrer l'eau. Si j'accepte le signal donné par ces boursouflures, si je cherche à trouver et à corriger les défauts de la structure, l'eau aura rempli son rôle d'indicateur ; on pourra même dire qu'elle a joué un rôle bienfaiteur. Cependant, si je ne fais que crever les cloques pour permettre à l'eau de s'écouler sans enquêter, je cours le risque de voir le symptôme réapparaître en s'aggravant, parce que la structure de mon édifice va continuer à se détériorer.

Ainsi, la querelle que vivent Hélène et André signale une faiblesse de structure dans la construction de leur couple, mais aussi des vulnérabilités psychiques chez l'un et l'autre. La plupart du temps, nous cherchons à ignorer cette réalité. Nous crevons les cloques en versant beaucoup de larmes et d'insultes. Le défoulement terminé, la tension étant momentanément évacuée, nous poursuivons notre route, voulant croire le plus naïvement du monde que les problèmes ne reviendront pas.

Ou encore, nous rendons l'autre responsable de ce qui se passe en nous. « C'est ta faute si je suis en colère », lance André à Hélène. Il tente ainsi de décharger sur elle la tension qu'il vit intérieurement. Quand nous agissons de la sorte, il nous apparaît évident que c'est principalement le comportement de l'autre personne qui est en cause, comme si elle était responsable de nos états intérieurs. Nous croyons fermement que, sans elle, il n'y aurait pas « de cloques sur notre mur ». Ce qui nous persuade que c'est elle qui a « un défaut de structure », et qu'elle devrait consulter un psychothérapeute.

Cette attitude de mise en cause de l'autre et de négation de la gravité des problèmes engendre leur répétition. Le jeu peut durer pendant des décennies. N'entend-on pas, chez certains couples, les mêmes récriminations pendant des années ? Cette dynamique malsaine devrait indiquer aux deux conjoints qu'il y a anguille sous roche. Pourtant, chacun d'eux va de l'avant avec, en prime, le fantasme que, s'il trouvait la bonne personne, tout s'arrangerait.

Eh bien, dans le cas présent, trouver la bonne personne, c'est-à-dire celle qui ne les troublerait jamais, serait une sorte de suicide psychique puisque le nouveau couple ainsi constitué peut passer des années à s'ignorer jusqu'à ce que tout éclate d'un seul coup ou, pis, n'éclate pas du tout. Le bonheur espéré est resté hors d'atteinte et notre individu est passé à côté de lui-même.

Le retrait des projections

Lorsque l'on a identifié les éléments du passé responsables d'une situation actuelle, on a fait quelque chose de très important : on a mis fin à la projection faite sur son conjoint ou sa conjointe. On s'est rendu compte qu'il n'était pas responsable des circonstances, qui étaient pour ainsi dire programmées, nos nœuds intérieurs ayant agi comme de puissants aimants.

La projection est un mécanisme psychologique qui fait que l'on prête aux autres des éléments inconscients de notre propre psyché. Il s'agit d'un mécanisme de défense par lequel le moi conscient se protège d'aspects indésirables. Aussi, ce sont souvent des traits cachés qui se trouvent projetés à l'extérieur. Voilà pourquoi, à nos yeux, ce sont toujours les autres qui sont menteurs, hypocrites, voleurs, paresseux, manipulateurs, etc. Ils portent l'ombre que nous ne voulons pas assumer. Nous projetons aussi des parties positives qui dorment dans notre inconscient et que nous ne reconnaissons pas encore en nous. Ainsi, vous pouvez avoir un talent pour la parole que vous ignorez et, toutes les fois qu'on vous demande de parler en public, vous suggérez le nom de quelqu'un d'autre.

Le retrait des projections consiste à faire l'effort d'observer si ce dont j'accuse l'autre ne serait pas un aspect de moi-même. Si Hélène accuse André de domination, par exemple, c'est qu'elle ne voit pas jusqu'à quel point elle peut être dominatrice dans sa soumission. Cela ne veut pas dire qu'André n'est pas un dominant car, après tout, il faut qu'il existe chez l'autre un crochet où accrocher nos projections. C'est plutôt qu'en le jugeant et en le condamnant, elle se juge et se condamne elle-même puisque, sans le savoir, elle fait la même chose que lui. Cet élément est important à saisir. Je prends donc la peine de le répéter : en jugeant et en condamnant les autres, c'est souvent soi-même que l'on juge et que l'on condamne car ce nous apparaît si évident chez eux correspond souvent à ce que nous faisons nous aussi mais sans nous en rendre compte.

Le retrait des projections est un élément essentiel de toute croissance psychologique ; il est très important que chacun de nous s'y exerce si nous voulons sortir d'un monde polarisé : les bons d'un côté et les méchants de l'autre. Ici, il s'agit de tourner sa langue sept fois dans sa bouche non pas avant de parler mais avant d'accuser. En effet, au chapitre des accusations, notre ombre tire plus vite que nous ; comme Lucky Luke, nous devons apprendre à tirer plus vite qu'elle.

Vous vous demandez sans doute pourquoi je vous parle des émotions, des complexes et des projections avec tant de détails. Tout simplement parce que cette vie de conflits incessants témoigne plus éloquemment qu'on ne saurait le dire de la réalité de la coupure d'avec le meilleur de soi. Alors, au lieu de reconnaître la lumière de l'autre au-delà de ses maladresses, je suis sans cesse heurté par elles, moi-même prisonnier de l'impuissance et cherchant aveuglément à être reconnu dans ma nature véritable alors même que je ne la connais pas.

L'innocence à tout prix

Pourquoi est-il si difficile de retirer nos projections ? Parce que mettre la faute sur l'autre possède des avantages cachés. Chacun de nous tente à un moment ou à un autre de culpabiliser autrui pour se décharger du poids de la responsabilité. Nous utilisons ce système de défense pour nous protéger de la tension intérieure née de cette responsabilité.

Lorsque je ne trouve pas une paire de chaussettes dans mon tiroir, je mets invariablement ma femme de ménage ou ma copine en cause... Je ne conçois pas que ce puisse être de ma faute. Quand je la retrouve, je me rends souvent compte que c'est bien moi qui l'avais placée là où elle est. Ce mécanisme se répète chaque fois que nous cherchons à prévenir l'inévitable tension associée au fait de se savoir impliqué dans pratiquement tout ce qui nous arrive.

Cette fuite de responsabilité nous aide à entretenir une illusion d'innocence que nous défendons bec et ongles en jugeant les autres et en les étiquetant. La projection se fait projectile, et la guerre entre humains commence. Elle nous permet de nourrir une image sans ombre de nous-même en diabolisant l'autre, en le rendant responsable de nos maux.

Nous finissons par penser qu'il suffirait d'éliminer la bêtise dans le monde, de trouver le conjoint ou la conjointe parfaite, pour que tout aille bien. Cependant, nous ne comprenons pas qu'en persévérant dans une telle attitude, nous retardons notre développement vers la maturité et nous restons dans la position psychologique d'un enfant.

Retirer les projections que l'on lance autour de soi comme des projectiles pour s'appliquer à comprendre ce qui provoque nos émotions et nos tensions s'avère capital tant individuellement que collectivement. Cela résume la plupart des démarches thérapeutiques, où il s'agit de trouver les nœuds du passé pour pouvoir les dénouer. Cet exercice fait en sorte que le passé redevient le passé et qu'il cesse de conditionner le présent. Ce processus peut prendre du temps, et il n'est jamais accompli une fois pour toutes. Mieux vaut le concevoir comme une gymnastique quotidienne qui permet de garder une souplesse psychique. À mesure que l'on progresse, l'exercice devient plus facile. Il devient fascinant d'aborder ses réactions émotives en se disant : « Tiens, comme c'est intéressant, je me demande bien ce qui se cache là-dessous. »

La boucle des comportements

André a des comportements dominateurs. Il joue à celui qui veut faire une agréable surprise à sa femme mais, en fait, il cherche à lui imposer une décision sans l'avoir consultée au préalable. Il la manipule, d'une certaine façon, et si elle se rebelle, il devient colérique. Hélène, quant à elle, affiche normalement des comportements soumis. Toutefois, dans ce cas précis, la goutte a fait déborder le vase ; elle se sent triste et impuissante et elle se met à accuser André de la rendre malheureuse et de ne pas la comprendre.

Les conflits engendrés par les comportements et les émotions qui, en retour, provoquent d'autres comportements et d'autres émotions, forment une sorte de boucle dans laquelle nous pouvons circuler longtemps. La plupart du temps, nous sommes conscients de ce cercle vicieux. Nous savons que nos conflits naissent de nos attitudes ou des comportements de l'autre et qu'ils provoquent des émotions. Nous savons moins que ces émotions et ces comportements étaient déjà en nous, que l'autre n'en est que le déclencheur passager.

J'emploie ici le mot « boucle » parce qu'en informatique il désigne une « suite d'instructions d'un programme exécuté de manière répétitive ». Ce terme souligne le caractère mécanique et programmé de nos façons de faire ainsi que leur aspect circulaire. Bref, dans une situation inconfortable, nous tournons souvent en rond dans le même tourbillon de comportements, d'attitudes et d'émotions. Cette boucle représente la surface des choses, et nous en sommes facilement conscient.

Elle exprime le remous qui nous agite et qui descend en spirale vers les angoisses existentielles de la naissance dont nous avons parlé plus tôt. Néanmoins, c'est plutôt la surface du remous qui accapare complètement notre attention. Cet accaparement a même une fonction. Comme nous l'avons vu, il nous permet d'éviter des vertiges plus graves qui auraient pourtant l'avantage de nous rapprocher de la partie vivante de nous-même. Car cette agitation de surface qui prend les formes de la vie constitue un enfermement inconscient dans la partie mourante de nous-même.

Qu'y a-t-il au-delà de cette première boucle ? Quelles sont les sources véritables du conflit qui divise Hélène et André ? Qu'est-ce qui se cache derrière les émotions et les comportements de nos protagonistes ? Nous en avons déjà une idée. Tout de même, il vaut la peine d'explorer en détail les sources de leur petite guerre car nous y apprendrons ce qui nous sépare d'un bonheur possible.

5

ATTENTES ET CHARGES DU PASSÉ

Les attentes

Intéressons-nous aux sources du conflit que vivent nos protagonistes, Hélène et André. Du même coup, nous plongerons encore plus profondément dans les méandres de la personnalité, que nous explorerons pour connaître la nature exacte des conditionnements qui nous coupent de notre individualité. Ainsi, après avoir examiné dans une première boucle les comportements, les frictions et les émotions de nos protagonistes, nous parlerons des attentes et des charges du passé, et par la suite, dans un deuxième temps, des peurs et des croyances. Cet examen nous entraînera dans une couche encore plus inconsciente des rapports que nous entretenons avec les autres. La connaissance de cette couche nous permettra de constater l'étendue de la dépendance qui nous lie à autrui, de comprendre comment elle se tisse, et sur quel type de vieilles blessures elle s'appuie. Il s'agit en somme d'une deuxième boucle qui est cachée par la première.

Évoquons les attentes. Avez-vous déjà attendu un événement d'une façon désespérée, comme si votre vie en dépendait ? Le coup de téléphone d'un amoureux par exemple ou une bonne nouvelle ? Vous souvenez-vous de la tension, de l'intolérable tension qui vous habitait alors ? Vous rappelez-vous la joie qui est venue vous délivrer si le dénouement a été heureux ou de la tristesse que vous avez éprouvée si l'issue tant attendue ne s'est pas présentée ?

Récemment, un grand quotidien titrait à la une : « Les familles des disparus ne vivent plus que dans l'attente. » Ainsi exprimée, cette attente devenait palpable. Nous pouvions facilement l'imaginer parce que, à un niveau inconscient, nous vivons tous dans une attente similaire.

Qu'est-ce qui se cache derrière la tristesse d'Hélène ? Son attente d'être accueillie et valorisée parce qu'elle n'a pas été appréciée et aimée comme elle le souhaitait dans son enfance. Elle espère former un couple avec son compagnon. Elle veut sentir qu'ils appartiennent à une même unité. Elle a la conviction que cela n'est possible que dans le respect mutuel. Elle s'attend donc, le plus naturellement du monde, à être consultée si André prend une décision qui la concerne. Voilà pourquoi elle lui reproche de vivre comme s'il était seul. L'attitude de son conjoint menace la réalisation du projet qu'elle souhaite réaliser dans un futur plus ou moins rapproché, et qui lui permettrait de surmonter les écueils de l'enfance.

Qu'est-ce qui se cache derrière la colère d'André ? Son attente d'être admiré, soutenu et encouragé dans ses initiatives. Il désire que sa créativité, son audace et sa détermination soient estimées par sa compagne. Il veut lui montrer qu'il est à la hauteur, et qu'il sait comment s'y prendre. Il lui reproche de ne pas voir ce qu'il fait pour leur couple parce qu'il a vraiment l'impression d'agir dans le bon sens en invitant leurs meilleurs amis à dîner un samedi soir. Il devient irritable en constatant qu'Hélène ne peut pas apprécier ses surprises. À sa façon, il cherche lui aussi à faire mentir son enfance, en prouvant sans cesse qu'il vaut quelque chose.

Ces attentes diffuses et confuses qui appartiennent au clair-obscur de leur relation, ni l'un ni l'autre ne saurait les définir explicitement. Chacun d'eux les ressent sous forme de malaises qui se transforment en reproches mutuels tout en cherchant à savoir ce qui ne va pas, sans jamais mettre véritablement le doigt dessus.

Les besoins frustrés

Ces attentes trahissent leurs besoins frustrés. Comme je l'ai dit ailleurs et comme les travaux de Jacques Salomé, de Thomas d'Ansembourg et des artisans de la communication non violente en général l'ont démontré, nous sommes largement inconscients de nos besoins et, tant que nous le demeurons, nous engendrons de l'incompréhension et de la violence dans nos relations. Cependant, nous sommes conscients de nos frustrations et, en suivant le chemin de nos inconforts, nous pouvons apprendre à mieux nommer nos besoins, pour nous-mêmes et pour les autres.

Que sent-on derrière les frustrations d'Hélène ? Si nous transposons ce qui transparaît de ses frustrations en besoins, nous constatons qu'ils se situent d'abord du côté de la compréhension et de l'appartenance. Elle ne sent pas comprise et elle souhaite l'être. Elle veut former une union, mais elle se sent désunie de son compagnon. Elle désire aussi que le respect, la clarté et l'égalité règnent dans la relation. Que l'appréciation et la valorisation soient au rendez-vous. Elle veut se sentir estimée par son compagnon et reconnue pour ce qu'elle fait pour lui. Tout cela pourrait se résumer en besoins de proximité, d'intimité et d'engagement.

André a des besoins plus proprement masculins. Bien qu'il n'en fasse jamais la demande directe car il en est sans doute inconscient, son comportement nous montre qu'il s'attend à recevoir admiration, soutien et encouragement de la part d'Hélène. Il désire que ses initiatives soient reconnues plutôt que critiquées par sa compagne. Il voudrait que certaines de ses compétences soient appréciées. Certes, il a lui aussi des besoins de proximité et d'intimité, mais tant qu'il ne sera pas menacé par Hélène, il mettra l'accent sur ses besoins de distance et de liberté. De même, il valorise la sexualité plus que la sensualité dans leurs échanges.

Les besoins mutuels

La plupart des besoins d'Hélène et d'André semblent contradictoires. Mais il en est quelques-uns qu'ils partagent : ceux de sécurité affective, d'appartenance et de contrôle de l'environnement immédiat... Rien de surprenant à cela puisque ces besoins sont communs à l'espèce humaine. On pourrait leur ajouter celui d'être reconnu, tout aussi universel.

En fait, si nos amoureux avaient le réflexe d'évoquer ce qui les unit au lieu de se disputer sur ce qui les divise, ils développeraient une certaine empathie et une meilleure compréhension mutuelle. Chacun pourrait éventuellement échapper à la pression que les exigences inconscientes exercent sur lui et qu'il impose en retour à l'autre. En effet, nos besoins subconscients prennent vite l'allure de despotes qui nous ligotent et irritent nos proches. Nous devenons les esclaves de ces besoins. Ils peuvent devenir nos tyrans.

Une de mes patientes avait un amoureux très possessif, qui vivait à plusieurs centaines de kilomètres de chez elle. Quelle ne fut pas sa surprise de le trouver un jour sur son balcon, au retour du travail ! La raison de cette visite inattendue était qu'elle lui avait confié la veille que, ce soir-là, elle recevait un vieil ami à la maison. Tyrannisé par la jalousie, il avait fait plusieurs heures de route dans le seul but de venir contrôler la situation. Esclave d'une possessivité qui exprimait ses besoins inconscients de sécurité affective, il devenait à son corps défendant le tyran de sa compagne qui, en retour, se sentait de plus en plus à l'étroit dans leur relation.

Si cet homme avait fait l'effort de se comprendre lui-même au lieu d'agir impulsivement, il aurait pu avouer à sa compagne que la situation le rendait fou et qu'il avait besoin d'être rassuré. Peut-être lui aurait-elle offert l'assurance désirée et tenté de trouver avec lui une solution.

La compréhension sert de fondation à l'amour. Bien entendu, on ne peut pas toujours répondre aux besoins des autres, mais en les comprenant, on saisit mieux sur quelles dynamiques ils s'articulent et ce qui, dans nos attitudes, heurte les autres. De nouveaux choix se présentent alors.

Comme nous l'avons vu chez Hélène et André, les besoins de base des êtres humains se recoupent. C'est pourquoi les mésententes se règlent dès que chacun ose montrer sa vulnérabilité et partager ses besoins. Les cœurs se rejoignent quand nous réalisons que nous voulons tous de l'amour et de la reconnaissance. Car le véritable cri du cœur, qui exprime les attentes et les besoins de chacun, se résume essentiellement au désir d'aimer et d'être aimé pour ce qu'il est véritablement, c'est-à-dire un être qui, avec ses dons et ses talents, fait partie de la grande famille universelle.

Les charges du passé

Allons plus loin dans notre autopsie, basculons dans des faits antérieurs à la situation que nos deux protagonistes sont en train de vivre. Les attentes et les besoins ont une histoire : ils nous parlent des charges du passé – « charge » aussi bien dans le sens d'un poids à porter que dans celui d'un bâton de dynamite prêt à exploser ou dans celui d'une quantité d'énergie retenue, par exemple électrique.

À quoi rêve la personne née dans une famille où elle ne s'est pas sentie comprise ? Elle éprouve un besoin ardent de rencontrer quelqu'un qui non seulement lui donnera cette impression d'être comprise, mais aussi celle d'être devinée. Elle s'attendra à ce que l'élu de son cœur lise dans ses pensées et aille ainsi au-devant de ses désirs. Pourtant, elle a toutes les chances de rencontrer quelqu'un qui, de ce point de vue, lui apparaîtra vite comme un infirme. Pourquoi ? Parce qu'en vertu d'une sorte de loi universelle nous attirons ce que nous sommes consciemment et inconsciemment. C'est ce qui émane de tout notre être qui produit l'effet d'aimantation, et pas seulement ce que nous souhaiterions présenter. Actuellement Hélène ne se comprend pas elle-même, elle attire donc des personnes qui n'ont pas plus de capacités qu'elle en ce domaine.

Toutefois, à travers les difficultés de son couple, elle a la possibilité d'apprendre que son besoin pressant de compréhension repose sur une blessure d'enfance. Elle doit revisiter elle-même cette blessure si elle veut cesser d'être manipulée par son passé et les besoins qui en naissent à son insu. Vue sous cet angle, la réponse à notre pourquoi devient donc : parce que chaque être aspire à l'autonomie et à la liberté et que, pour les atteindre, il est nécessaire de prendre conscience de ce qui nous condamne à la dépendance à l'intérieur même de nous.

Autrement dit, l'hypothèse psychologique que je suis en train de vous proposer suppose que nos difficultés ont un sens : une pulsion créatrice que j'appelle le meilleur de soi cherche à s'exprimer et, dans son mouvement naturel d'affirmation, attire des situations où ce qui fait obstacle au déploiement naturel se révèle. Nous ressentons alors sous la forme de souffrances ou d'inconforts intérieurs (nous disons que nous ne nous sentons pas bien) cette dissonance entre l'image que nous présentons de nous-même et notre individualité profonde.

Bien entendu, au départ, on ne sait rien de tout cela. On se jette dans l'aventure du couple ou de l'amitié en toute confiance. Puis les problèmes surviennent. On est surpris, confronté, poussé dans ses retranchements. On réagit, on se querelle, on accuse. Un jour pourtant, on revient sur soi et l'on cherche la source des conflits : si ce n'était pas de l'autre mais bel et bien de soi qu'il s'agissait ? Si j'invitais sans le savoir ces difficultés dans mon existence ? Si elles pouvaient même me servir à me découvrir, à entrer dans des relations plus harmonieuses avec moi-même et avec les autres ?

On change alors de point de vue et ce changement est capital, car il est le premier d'une série qui va renouveler notre regard sur la vie. Nous nous rendons compte que personne n'a le devoir de répondre à nos attentes. Que nous devons même apprendre à transformer celles-ci en demandes réalistes. Le titre du livre de Thomas d'Ansembourg, *Cessez d'être gentil, soyez vrai*, est éloquent à ce sujet[1].

Bien souvent, nous ne faisons pas ce genre de démarche parce que la prise de conscience qu'elle suppose nous met devant des choix d'une lucidité que nous craignons de regretter. Par exemple, si au lieu d'attentes irréfléchies je formule des demandes claires et négociables auxquelles il est évident que mon compagnon ou ma compagne ne pourra répondre, il se peut que je sois amené à me séparer de lui ou d'elle pour chercher un environnement affectif plus inspirant.

Ainsi, Hélène pourrait dire à André qu'en ce qui la concerne, un couple ne peut se concevoir sans respect mutuel et qu'elle lui propose dans ce but quelques minutes d'échanges à cœur ouvert chaque jour. Il se peut qu'André se rebiffe devant une telle demande et refuse même de possibles aménagements. Si c'est le cas, Hélène se trouvera dans un conflit interne entre ses valeurs et son besoin de sécurité. Elle n'a pas à accuser André. Il n'est pas responsable de cette tension intérieure. Elle a à se mettre au clair avec elle-même, à mesurer le pour et le contre de sa situation, et à faire un choix, sans culpabilité.

Cependant, nous savons tous d'expérience combien choisir peut être déchirant, angoissant : on va perdre nécessairement quelque chose. Voilà pourquoi nous préférons la plupart du temps rester dans des relations floues. Les plaintes, les récriminations et les accusations nous permettent

---

1. Thomas d'Ansembourg, *Cessez d'être gentil, soyez vrai*, Montréal, les Éditions de l'Homme, 2004.

alors de relâcher la tension sans avoir à nous confronter à nos insatisfactions. Toutefois, en agissant de la sorte, nous nous assurons de demeurer victime des autres et bourreau inconscient de nous-même, prisonnier de notre personnage et en déni du meilleur de ce que nous sommes.

Le passé d'Hélène

Quels sont les éléments du passé d'Hélène qui ont semé en elle un si grand besoin de compréhension et une si grande détresse ? Elle est la deuxième d'une famille de trois enfants. Comme elle était gourmande et qu'elle avait une tendance à l'embonpoint, elle est vite devenue la petite boulotte de la maisonnée, récoltant moqueries et humiliations de la part de son frère et de son père qui, savamment, se liguaient pour inventer des surnoms dévalorisants. Dans un environnement de gens minces et élancés, elle n'arrivait pas à se reconnaître, au point de se croire adoptée.

De surcroît, Hélène était nettement plus introvertie que son frère et sa sœur. Il lui semblait qu'elle était mentalement plus lente. À table, elle n'arrivait pas à prendre sa place dans le rythme vif des conversations. Alors, elle se taisait. Ou se réfugiait dans sa chambre pour jouer seule. De leur côté, les parents ne se doutaient pas du drame intérieur vécu par leur fille, qui réussissait bien à l'école et qu'ils pensaient aussi épanouie que les autres enfants.

Hélène a quitté les rives de cette enfance apparemment sans encombre mais avec un grand manque de confiance en elle et un désir d'appartenance immense. Elle avait besoin de rencontrer des gens comme elle ; il lui semblait que ce contact l'encouragerait à s'exprimer. Les années d'études avaient pu combler en partie cette soif d'accueil et de soutien à travers quelques amitiés privilégiées. Toutefois, c'est du côté de l'amour qu'Hélène espérait une véritable réparation du passé. Elle s'était juré qu'elle ferait tout ce qui était en son pouvoir pour rendre un homme heureux, souhaitant qu'en retour il puisse l'aimer et la comprendre.

Cependant, son grand désir amoureux s'était soldé par des échecs retentissants. Elle s'engageait dans l'amour avec confiance pour se rendre compte quelques mois plus tard qu'on la délaissait ou, pis, qu'on l'utilisait. C'est du moins l'impression qu'elle retirait de ses relations avortées. Chaque fois, elle s'était donnée sans compter. Au début, son compagnon recevait le tout avec plaisir mais il se rendait vite compte qu'Hélène était affectivement dépendante. Alors, il se laissait aller à une certaine négligence, pressentant que cette dépendance l'empêcherait de mettre en jeu leur relation. Moins il en donnait et plus elle en offrait, finissant par se sentir coupable du moindre désir personnel. Elle se mettait à l'écoute en espérant secrètement qu'en retour on se mette à son écoute.

Ainsi, avec André, elle ose à peine formuler ses goûts et ses envies : elle se sent coupable d'en avoir et elle est très mal à l'aise chaque fois qu'elle ose les exprimer. Prisonnière de la répétition, de ses attentes mises en échec, elle se retrouve, relation après relation, dans une situation qui ressemble beaucoup à ce qu'elle a connu au sein de sa famille. Alors, elle rêve dans sa chambre que son compagnon se transforme par magie ou qu'un autre prince charmant surgisse.

Le passé d'André

André vient d'une famille très différente de celle d'Hélène. Chez lui, il fallait se battre pour exister. Il avait un père autoritaire et envieux des talents de ses trois garçons, un père frustré et malade qui avait plus ou moins raté sa vie et qui se vengeait en faisant régner une discipline militaire à la maison.

Les litanies paternelles qui avaient bercé son enfance se psalmodiaient sur le thème : « Tu es nul ! Tu es idiot !

N'essaie même pas, tu ne seras pas capable ! Tu ne seras jamais à la hauteur ! » En conséquence, la messe qu'André avait choisi de célébrer était plutôt noire. C'est comme s'il s'était dit : « Si je ne peux attirer son attention par mes talents, je vais le toucher par mes frasques. »

Au lieu de plier sous les invectives de ce père exigeant, André s'est rebellé. Puisqu'il n'était bon à rien, autant aller jusqu'au bout. Il allait emmerder sa famille au possible : problèmes scolaires, bagarres, puis alcool, drogue, petite délinquance, etc. Il semblait courir après les punitions comme d'autres courent après les récompenses, et se faisait un honneur de ne pas pleurer dans la tourmente. Les coups de ceinture paternels avaient pour seul effet de l'endurcir dans sa décision de se méfier et de défier toute autorité.

Sans trop d'instruction, d'un caractère rebelle, dominateur et impulsif, son adaptation au monde du travail ne s'est pas faite sans heurts. Plusieurs licenciements avaient fini par lui faire comprendre qu'il valait mieux s'adapter que sans cesse vouloir prouver qu'il était le plus fort ; manifestement, il n'était pas du bon côté du bâton.

Pour lui aussi, l'attente d'une réparation s'est déplacée vers l'amour. Il serait plus facile d'être dominateur envers une femme aimante, de trouver dans ses yeux l'admiration souhaitée. La timidité d'Hélène en faisait une candidate idéale. Mais voilà qu'elle ne se comportait pas comme prévu. Bien qu'elle n'exerçât aucune autorité directe sur lui, bien qu'elle ne cherchât en rien à l'écraser ou à le dominer, il se trouvait tout de même aux prises avec une situation qui ressemblait à celle de son enfance : il ne savait pas comment répondre aux attentes de l'autre, et se trouvait engagé dans une impasse. Comme avant, il continuait d'entendre les « tu es nul. Tu es un imbécile. Tu ne seras jamais capable ». Il les entendait d'autant plus fort que personne ne prononçait ces mots. Tout comme, de son côté, Hélène ne cessait d'entendre : « Il ne t'aime pas. Tu n'appartiens pas à ce couple. Tu vas te retrouver seule. » Voilà la force des complexes négatifs. Ils finissent par tordre la réalité pour la rendre conforme à leur néfaste vision. Car s'ils ont la force d'influencer les comportements, ils possèdent aussi celle de nous imposer des lunettes déformantes.

À quoi servent les répétitions ?

À travers leurs complexes, Hélène et André sont prisonniers d'une enfance qu'ils répètent. Hélène par sa dépendance affective envers André. Ce dernier en compensant son sentiment de nullité par une tentative de domination, qui le conduit à manquer de respect à Hélène. À quoi servent ces douloureuses répétitions dans lesquelles les complexes nous entraînent ? De prime abord, elles ne présentent aucun avantage puisqu'elles finissent par décourager les individus de s'engager à fond dans leurs relations. En effet, tant qu'ils espèrent que l'autre répondra comme par magie à leurs attentes, ils ne font rien pour eux-mêmes. Pourtant, si l'on change de perspective, malgré la douleur, ces répétitions ont une utilité certaine : elles permettent de ressentir dans tout notre être de quoi est faite notre cage vivante.

Encore une fois, c'est en faisant cet effort qu'on peut arriver à une vie satisfaisante. Si Hélène prend conscience que ce sont les heurts de son enfance qui provoquent ses souffrances et qui la mettent à la merci de l'autre dans une sorte d'attente magique, elle pourra peu à peu sortir de sa dépendance et s'offrir sa propre sécurité, elle pourra s'accueillir elle-même. Elle pourra comprendre la petite fille humiliée et la réconforter. C'est chez elle qu'elle trouvera la confiance nécessaire pour avancer en cultivant ses talents au lieu d'imposer aveuglément ses besoins à l'autre.

Il en est de même pour André. Il doit saisir que son besoin constant d'admiration et d'encouragements cache sa crainte de ne pas être à la hauteur – crainte venue d'une enfance écrasée par une discipline abusive. En acceptant de revisiter son passé douloureux, il pourra donner sa chance à ce petit garçon et l'encourager à prendre son envol dans la vie. Il libérera ainsi son entourage d'une pression qui le fait percevoir comme essayant en permanence de dominer la situation, masquant sa quête inconsciente de compliments.

Ce qu'il faut toucher du doigt, c'est que le passé nous conditionne et nous possède aussi longtemps que nous ne le remettons pas en question. Cette prise de conscience nous permet de mieux nous faire comprendre et de formuler des demandes plus adéquates à ce que nous sommes et à ce que les autres vivent. Elle nous permet aussi de nous offrir à nous-même ce qui a tant manqué, brisant ainsi le cercle de la dépendance, qui veut que nous attendions tout de l'extérieur comme si nous étions sans ressources.

Comment remet-on en jeu les conditionnements du passé ? Voilà la question qui vient à l'esprit. Je l'ai dit plus haut, une bonne partie de la réponse est dans l'observation de leur répétition quotidienne dans notre vie. Il y a toutes sortes de moyens pour exercer cette vigilance journalière. L'écriture d'un journal, la psychothérapie, la lecture de livres à teneur psychologique et les séminaires de croissance personnelle constituent autant de moyens précieux pour nourrir l'attention à soi. Il en existe d'autres qui seront abordés plus loin dans ce livre. Pour le moment, continuons notre autopsie, cette fois du côté des peurs et des croyances, piliers inconscients qui fondent le personnage et lui donnent son assise, nous gardant dépendant et loin de nous-même.

6

PEURS ET CROYANCES

Les peurs

Les charges du passé n'engendrent pas seulement des besoins qui se manifestent sous la forme d'attentes. Elles sont responsables de la formation d'autres cristallisations énergétiques comme les peurs. Abordons à présent ces rives...

La peur hante la plupart de nos gestes, motive chacune de nos attentes, sape nos élans créateurs avec efficacité, se démultiplie au fil de la vie. Celles dont nous parlerons dans ce chapitre sont les dignes filles de l'angoisse existentielle évoquée plus haut. D'autres s'ajoutent par la suite. Elles naissent des heurts qui se sont produits depuis notre naissance et visent à empêcher la répétition de situations douloureuses.

La peur est naturelle. Elle est un produit merveilleux de la vie, un pilier de notre stratégie de survie en tant qu'espèce. Elle nous protège, nous avertit du danger. Certains de ses aspects font vraisemblablement partie du programme génétique de l'humanité : la peur de ce qui rampe, la peur du noir ou celle qu'inspire un mouvement perçu dans notre dos.

D'autres sont liées à ce qui nous a infligé de la douleur. Notre cerveau enregistre chacune des conditions d'une agression physique ou psychique, et toutes les fois qu'une de ces conditions se reproduit, il envoie des signaux d'alarme. Nous pourrions dire de ce type de peur qu'il est *fonctionnel* car il a un but pratique et déterminé. L'enfant n'a pas peur du poêle jusqu'à ce qu'il s'y brûle ; après cela, il y associera tout type de chaleur, comme un feu en plein air. La peur du feu fera partie de son bagage de sagesse. Elle le protégera et servira efficacement la préservation de sa vie.

Comme nous l'avons vu plus haut, le principal effet de la peur est la contraction. Sous la menace, nos muscles se contractent pour faire face au danger ou pour nous permettre de fuir. Or des événements peuvent être si marquants que les tensions qu'ils provoquent restent en nous, comme si nous étions toujours en train de nous protéger de la répétition éventuelle d'une telle circonstance.

Si j'insiste sur la réalité des resserrements induits par la peur, c'est qu'ils ne sont pas seulement physiques ; ils sont aussi affectifs et intellectuels. La notion de cuirasse corporelle nous l'a montré : lorsque la peur n'est pas évacuée, que la contrainte dure trop longtemps, la tension se fixe et devient un blocage tant énergétique que psychologique. Un manque de fluidité et de flexibilité peut alors être observé de diverses manières. La souplesse naturelle cède la place à une raideur tant physique que psychique. Les émotions ne circulent plus aussi aisément et les idées non plus. Le fait est remarquable : sous le coup de la peur, tous les processus sont ralentis.

Toutefois, les peurs ne sont pas seulement inhibitrices. À certains moments, elles peuvent même nous stimuler. Par exemple, si vous vous levez un matin avec la peur de passer à côté de votre vie ou de ne pas arriver à subvenir aux besoins de votre famille, il se peut que votre angoisse vous conduise à prendre des mesures pour améliorer la situation et vous ouvrir à de nouvelles opportunités.

Il arrive même que nous recherchions des expériences de peur pour le simple plaisir. Les montagnes russes dans un parc d'attractions nous font vivre des états d'angoisse frôlant la panique. Le plaisir vient des décharges d'adrénaline qui baignent le cerveau pendant que, agités dans tous les sens, nous tentons de maîtriser nos états intérieurs. Nous éprouvons les mêmes sensations devant un film d'horreur. En quelque sorte, nous nous entraînons alors à avoir peur en toute sécurité.

Les peurs fantasmatiques

Nombre de nos peurs, de nos angoisses et de nos anxiétés sont largement exagérées. Elles sont de type « fantasmatiques ». Si vous vivez en Afrique, la peur des serpents est justifiée, et faire le tour de la maison pour s'assurer qu'aucun reptile n'y est entré peut contribuer à votre survie. Mais si, habitant à Montréal ou à Paris, vous avez peur de trouver des serpents sur le trottoir, vous avez un problème qui perturbe votre vie.

Si, lorsque vous étiez jeune, vous avez subi continûment des paroles de colère, il est fort possible que, votre vie durant, vous ayez le réflexe de vous recroqueviller pour vous protéger chaque fois que quelqu'un hausse le ton. Il se peut que vous éprouviez un sentiment d'inconfort voire de malaise dès que vous pénétrez dans un établissement où le volume sonore est élevé. À la longue, vous finissez peut-être par fuir les personnes colériques ou les lieux bruyants. Ainsi le réflexe de protection de l'enfance devient peu à peu une prison : vous devez éviter un nombre grandissant de gens et d'endroits pour vous sentir bien.

Ces peurs-là sont de nature fantasmatique. Elles ont permis de survivre à des expériences difficiles, mais se sont transformées en blocages, affectant à notre insu chaque jour de notre existence.

André a vécu des expériences de jeunesse qui ont fait de lui une victime. Par conséquent, il a peur d'être coincé dans ses relations. Il a développé un réflexe de domination : dominer les autres avant d'être dominé, quitte à commettre des abus de pouvoir. Aussitôt que ses antennes détectent une situation à risque, il passe en mode « attaque ». Il vit sur le qui-vive. Il lutte sans arrêt.

Il se doit aussi d'être le meilleur dans tout ce qu'il fait parce qu'il a peur de ne pas être à la hauteur. Il doit fréquenter les endroits branchés parce qu'il redoute de ne pas exister dans les yeux des gens qui comptent pour lui, qui sont importants socialement. On l'a tellement rabroué lorsqu'il était jeune qu'il craint aujourd'hui de passer inaperçu. Il fait ce qu'il faut pour être remarqué. Il a peur de tout ce qui pourrait l'entraîner à être moins performant. Il appréhende ce qui peut affecter son image. Il redoute de perdre ses yeux, ses cheveux, son travail, son salaire, sa maison, sa réputation.

Ces angoisses de surface se résument dans une peur essentielle, celle de perdre. Sa crainte de perdre la face masque celle de voir fondre l'estime de ceux qui l'entourent. Nous mesurons ainsi combien chacun de ces éléments participe à l'équilibre psychologique, et à ce que l'on appelle l'estime de soi. Les angoisses d'André répondent à une peur fondamentale : celle de se percevoir comme une nullité si on ne lui prête plus attention. Ainsi, une peur en cache une autre, qui en cache une autre, qui en cache une autre...

Le constat vaut pour Hélène. Elle a peur de perdre l'amour d'André, elle panique à l'idée qu'il puisse la laisser. Elle s'affole à l'idée de prendre du poids, elle s'épouvante à celle d'être négligée, mais elle redoute encore plus de prendre la parole pour faire valoir ses besoins. Elle craint de déplaire si elle le fait. Tout cela cache une peur plus fondamentale : celle de se retrouver seule. Hélène est prête à de nombreux compromis pour ne pas être confrontée à la solitude qu'elle a connue jeune.

En fait, comme vous commencez à l'entrevoir, l'échafaudage que nous sommes en train de monter se fonde sur des heurts vécus dans le passé. L'interprétation que l'enfant fait de ces heurts conditionne la formation de peurs, qui sont protectrices dans un premier temps, mais qui deviennent vite étouffantes, surtout si elles sont d'ordre psychologique.

À l'instar d'Hélène ou André, nous subissons des essaims de peurs qui inhibent nos mouvements Elles sont difficiles à reconnaître car elles demeurent la plupart du temps complètement inconscientes. Si vous vous décidez à les observer, vous serez surpris de leur présence permanente. Vous vous rendrez compte qu'il n'est pas de geste qui ne soit accompagné par la peur. Et si vous recherchez réellement la liberté, vous voudrez alors distinguer celles qui sont nécessaires et fonctionnelles de celles qui sont fantasmatiques et qui vous retiennent dans des répétitions morbides.

Les croyances

Ayant nommé les attentes, les blessures et les peurs qui se cachent derrière leurs comportements, nous comprenons déjà mieux les attitudes d'Hélène et André. Cependant, les heurts du passé n'engendrent pas seulement des peurs et des attentes. Ils engagent aussi la formation de croyances. Celles-ci sont des interprétations limitées et limitatives de soi et de l'univers.

Par exemple, un enfant tend à interpréter les événements qui lui arrivent comme s'il était le centre du monde. Si des parents en difficulté, endeuillés ou malades, ne peuvent lui apporter l'attention souhaitée, il risque de conclure qu'il n'en vaut pas la peine, qu'il ne mérite pas qu'on lui donne de l'affection, et finalement qu'il ne mérite pas d'être aimé. Le domaine de la programmation neurolinguistique (PNL) appelle *croyance* ce genre d'interprétation qui affecte directement l'image que l'on se fait de soi-même et du monde.

Les croyances sont d'autant plus pernicieuses qu'elles demeurent la plupart du temps enfouies dans l'inconscient au même titre que les peurs. Ces injonctions intérieures mènent le bal, véritables marionnettistes qui exercent le pouvoir dans les coulisses de notre vie. Parce qu'ils sont rarement remis en question, ces condensés d'expérience deviennent les lois de notre être intime.

Les croyances ne sont pas toujours nuisibles. Certaines nous aident, celle, par exemple, qui nous pousse à répéter : « Aide-toi et le ciel t'aidera ! » Ce genre de dicton peut soutenir un individu tout au long de son existence. Mais nous nous occupons ici de celles qui sont au contraire un handicap. Elles limitent le potentiel d'un individu. Si, comme Hélène, vous avez conclu de vos expériences familiales que vous étiez trop différente pour être jamais comprise, vous êtes porté à chercher de la compréhension mais sans y croire. Au fond de vous-même, une voix chuchote : « Personne ne te comprendra jamais ! Tu ne trouveras jamais une terre d'accueil ! »

Cette croyance de base se complique lorsque vous lui adjoignez une peur comme celle de la solitude et le comportement de soumission qui lui est associé. La croyance se formule maintenant ainsi : « Si j'ose m'affirmer, je serai rejetée et je me retrouverai seule, il vaut donc mieux que je me taise. » Comme Hélène a jugé que c'était surtout son père et son frère qui étaient à l'origine de ce manque de compréhension, son interprétation s'est généralisée pour devenir : « La vérité, c'est que les hommes ne comprennent rien aux femmes ! » Elle assène cette certitude sans réplique à André parce que, selon elle, ça explique tout.

De même, le « Tu es nul ! Tu es un imbécile ! » que répétait le père d'André, s'est transformé pour lui en : « Je ne suis pas à la hauteur, je ne ferai jamais rien de bon ! » Associée à la peur d'être écrasé et au comportement de domination que celle-ci a engendré, sa croyance se formule maintenant comme suit : « Si je ne frappe pas le premier, je serai coincé et alors on se rendra compte de ma nullité. » Généralisée, cette loi devient : « Le monde est méchant. Il faut rester sur ses gardes. On doit se battre tout le temps. » Et il enchaîne les comportements d'échec. Car les croyances prédisent notre avenir comme de mauvaises fées penchées sur notre berceau. Nous expliquons nos malheurs par un destin adverse ; il serait plus efficace de considérer nos injonctions inconscientes comme les vrais responsables.

La biologie du cerveau enseigne que le cerveau des enfants, jusqu'à l'âge de six ans, fonctionne sur le mode réceptif. C'est le temps de l'apprentissage. Nous enregistrons et nous imitons. La répétition des mêmes comportements ou des mêmes paroles à notre égard nous définit peu à peu, nous convainc de qui nous sommes et du champ d'autonomie qu'il nous est possible d'envisager. Autrement dit, la croyance est comparable au scénario d'un film inconscient : elle le traduit et le résume.

La formation d'une croyance

Dans son livre *Le déclic*[1], Marie Lise Labonté décrit la formation d'une programmation à partir d'un choc émotif.

Elle nous donne l'exemple de Marie, trois ans. Son frère aîné, Mathieu, cinq ans, prend plaisir à lui arracher sa poupée et à la jeter au bout de la pièce. La première fois, Marie est surprise, montre sa colère, se lève pour aller chercher sa poupée, exprime par de petits cris sa joie de la retrouver et se rassoit pour jouer, retrouvant instantanément la sérénité. Son psychisme est souple et il n'est pas encore encombré par les expériences accumulées. Elle passe donc d'une émotion à une autre en quelques secondes.

---

1. Marie Lise Labonté, *Le déclic*, Montréal, Les Éditions de l'Homme, 2003, p. 52-54.

Mathieu prend plaisir à répéter la taquinerie. La petite Marie est de plus en plus inquiète en présence de son frère. Elle sent une menace constante. Tout son corps est tendu, mais elle n'a pas les moyens de résister à Mathieu, qui est plus fort qu'elle. Elle ne peut que presser la poupée sur sa poitrine pour prévenir le geste mais son frère la lui arrache. La colère de Marie se transforme alors en une rage impuissante. Ayant retrouvé sa poupée, elle boude longtemps pour signaler l'injustice de la situation.

Les croyances se développent à partir de tels états affectifs. Marie pourra se formuler à elle-même : « Mathieu est dangereux. Je dois être constamment sur mes gardes sinon je vais perdre ce qui m'est le plus cher. » Par la suite, il est possible qu'elle passe de « Mathieu est dangereux » à : « Les hommes sont dangereux, ils nous enlèvent ce que nous avons de plus précieux. Il faut donc s'en méfier et ne pas s'abandonner à eux. » Puis à : « Je suis forte. Je n'ai pas besoin d'homme dans mon existence. »

L'exemple permet d'entrevoir la mécanique de base de la formation d'une croyance. Elle fonctionnera de la même manière pour répondre aux attouchements sexuels d'un parent ou aux coups. Inévitablement, des croyances se formeront et viendront dicter une ligne de conduite.

Certains développeront l'idée qu'il faut se méfier de tous et de chacun, d'autres en concluront qu'il ne sert à rien de résister à plus puissant que soi puisque la force et la brutalité finissent toujours par l'emporter. D'autres encore se sentiront salis pour la vie, réduits à l'impuissance passive et coupable. J'ai connu une jeune femme de vingt-six ans qui a vécu la perte en couches de son premier enfant comme une confirmation de son indignité et comme une punition pour les abus sexuels qu'elle avait subis étant jeune.

À la longue, le comportement adopté en réponse aux heurts est si bien intégré que la personne ne se rappelle plus pourquoi elle doit se méfier ou se soumettre sans cesse. Les événements et les émotions ont été refoulés dans l'inconscient avec la blessure elle-même. Ne restent que les peurs et les croyances, qui jouent leur rôle protecteur mais qui, hélas, finissent par l'enfermer. En effet, qu'il s'agisse de la formulation de croyances limitatives, de refoulements, ou de la négation pure et simple de certaines expériences, ces réactions ont d'abord et avant tout un but de survie. Elles permettent au moi de continuer à se développer sans être constamment perturbé. Il est capital de comprendre cela pour ne pas tomber dans le piège de la culpabilité.

La rigidité psychique

Je le répète, à long terme, le problème est que ces systèmes de peurs et de croyances se rigidifient. L'individu perd sa souplesse psychique, physique et intellectuelle. Il ne peut plus passer aussi facilement d'une position à l'autre, d'une émotion à l'autre, d'une idée à l'autre. Observez un enfant. Il passe d'un état à un autre sans transition : c'est la santé. Si ce n'est pas le cas, cela signifie qu'il y a eu une perte de vitalité à tous les niveaux. Il y a tout autant d'énergie dans l'organisme, mais elle rencontre des blocages et ne peut plus irriguer et régénérer aussi facilement les cellules. C'est l'enclenchement d'un processus de dégradation qui peut aboutir dans la maladie.

Je me suis rendu compte, dans mes travaux, que les participants opposent une grande résistance aux menus exercices d'échauffement qui débutent nos journées. Ils expriment ainsi la peur inconsciente de faire remonter, en brassant la marmite un peu trop fort, les souvenirs d'expériences refoulées. Une part d'eux-mêmes sait que les refoulements sont tapis dans le corps. C'est comme si cette part leur soufflait à l'oreille ces croyances : « Garde les fesses serrées. Tu as survécu jusqu'ici de cette façon. Pourquoi aller au-devant des problèmes ? Attendons qu'ils se présentent. » Effectivement, les problèmes ne manqueront pas de se présenter, mais parfois trop tard pour revitaliser le corps et la psyché, qui ne trouveront plus la force de surmonter l'épreuve.

Voilà pourquoi il ne peut y avoir de retour à la santé sans un assouplissement tant du corps que du psychisme. Il s'agit de permettre une décontraction, qui stimulera une circulation plus libre de l'énergie, qui en retour aidera les mécanismes d'autoguérison de l'organisme à jouer pleinement leur rôle.

Miroir, miroir, dis-moi qui est la plus belle…

Parler de l'estime de soi est une autre façon de parler des croyances. Rappelez-vous la scène du conte de Blanche-Neige, lorsque la reine interroge son miroir : « Miroir, miroir, dis-moi qui est la plus belle… » Et le miroir de répondre : « Tu es belle, mais Blanche-Neige est la plus belle ! » C'est l'illustration d'une croyance qui conduit à une faible estime de soi. Le reflet du miroir intérieur de la marâtre lui renvoie une image très négative d'elle-même : « Ce n'est pas toi qui es la plus belle, c'est une autre… »

Nous possédons tous un tel miroir intérieur dans lequel nous pouvons mesurer la valeur que nous nous accordons. Certains ont un miroir qui leur dit : « Tu es laid, tu es idiot. Rends-toi à l'évidence, tous les autres sont mieux que toi. » Ceux-ci souffrent d'une « estime de soi » défaillante.

D'autres encore entendent à l'intérieur d'eux : « Tu es le plus beau, le plus gentil, le meilleur. Les autres ne t'arrivent pas à la cheville ! » Ceux-là souffrent d'une estime d'eux-mêmes tout aussi défaillante, mais elle apparaît sous les traits d'une folie des grandeurs.

D'autres enfin ont un miroir qui leur répond : « Tu n'es peut-être pas le plus beau, ni le plus intelligent, mais tu possèdes des talents que tu sais mettre en valeur à ta façon. Continue. Fais-toi confiance. » Ces personnes possèdent un sens bien ajusté de leur propre valeur, et l'on peut dire que leurs croyances sont « aidantes ».

Quelle est la source de l'estime de soi ? le regard intérieur que nous portons sur nous-même. Ce regard intime est lui-même le résultat de la façon dont nous avons été regardé. C'est-à-dire que nous nous regardons intérieurement de la même façon que l'on nous a regardé quand nous étions jeune. Enfant, nous nous mirions dans le regard de nos parents, et la lueur de plaisir dans leurs yeux nous rassurait sur notre valeur propre.

Or la lueur de plaisir n'est pas toujours au rendez-vous. Imaginez, par exemple, que toutes les fois où vous entrez dans la cuisine pour le petit déjeuner, vous trouviez une mère dépressive pour laquelle vous êtes une charge. Ou pensez que vos parents traversent une période difficile qui s'éternise, et qu'ils n'ont pas d'attention à vous accorder. Vous arriverez vite à la conclusion que vous n'êtes pas important, que votre présence ne réjouit personne. Ce sera votre croyance intime. Vous en retirerez une pauvre estime de vous-même.

Attention, cependant, il ne s'agit pas de faire porter tout le poids aux parents. L'estime de soi de l'enfant se construit peu à peu. Elle est le fruit d'une relation qui peut être bonne sans être parfaite. Des altercations ponctuelles entre parents et enfants ne peuvent la détruire d'un seul coup.

La confiance en soi

L'estime de soi se manifeste essentiellement par la confiance en soi. Si vos parents vous ont accueilli avec plaisir, vous penserez que vous valez la peine et vous oserez vous affirmer. Sinon, vous douterez de vos possibilités et vous vous comparerez aux autres sans arrêt, arrivant à la conclusion que vous allez vous rendre ridicule si vous tentez quoi que ce soit ou, à l'inverse, que vous allez écraser tout le monde dès que vous oserez vous montrer.

En fait, la personne qui possède une mauvaise image d'elle-même finit par dépendre complètement du regard des autres. Elle se colle à des gens qu'elle admire et qu'elle trouve plus puissants qu'elle, se disant inconsciemment : « Si ces gens-là m'accordent de l'attention, cela veut dire que je vaux quelque chose. » Il est possible qu'elle devienne ainsi leur jouet. En réalité, elle est manipulée par son propre besoin d'être appréciée, incapable de garder l'estime d'elle-même sans ce regard posé sur elle.

Cela explique pourquoi cette personne risque de s'écrouler si on la rejette ou si on ose la critiquer. Son juge intérieur prend le contrôle de la situation et ne manque pas de mettre l'accent sur ses faiblesses : « Tu vois bien que tu ne vaux pas grand-chose. Voilà pourquoi on ne te comprendra jamais. » Autrement dit, plus l'estime de soi est défaillante, plus on dépend du regard des autres, cherchant ainsi à contrer l'image négative que nous portons sur nous-même.

Entendons-nous, il est normal d'être sensible au regard que les autres posent sur nous. Après tout, ils participent à notre équilibre psychologique. Mais s'ils deviennent des béquilles dont on a besoin pour avancer, il y a problème. En ce cas, il y a sans doute lieu de consulter.

Le grand truc, pour restaurer l'estime de soi, est d'apprendre à se regarder avec plus de bienveillance. Il faut se donner une chance. Pour développer une meilleure image de soi, il s'agit d'accomplir des actes qui nous permettent d'éprouver une satisfaction réelle, en prenant le temps de savourer ce contentement intérieur. Nous y reviendrons. Pour le moment, résumons notre analyse pour en avoir une idée plus claire.

La mise en place d'un conditionnement

Voici une synthèse de ce que nous avons vu jusqu'à présent. Elle donne le schéma de fonctionnement d'un conditionnement ou d'un complexe. Et il est bon de se familiariser avec lui si l'on désire faciliter une expérience de déconditionnement.

Schéma d'un conditionnement

Niveau 2

1re boucle

11. Situation inconfortable, malaise, conflit, friction
10. Comportements et attitudes
9. Émotions, affects, états intérieurs perturbants

2e boucle

8. Attentes et besoins
7. Peurs et insécurités
6. Croyances et interprétations limitées
5. Charges du passé, heurts de l'histoire personnelle

Niveau 1

4. Besoin d'être reconnu
3. Mise en place des cuirasses corporelles
2. Formation de la personnalité
1. Naissance

Nous sommes parti de l'idée que chaque être est animé par une pulsion de vie universelle et habité d'une essence créatrice qui définit son individualité. Nous avons comparé cet être à un diamant. Or la lumière de ce diamant se trouve voilée. Sa lumière est ternie par les attitudes que nous prenons face aux difficultés de l'existence. La première est liée au passage de la naissance lui-même, et à une première expérience de division qui engendre la formation de cuirasses corporelles et de ce que nous avons appelé la personnalité. Puis, un bond dans le temps nous a mis à l'écoute d'un couple en conflit, pour comprendre qu'un être humain placé dans une situation tendue exacerbe ses dynamiques psychologiques, que nous voyons alors plus clairement.

Autrement dit, à partir du choc de la naissance, des expériences difficiles à intégrer, que nous avons appelées charges, heurts ou blessures, engendrent la formation de croyances négatives sur soi ou sur la nature de l'existence.

Elles produisent aussi des peurs qui, par la suite, stimulent des besoins qui eux-mêmes évoluent en attentes. Ces attentes largement inconscientes se transforment à la longue en exigences que nous imposons aux autres sans trop le savoir. Lorsqu'elles sont frustrées, elles engagent des émotions prédéterminées comme la tristesse ou la colère. Ces émotions s'associent à des comportements de protection ou d'agression qui à leur tour entraînent des conflits ou des situations inconfortables.

Le point à retenir est que la réalité d'un conflit se situe à l'inverse de ce que nous croyons habituellement. Nous pensons que les comportements d'autrui éveillent en nous des émotions dont il est responsable. Dans la perspective que je vous propose, nos conflits sont programmés et les frictions avec notre entourage agissent comme des révélateurs de ce qui est bloqué en nous depuis fort longtemps.

Dans cette hypothèse, chaque émotion qui éclate devient une opportunité de remettre en question les conditionnements ou les complexes qui nous possèdent et nous oppriment à notre insu. C'est dans ce sens précis que nous pouvons dire que les heurts sont créateurs ou qu'ils sont lumineux ; ils nous offrent la chance de nous libérer d'attitudes contraignantes et de comportements limitatifs pour peu que nous les regardions sans fausse honte et sans jugement, ce qui est déjà un accomplissement en soi. S'ils ne sont pas utilisés pour une telle prise de conscience, les heurts se répètent inlassablement et nous entraînent dans des vies insatisfaisantes.

Enfin, rappelons que l'autopsie de la mésentente entre Hélène et André entre dans une perspective générale à laquelle nous consacrons la première partie de ce volume, celle de la dépendance et de l'autodestruction. En effet, la conséquence la plus importante de la perte de contact avec notre puissance intérieure est la dépendance aux autres, qui nous garde en position de victime et nous conduit à une lente dégénérescence. N'ayez crainte : nous ne manquerons pas d'opposer cette perspective de dépendance et d'autodestruction à celle de l'autocréation et de l'autorégénération dans la deuxième partie du livre.

Votre propre conflit

Ce schéma peut être un aide-mémoire ; il peut vous permettre dès maintenant d'éclaircir une situation inconfortable. Je vous propose de prendre quelques instants pour identifier dans votre vie un malaise.

Dans un souci de clarté, il est préférable qu'il s'agisse d'un conflit vécu avec quelqu'un et non pas avec vous-même. Il n'est pas utile que ce soit un conflit amoureux au sens strict du terme. Il peut s'agir d'une querelle qui a éclaté dans une relation amicale ou encore dans la famille. Il peut même s'agir d'un malentendu survenu au travail. Il n'est pas nécessaire non plus qu'il s'agisse d'un malaise profond. Exercez-vous plutôt sur une simple friction ; elle vous semblera moins menaçante, et il sera plus facile d'y voir clair.

> Votre conflit choisi, vous allez explorer la première boucle. Elle se compose, rappelez-vous, de trois éléments : 1. les conflits ; 2. les comportements ; 3. les émotions. Passez en revue les comportements visibles, des deux côtés, ainsi que les émotions qu'ils engagent. Prenez le temps qu'il faut pour faire l'exercice. Prenez en note ce qui vous vient à l'esprit, et surtout, laissez-le résonner dans sa dimension affective.
>
> Ensuite, tentez de pénétrer au-delà de la première boucle. La deuxième se compose de réactions plus inconscientes comme 1. les attentes ; 2. les peurs ; 3. les croyances ; 4. les charges du passé. Prenez la peine de détailler chacune de ces étapes.
>
> Il se peut que vous sentiez assez tôt dans l'exercice le besoin de vous référer à la situation vécue dans un passé plus ou moins lointain que le conflit réveille. Il peut s'agir de plusieurs situations, plus ou moins similaires. Suivez

ce mouvement naturel. Il vous sera d'autant plus facile de comprendre les peurs, les croyances et les attentes que ces expériences passées ont pu engendrer.

Au bout du compte, il ne reste plus qu'à vous laisser surprendre par les résultats.

Ces deux boucles considérées ensemble représentent le premier niveau de la compréhension de soi. On ne peut faire l'économie de cette étape si on veut obtenir des résultats sérieux dans son évolution personnelle, même si elle exige un accompagnement psychothérapeutique. Ce premier niveau sert, en somme, de fondation au travail évolutif. Il repose tout naturellement sur un niveau plus profond encore, que nous avons exploré au début du livre, associé à l'angoisse existentielle et à la formation des cuirasses corporelles et psychiques.

Dans les prochains chapitres, nous allons poursuivre l'élaboration de notre schéma en nous intéressant à une manifestation majeure de la négligence pour l'individualité profonde au profit du personnage de surface : les compensations.

7

LES COMPENSATIONS

La recherche de satisfaction

Vous vous levez un matin en voyant le soleil qui inonde la pièce et il vous vient le goût d'être vous-même, de vous déployer simplement, avec authenticité, sans prendre la place de personne. Comme ça, sans performance particulière, en suivant votre élan. Cela semble à portée de la main. Cela semble la chose la plus naturelle du monde, et ça l'est. Vous n'avez pas une perception très claire de cet état sauf qu'il est très agréable. Il s'agit d'une impression, d'une sensation, d'une intuition que vous avez envie de suivre. Vous imaginez que vous pourriez laisser le fil se dérouler par lui-même, sans souci de votre image.

Mais voilà que, déjà, les peurs s'en mêlent. Vous avez un rendez-vous dans une heure et il faut que vous ayez meilleure apparence. Et puis il y a le petit déjeuner à préparer, les enfants à conduire à l'école, et toutes les obligations de la vie courante, c'est-à-dire de la vie qui va courir jusqu'au soir sans que vous ayez eu le temps d'être vous-même. C'est insatisfaisant, frustrant. Si insatisfaisant que vous devrez vous accorder quelques récompenses pour que cela garde une apparence de sens. Vous vous êtes levé dans le soleil ; vous terminerez votre journée en sirotant un verre de vin dans la pénombre parce que, sans ce verre, l'édifice s'effondrerait.

L'essentiel de nos existences se passe dans la recherche de satisfaction. Comme Freud l'a observé il y a plus de cent ans, le cerveau est régi par le principe de plaisir. Qui d'entre nous n'a pas déjà souhaité une vie riche en jouissances et pauvre en efforts ? Il ne sert à rien de se le cacher : nous sommes d'abord et avant tout guidé par l'assouvissement de nos besoins. Ce serait mentir que de prétendre le contraire. Nous recherchons une forme d'extase dans la nourriture, le septième ciel dans la sexualité et le paradis dans une cigarette.

Tout cela est en rapport avec la pulsion de vie qui sans relâche nous incite à chercher une satisfaction profonde et durable en communion avec la respiration universelle. Comme je le disais au début de ce livre, une pulsion est une force qui s'exerce au plus profond de l'être, et qui pousse à accomplir une action dans le but de réduire une tension.

Toutefois, comme nous nous sommes identifié à nos mécanismes de protection, qui procurent un sentiment de sécurité et d'appartenance au groupe, la portée possible de nos joies se restreint. Le flot créateur s'en trouve limité et, conséquemment, l'élan qui nous pousse à participer au monde avec nos talents et nos dons est inhibé. Nos peurs ont fait en sorte que le mécanisme s'est inversé. Dépouillé de nos propres ressources, privé de notre pouvoir, nous cherchons confirmation de notre valeur dans le regard des autres, développant même pour leur plaire des habiletés qui n'ont rien à voir avec nos goûts.

Nous nous retrouvons dans la peau d'un personnage fabriqué de toutes pièces dans lequel nous ne nous reconnaissons plus. Il y a une rupture intime dans l'être. Il y naît un conflit inconscient entre l'individualité créatrice d'un côté et les besoins du personnage de l'autre. Ce déséquilibre se manifeste par des tensions avec notre entourage, des malaises psychologiques, des maladies et des accidents.

Pourtant, nous survivons à la disharmonie et aux frustrations. Nous arrivons même à les ignorer. Pour ce faire, nous investissons certains champs du plaisir où nous recherchons en priorité consolation et délectation. C'est ainsi qu'en douceur la pulsion de vie rate sa cible alors qu'en surface tout semble bien aller.

Le sain égoïsme

Si l'on poursuit honnêtement un examen de soi, on finit par se rendre compte que tout est question de contentement personnel. Même lorsqu'on entreprend une démarche d'évolution et de remise en cause de nos schémas habituels, c'est pour en tirer profit. Sinon, à quoi bon changer ? Pourquoi consentir un tel effort ? La vérité nue est que l'on recherche des satisfactions toujours plus intenses et plus durables. Même nos gestes les plus altruistes sont motivés par le bien-être que nous éprouvons de les avoir accomplis. Ainsi, la plupart du temps, nous nous déployons dans ce que l'on peut appeler un sain égoïsme.

Le sain égoïsme n'est pas l'égocentrisme. Il fait qu'un être demeure au centre de sa propre expérience de satisfaction, sans fausse honte, observateur et expérimentateur de sa réalité. Que recherche une personne qui donne sa vie pour une grande cause humanitaire ? Une sensation de plénitude qu'elle sait ne pouvoir atteindre qu'en se mettant au service des plus démunis. Que recherche le mystique qui passe sa journée à contempler la divinité ? Un état de ravissement pour lui supérieur à ce qu'un bon repas peut offrir. Que recherchons-nous dans l'amour ? Des états d'animation intérieure intenses grâce auxquels nous nous sentirons tout à coup vivants. Et dans un film d'action ? Là encore, une intensité qui nous donne pendant quelques heures le sentiment d'exister.

L'égocentrisme se situe à des lieues du sain égoïsme. Il consiste en l'enfermement de l'être dans sa propre bulle, où il s'occupe à satisfaire les besoins du personnage et n'y arrive jamais, un besoin en engendrant un autre en une quête sans fin. Le sain égoïsme permet de s'oublier dans une activité qui nous rend heureux. L'égocentrisme ne le permet pas car la peur de ne pas exister, de perdre le contrôle et de ternir son image préoccupe sans cesse celui qui en est victime. Son pouvoir, ses possessions, ses appuis sont des sujets constants de préoccupation. Dans son monde, il ne peut y avoir ni détente ni abandon.

Le déséquilibre engendré par l'attachement au personnage interdit la satiété parce que l'appui dans l'individualité manque. C'est comme une maison qui serait sans fondations et sans mur de soutènement. La précarité de l'installation susciterait des inquiétudes constantes et obligerait les habitants à renforcer toujours plus la surveillance. Il ne saurait y avoir de détente profonde dans une telle maison. On doit s'y tenir sur le qui-vive.

Tandis qu'en remettant en question l'attachement au personnage, nous pouvons trouver un sentiment de confiance dans le simple fait de vivre et de sentir la vie en soi. Au lieu de se sentir divisé et séparé de tout, on peut s'appuyer sur la sensation interne de faire partie du tout et d'évoluer avec lui. Alors une détente est possible. On a ainsi un nouvel appui à partir duquel on peut se dégager du personnage. On peut alors prendre le risque de suivre ses élans créateurs, le long du chemin que cette confiance a ouvert en soi.

Prenez l'exemple de Bill Gates et de sa femme : ils ont investi trente milliards de dollars pour créer la plus grande fondation humanitaire du monde. Au cours d'une interview, ils ont déclaré qu'ils jugeaient normal que cet argent retourne à ceux qui leur avaient permis de jouir d'une fabuleuse abondance. On peut en déduire qu'ils ont découvert que la véritable richesse est dans le don.

Entrevoir les choses sous l'angle du sain égoïsme offre des avantages. La démarche évolutive, en psychologie, est étrangère à la sphère religieuse traditionnelle, avec ses péchés, ses jugements et ses punitions. Dans une telle sphère, l'être demeure en dehors de lui-même, régi par des forces extérieures. Ici il s'agit de s'appuyer sur une liberté fondamentale pour faire un choix qui nous rapproche de la joie de vivre, éventuellement de l'extase.

Pour être en mesure de faire ce choix libre et libérateur, il est important de pouvoir concevoir un monde sans jugement et sans culpabilité, où il est possible de commettre les pires actes sans engendrer de peine éternelle. Selon une telle conception, un être humain peut faire volontairement et non sous le coup de la peur le choix d'aller vers sa liberté.

Lorsqu'un individu se rend compte qu'il est fondamentalement libre, il apprend du même coup que sa prison est sa propre création. Il sait qu'il en a construit les murs à force d'habitudes et qu'il peut donc en disposer à sa guise. Il sait qu'il n'est pas victime de qui que ce soit ou de quoi que ce soit. Il sait que sa geôle lui apporte de belles satisfactions mais que quelque chose en lui aspire à des joies plus vastes.

Il n'est pas facile d'admettre que rien ne nous satisfait de façon vraiment durable, que la main reste toujours en partie vide, à tenter de saisir quelque chose qui ne se laisse pas prendre. Pourtant, ce goût de la plénitude qui existe en nous ne peut être une simple tromperie de la nature. Ne serait-il pas plutôt un guide susceptible de nous montrer le chemin vers un accomplissement plus grand ?

Dans tous les cas, il ne sert à rien de dénigrer les plaisirs qui sont les nôtres. Il n'est en rien question d'ascétisme. Ce ne sont pas les plaisirs que nous allons remettre en question, dans ce chapitre, mais plutôt notre dépendance à eux. Nous verrons comment nous passons de la récompense à la compensation et de la compensation à la compulsion. Passages qui viennent sceller le sort de la pulsion de vie. La pulsion est devenue compulsion. Le plaisir est devenu prison. Étonnant retournement des choses. D'autant plus étonnant que, même le sachant, nous restons souvent enchaînés.

Un détail amusant : je me suis rendu compte un jour que la plupart des plaisirs compensatoires commencent par un *s*. Ne riez pas, constatez plutôt. Le sel, le sucre, le sexe, les stupéfiants, les spiritueux, les sodas, le shopping, les soldes, la surconsommation, le sport extrême, et même la spiritualité mal comprise : que des *s*... Après tout, me suis-je dit, puisque les compensations sont de grandes tentatrices, il est normal qu'elles prennent le langage du serpent : « *Ssss*... Viens vers moi, petit personnage en manque de sensations fortes, je vais te divertir. »

Mais, à y mieux réfléchir, je me suis rendu compte que tous les serpents ne disaient pas : « *Ssss*... » Plusieurs font « *Tsss*... » Le travail, la télévision, le téléphone, le tabac, ce sont tout de même des formes de compensation respectables.

En fait, une bonne compensation doit toujours être sous la main. Sinon, elle ne sert à rien. Voilà pourquoi, à chaque coin de rue, on trouve des boutiques spécialisées dans la vente de substances compensatoires. Au Québec, ça s'appelle des *dépanneurs*. On croit rêver ! Pas du tout. Ça dépanne aussitôt qu'une crise existentielle pointe à l'horizon. Des dépanneurs, il y en a partout, et, fait notable, le rayon des aliments réels s'y réduit d'année en année au profit des aliments compensatoires : le café, les « croustilles » (*chips* en bon français !), les chocolats, les crèmes glacées et les cigarettes... Au fait, j'ai oublié de vous dire que les *c* occupent une place de choix, entre les *s* et les *t*. Mais, franchement, je ne sais pas comment les serpents les prononcent.

Une compensation se doit d'être accessible, ai-je dit. Regardez le fond de nos sacs : le téléphone portable est là, bien en place, avec le chocolat, le paquet de cigarettes. C'était prévisible et il a encore une longue vie devant lui. Pourquoi ? Parce qu'il permet de combattre l'angoisse de séparation de façon très efficace. Grâce à lui, il est possible de nouer un contact en toutes circonstances. Il agit comme un cordon ombilical électronique. Et il rassure : plus on a de messages, plus on a de gens qui pensent à nous, plus on existe ; dans les endroits publics, il montre aux autres que l'on est important. Et comme à présent, il prend aussi des photos et transmet des courriels (*mails* en français !), ça ne risque pas de s'arranger.

Bien sûr, ces avancées technologiques sont très pratiques. Tout dépend comment on s'en sert. Je me rappelle mes premiers courriels. J'étais tout fier. Je les consultais de temps à autre et ça allait. Aujourd'hui, ils sont devenus un esclavage. J'en reçois tant que je ne peux répondre à tous dans l'instant. Or il existe une règle non écrite qui dit que le correspondant doit recevoir une réponse immédiate. Aussi les délais que je m'autorise sont-ils un problème. Je reçois souvent la copie du même mail avec, cette fois, la mention « test », l'interlocuteur voulant vérifier si je l'ai bien reçu, si son ordinateur le trahit, si je boude ou encore si je suis mort.

On est pris dans la toile du Web comme dans celle des compensations. Le problème est qu'elle est tissée de plus en plus serré, au point que l'on se demande si demain on pourra encore respirer dans la vie que l'on est train de se faire. Car le mouvement s'accélère.

Les états intérieurs

Qu'elle vienne des croustilles ou du cellulaire, notre satisfaction repose sur une sensation d'animation intérieure. Nous souhaitons, consciemment ou non, être animé du dedans. Lorsque l'on écoute une musique que l'on aime, elle produit un mouvement agréable en soi. Elle stimule une gamme de sensations et d'évocations plaisantes. Nous voulons avoir l'impression d'être vivant et nous mesurons l'importance de chaque expérience par l'entrain, la chaleur et la vivacité qu'elle déclenche en nous. C'est une recherche d'*âme* au sens propre, car c'est ce mot qui est à l'origine du mot *animation*.

Notre bonheur est lié à nos états intérieurs. Ce que nous ressentons à l'intérieur de nous détermine notre bien-être. Mettez-vous pendant quelques instants en contact par la pensée avec quelqu'un que vous aimez beaucoup. Ressentez sa présence bienfaisante et voyez l'état que cela provoque en vous : de la détente, du plaisir. Ce bonheur que déterminent nos états intérieurs est voilé par tout ce qui se passe à l'extérieur de soi. Mais c'est pourtant bien nos états intérieurs qui mènent le bal.

Quand nous cherchons un bon restaurant, par exemple. Ce que nous projetons est la sensation que nous aurons en dégustant un plat ou le plaisir que nous aurons à partager ce plat avec nos amis. En prévoyant d'aller voir un bon film, nous recherchons la sensation d'être nourri, rempli, contenté par de belles images, et des sensations fortes vécues en toute sécurité.

Toute notre réalité est orientée sur la recherche d'états intérieurs de plaisir et de joie. Hélas ! Comme nous venons de le voir, ce bonheur potentiel est menacé par nos attentes, nos peurs, nos croyances, toutes issues de nos blessures passées. À la limite, la satisfaction des besoins devient un obstacle, pis, un chemin vers des satisfactions limitées que l'on connaît bien mais qui restreignent et emprisonnent.

J'avais ainsi une amie qui adorait le cinéma, au point d'en avoir fait sa profession puisqu'elle était devenue critique. Un jour, elle me confia qu'il lui arrivait de voir tous les films qui étaient projetés en ville, n'importe lesquels, pour se remplir la tête, et se retrouver plus vide qu'avant au bout de l'exercice. Plus rien ne pouvait la rassasier et c'était le désespoir. Remarquez que c'était déjà une chance que son désespoir fût inspiré par un instrument de plaisir aussi peu dommageable que le cinéma. Lorsqu'il s'agit d'alcool, de sexe ou de drogue...

Nombre d'entre nous suivent la malheureuse stratégie de mon amie cinéphile devant leur téléviseur. Il y a tant de produits et si peu d'entre eux sont vraiment nourrissants qu'on finit par errer d'une chaîne à l'autre. D'une chaîne à l'autre ! L'expression est éloquente. Il s'agit de fuir l'esclavage d'une vie qui ne nous satisfait pas et qui nous enchaîne, justement. Peu à peu, pour intensifier l'expérience, pour la rendre plus satisfaisante, on ajoute le petit goûter, le pop-corn, les chips, le coca : on cherche simplement un état intérieur de satiété.

Tant que ça marche, ça marche. Il n'y a rien à redire. Quoique... D'une certaine façon, c'est pis encore, parce qu'alors on ne peut toucher à son malheur fondamental. Il est sans cesse masqué. C'est en ce sens que mon amie avait la chance de toucher à son malheur intérieur à si peu de frais. Finalement, elle s'est mariée, a eu des enfants et est devenue romancière. Sa vie est plus active et plus nourrissante. Ses films sont devenus réalité.

Son histoire est une belle illustration parce que c'est justement de vie dont il est question depuis le début. Par exemple, est-ce notre partie vivante qui nous pousse à trop manger parce qu'elle ne trouve rien de vraiment satisfaisant à se mettre sous la dent dans la nourriture appauvrie qui est souvent la nôtre ? Se pourrait-il que nos boulimies soient une recherche du goût, d'une plénitude vivante, et qu'ainsi ce soit le meilleur de soi qui manifeste sa volonté de vivre ?

Fonction et définition de la compensation

Examinons de plus près la nature de la compensation. *Compenser* veut dire contrebalancer ou remplacer. La notion de *compensation* a été introduite en psychologie par le psychiatre autrichien Alfred Adler. Il appliquait dans son domaine un mécanisme physiologique observé dans des organes affectés par une insuffisance. On a remarqué que cette *infériorité d'organe* stimulait les capacités d'adaptation, aboutissait ainsi à des rendements nouveaux et supérieurs.

Adler a émis, par exemple, l'hypothèse que Napoléon avait compensé un complexe né d'une *infériorité d'organe* – sa petite taille – par un désir presque sans limites de dominer et de conquérir. Ses observations décrivent un mécanisme sain qui permet une adaptation à une infériorité réelle ou ressentie, mais qui peut se révéler névrotique[1].

C'est dans la transition entre *contrebalancer* naturellement une insuffisance et *remplacer* un besoin par un autre que se situe la partie névrotique du processus psychique. Notamment lorsque nous remplaçons un besoin de convivialité par un verre d'alcool en solitaire. Le geste sert alors à déguiser un élan et à le refouler à l'arrière-plan. Si cela se produit à l'occasion, il n'y a pas de mal. C'est même le signe d'une souplesse psychique. Lorsque l'exception devient coutumière au point où l'on ne se rappelle plus le besoin d'origine, il y a problème.

Pour éclairer la fonction des compensations, voici des histoires vécues que m'ont offertes des personnes auxquelles, en atelier, j'avais demandé d'écrire une lettre à leurs compensations. Il s'agissait de personnifier le préféré de ces plaisirs compensatoires et de s'adresser à lui. À partir de là, tout en réfléchissant aux conditions intérieures qui enclenchaient le processus, elles devaient, d'une part, décrire les gratifications reçues et, d'autre part, se représenter les goûts et les élans ainsi empêchés. Voici quelques-unes de ces lettres.

Manger :
À toi, ma nourriture,
Tu m'apportes de l'apaisement, du réconfort, du calme, du plaisir.

---

1. Carl Gustav Jung, *Les types psychologiques,* Genève, Librairie de l'Université, Georg et Cie, 3e éd., 1950, p. 417.

Tu endors mon mal-être, toute la douleur interne d'une blessure d'enfance que je traîne. Tu m'aides à ne pas entendre les petites voix qui me jugent tout le temps, la mienne et celles des autres.
En ce moment, j'ai un grand désir de te changer pour laisser émerger mon être, me laisser le droit d'exister, de vivre et non plus de survivre.

Fumer :
Chère cigarette,
Tu me calmes quand je suis stressé. Tu me calmes quand je suis en colère. Tu es ma compagne quand je m'isole. L'amour de la cigarette me détruit. Je me détruis.

Dormir :
Cher sommeil,
Tu me permets de fuir le monde, de ne pas avoir à affronter le monde extérieur. Tu m'offres la possibilité de ne plus exister. De ne plus sentir la souffrance, la douleur, la solitude, l'ennui. Cependant, tu m'empêches de m'ouvrir au monde. De vivre mes moments de loisir et de plaisir.

Accomplir une performance :
Chère performance,
Tu me réconfortes quand tu me fais croire que j'ai le contrôle sur ma vie, sur mes actions. Avec le temps, petit à petit, tu m'as enlevé ma liberté, ma spontanéité, ma possibilité de faire ou de changer des choix. Tu m'emprisonnes dans la rigidité, tu m'épuises et tu m'étourdis. J'entreprends donc maintenant, par des actions concrètes, de me corriger au fur et à mesure que tu apparaîtras. Je m'investirai dans des domaines que je ne connais pas et que tu m'empêches de découvrir. Je prends tout simplement conscience que j'ai moins besoin de toi pour me faire aimer et apprécier.

Comme vous le constatez, la fonction des compensations est mise en évidence par cet exercice. Faites-le de votre côté... Vous vous rendrez compte, à l'instar de ces stagiaires, que compenser, c'est souvent tromper une forme d'ennui ou de solitude. Parfois cela permet d'éviter des conflits ou de gérer des tensions intérieures.

Dans tous les cas, il est utile de prendre conscience, d'une part, des gratifications cachées que fournit une compensation, de l'autre, des aspects plus sombres de cette activité, même si elle est aussi inoffensive, au premier abord, que de regarder la télévision, loisir auquel se livrent des millions de personnes chaque jour.

Si j'ai demandé aux participants de mes stages de noter les avantages et les désavantages que leur offre leur compensation favorite, c'est pour leur faire réaliser que, parfait reflet de leur personnalité, elle joue elle aussi un double rôle : d'une part, elle permet de survivre en donnant de la saveur à un monde qui, sans elle, pourrait en manquer, mais, d'autre part, elle nourrit l'immobilisme. Elle devient la gardienne d'un système qui enferme l'individu dans le malheur. J'ai ainsi entendu plusieurs hommes me dire que le plaisir sexuel leur avait permis de rester en vie... avant que la peur de le perdre ne les empêche d'avancer.

Voilà pourquoi, la plupart du temps, on ne peut approcher de front le problème des compensations. La voie bénéfique, comme il apparaîtra lorsque nous explorerons la deuxième perspective, consiste à stimuler la pulsion créatrice. Lorsque de nouveaux plaisirs apparaissent à l'horizon et que de nouvelles expériences se font possibles, l'individu peut alors relâcher son emprise sur sa compensation favorite car il y tient comme Linus, le petit personnage de la bande dessinée *Peanuts*, tient à sa couverture. À bien regarder les images, on ne sait pas si c'est lui qui tient sa couverture ou si c'est sa couverture qui le tient. La question vaut pour les compensations.

Vous aurez noté que j'emploie des verbes d'action comme « manger », « fumer », « regarder la télévision »,

« dormir » pour parler des compensations. Je le fais pour souligner que ces comportements impliquent l'individu et non pas seulement des substances. La plupart du temps, nous mettons l'accent sur ces dernières. Elles ont leur part à jouer car elles créent des assuétudes biochimiques mais l'emploi de verbes nous permet de ne pas perdre de vue qu'il y a bien une action, et donc quelqu'un qui agit. Un sujet est en jeu, avec tout son appareillage psychique et un délicat équilibre qu'il tente de conserver du mieux qu'il le peut.

La soif de reconnaissance

Une autre fonction des compensations est liée au besoin d'être reconnu évoqué plus haut. Leur usage a souvent son origine dans les petites récompenses que nous recevions enfant, et qui servaient à nous valoriser. C'est pourquoi, encore aujourd'hui, les compensations comblent inconsciemment ce besoin de reconnaissance et font échec à la peur d'être oublié, laissé de côté, isolé, voire de ne plus exister. Elles répondent au besoin d'approbation, d'admiration, d'applaudissements et de renforcements positifs.

Voilà pourquoi il est si attirant de vivre une histoire d'amour. L'autre nous trouve « beau », « gentil », « intelligent », « unique », « lumineux ». Nous vivons dans son regard et nous nous y mirons comme Narcisse en son lac. Inconsciemment, nous contemplons notre propre perfection et celle de l'autre. Sans le savoir, nous tentons surtout de restaurer une estime de soi fortement touchée par les tribulations d'une vie. Nous tentons de nous reconnaître.

Un chanteur engagé me raconte :

J'ai remarqué que, lorsque je viens de donner un spectacle qui m'implique beaucoup, où j'ai pris des risques, je n'arrête pas de chercher des compliments pour me rassurer. Subtilement, je ramène la conversation à ma performance, comme pour amener mes proches à reconnaître encore et encore combien j'ai été bon. Ce besoin est un puits sans fond. On pourrait y verser des tonnes de compliments, ce ne serait pas assez. Il n'y a qu'une chose qui peut suspendre la mécanique : je m'arrête quelques instants et je me parle à moi-même ; je me dis : « Et toi, comment évalues-tu ta prestation ? » Je me réponds que j'ai donné le meilleur de moi-même, que j'ai pris position clairement au risque de déplaire, que j'ai été cohérent et même courageux. Je note que je pourrais améliorer certains points mais, somme toute, je me rends compte que je suis content et que j'ai de bonnes raisons d'être satisfait de moi-même. Je me donne de la reconnaissance et, pour célébrer l'occasion, je m'offre quelque chose qui me fait plaisir.

Satisfaire le besoin de reconnaissance : telle est sans doute la vraie raison d'être des systèmes compensatoires. Quel rôle joue le verre de vin de la fin de journée sinon à se donner soi-même une tape dans le dos souhaitée, à masquer son absence ? En termes psychologiques, cela s'appelle « se reconnaître ». Dans le cas des compensations, il s'agit d'une façon tout à fait inconsciente de le faire car se reconnaître par soi-même demeure la plupart du temps en dehors de nos possibilités. La raison en est que nous cherchons cette reconnaissance au-dehors et que nous ne pensons pas à nous l'offrir.

Une des seules façons de sortir de l'emprise d'une substance ou d'un comportement consiste *à reconnaître en soi-même, par soi-même, et de façon consciente, quelque chose qui nous passionne*. Il s'agit de faire de la place à cette passion et de s'y tenir. Autrement dit, la question qui permet de trancher à travers le système compensatoire est la suivante : *qu'est-ce que je reconnais en moi-même, par moi-même, qui me donne le goût de vivre ?*

Si l'on peut répondre à cette question, on fait un grand pas en avant car la reconnaissance de nos goûts et de nos talents permet de sortir du système. Cela risque d'entraîner un conflit avec le personnage sur le court terme, mais d'apporter des satisfactions durables sur le long terme.

Si l'on est reconnu pour une capacité que l'on n'apprécie pas soi-même ou si personne ne remarque une de nos compétences, on fait presque nécessairement appel à une compensation pour combler le déficit d'amour. Compenser est une façon inconsciente de s'aimer lorsque l'on est prisonnier d'un système où l'on ne se sent pas suffisamment reconnu, ou pis, reconnu pour ce que l'on n'est pas. Si, d'une part, on peut trouver heureux que la compensation existe car elle permet de survivre, d'autre part, on doit bien se rendre compte que cet amour a sa partie toxique car il enferme l'individu dans la dépendance.

Le conflit inconscient

Le mécanisme compensateur possède une autre fonction cruciale : masquer le conflit qui fait rage à l'intérieur de soi. Le chocolat, le sexe, le café, la télé, le travail, servent à se cacher cet inconfort, à faire en sorte qu'il ne remonte pas à la surface. Il n'y a qu'à lire cette lettre pour s'en convaincre.

Chère télé,
Tu remplis un grand vide, une grande solitude.
Tu me désennuies, tu m'instruis, tu me fais rêver.
Tu me voles mon temps.
Tu m'anesthésies.
Tu me culpabilises.
Tu me fais mal.
Tu m'empêches de créer ma propre vie.
Tu m'empêches de faire ce que j'aime car c'est plus facile de rêver.

Si je réussis à moins te regarder, peut-être que je vais réussir à bâtir une nouvelle vie.
Ma vie.

Anesthésié, l'être obtient une impression de paix mais ce n'est qu'une impression. Comme cette lettre le fait ressortir, un conflit existe à l'intérieur de la personne. Il y a un duel inconscient entre la pulsion de vie qui étouffe et le personnage qui cherche la sécurité du *statu quo*. C'est ici que la compensation fait du mal. L'ignorance de cette guerre intime produit de nombreux dommages collatéraux, parmi lesquels une perte de vitalité et des somatisations de toutes sortes.

La reconnaissance de cet affrontement caché a le mérite de limiter les dégâts même si on ne le résout pas tout de suite. La prise de conscience entraîne une nouvelle cohérence dans l'être et affaiblit l'emprise destructrice de l'élément inconscient. En effet, ce qui est inconscient reste autonome, dans notre psyché, et possède un pouvoir d'autant plus fort de nous contraindre et de nous définir malgré nous.

La résistance au changement

Lorsque l'on passe en revue les différentes fonctions d'une compensation, qu'il s'agisse de remplacer un besoin par un autre pour répondre à une tension, d'étancher la soif de reconnaissance, de masquer le conflit intime entre créativité et sécurité, on se rend compte que les compensations sont l'expression même de la résistance au changement. En effet, si vous avez bien suivi ma démonstration, vous aurez constaté que l'être humain qui se trouve identifié à son personnage au mépris de son individualité souffrira d'une impression de déséquilibre et de déchirement interne. Plus son identification à la personnalité sera totale, plus le malaise sera grand.

Au point que ce qui sera utilisé pour provoquer malgré tout un sentiment de bien-être, même passager, devra être de plus en plus puissant, jusqu'à oblitérer toute lucidité. par un abus répété de certaines substances ou par la création d'une vie où il n'y a jamais de temps pour soi.

Autrement dit, compenser est une façon de survivre au déséquilibre intérieur et de résister au nécessaire changement quand on craint les risques qu'il y aurait à prendre et les deuils qu'il y aurait à faire si jamais on prenait la route de la partie vivante de soi-même, du meilleur de soi. Paradoxal, n'est-ce pas ? Quand on considère toute l'énergie que certaines personnes déploient à ne pas devenir elles-mêmes tout en se plaignant des difficiles conditions de la vie, on se demande si elles ont vraiment le goût de sortir du rôle de victime. On finit par se dire que les êtres humains ne changent que lorsqu'ils y sont obligés. Nous reviendrons sur le thème du changement dans la troisième partie du livre.

La compensation concerne l'histoire de l'individu

Les compensations ne sont pas à prendre à la légère. On ne peut pas s'en débarrasser en deux coups de cuillère à pot. Surtout que l'on s'aperçoit vite qu'elles témoignent de toute l'histoire de l'être humain. J'ai eu par exemple en thérapie un homme qui entretenait plusieurs relations sentimentales à la fois. Cela lui faisait une vie très compliquée. On aurait pu dire que séduire constituait son principal acte compensatoire. En réalité, cela se passait plutôt du côté des satisfactions sexuelles. Il avait besoin de s'assurer l'octroi régulier de tels plaisirs pour que sa vie ne perde pas son sens.

Qu'est-ce qui motivait un tel comportement ? Il avait été victime de violence physique de la part de sa mère étant jeune, et une méfiance des femmes s'était inscrite en lui. Il avait une difficulté énorme à s'abandonner à l'amour, à s'engager. Son système lui permettait de jouir de la présence féminine sans se commettre. De la sorte, il sexualisait toutes ses relations et ne permettait pas à son désir de tendresse et d'intimité de monter à la surface. Son exemple témoigne en tout point de l'implication de l'histoire personnelle dans le choix d'une compensation.

En voici d'autres. Une participante à mes stages raconte qu'elle fume quand elle se sent seule. Elle précise que, chaque fois qu'elle tente d'arrêter, elle se jette sur la nourriture. Sa consommation de cigarettes a commencé lorsqu'elle avait douze ans. Elle voulait « faire partie du groupe », comme elle dit. Elle fumait donc pour se sentir reconnue, mais aussi pour s'affirmer et défier ses parents.

Quant à Roger, quand il ne mange pas de pain au cours d'un repas, il ne se sent pas bien. Il a besoin de se « bourrer », sinon, il sent le vide dans son ventre et il panique. Bien qu'il souffre d'un problème d'embonpoint, il ne peut réduire sa consommation ; c'est ainsi qu'il lutte contre l'angoisse de la solitude. Or, petit dernier d'une famille nombreuse, il a souffert du manque d'attention de ses parents et s'est réfugié dans un monde imaginaire pour survivre. Aujourd'hui, il a peur d'être seul.

Une femme dans la cinquantaine nous confie que, chaque fois qu'elle vit une déception, elle achète des vêtements coûteux dont elle n'a pas besoin. « Ils servent à rehausser mon image, dit-elle, ils m'assurent d'un pouvoir de séduction et compensent ma peur de déplaire, mon besoin d'être acceptée. » Elle se souvient qu'enfant elle essayait d'attirer le regard de son père en s'habillant bien, et pense que son besoin d'adulte est enraciné dans ce regard parental qui lui manquait.

Chacun de nous possède un plaisir compensatoire principal, qui peut même être devenu obsédant, et qui agit comme un rempart contre le vide. Pour le connaître, il suffit de se poser la question : qu'est-ce qui enlèverait sa couleur à la vie si je le perdais ? Pour certains, c'est faire l'amour, pour d'autres, c'est regarder la télévision, travailler, séduire, contrôler, exercer du pouvoir, se plaindre ou boire du café. Peu importe, car, à la limite, n'importe quel acte de notre vie peut jouer un rôle compensatoire à partir du moment où nous l'utilisons pour masquer un élan de création ou d'expression.

Il ne sert à rien de vous sentir coupable, il est plus intéressant de tenter de comprendre la fonction que la compensation joue dans votre vie actuelle et passée. Cette compréhension marque le début d'une libération possible. Tant que l'on reste du côté du plaisir coupable, on piétine. On se punit et l'on se méprise au lieu d'exprimer de la compassion pour la partie de soi qui s'efforce avec difficulté d'aller vers le meilleur de soi.

Pour prévenir d'éventuels malentendus, je vais préciser davantage la nature de la compensation en distinguant ce qui est de l'ordre de la compensation proprement dite, de la récompense, ou de la compulsion.

8

RÉCOMPENSES ET DÉPENDANCES

Y a-t-il quelqu'un qui mange ?

Il est nécessaire de faire une distinction entre récompense, compensation et compulsion. Vous le constatez sans doute, une fois engagé dans une nouvelle façon de voir les choses, il est difficile de ne pas considérer tout ce que nous consommons comme une compensation avec, en prime, une impression de culpabilité. Or se sentir coupable n'est pas le but de l'exercice. La position thérapeutique n'est pas affaire de moralité ; son objectif est de démonter un système afin que la prise de conscience puisse servir à une réorganisation de ce même système.

J'ai longtemps cherché un instrument de mesure qui servirait à pratiquer une distinction intelligente. Puis, un soir, en conférence, il m'est venu ces questions : y a-t-il quelqu'un qui mange du chocolat lorsque vous mangez du chocolat ? Y a-t-il quelqu'un qui fume lorsque vous fumez ? Autrement dit : y a-t-il un goûteur ? Y a-t-il quelqu'un qui savoure ? Votre geste de fumer et de manger est-il celui d'une personne consciente ou une activité purement mécanique ?

Plus précisément : y a-t-il quelqu'un qui mange ou êtes-vous dévoré par le besoin de vous remplir ? Y a-t-il quelqu'un qui mange ou êtes-vous possédé par la nécessité de créer un inconfort dans votre ventre, ce malaise étant plus tolérable que celui associé à la perception d'un vide fondamental ou d'un ennui intégral ? Y a-t-il quelqu'un qui fume ou êtes-vous brûlé par la cigarette, cherchant dans cette brûlure une intensité que votre vie ne vous offre pas. En effet, ce n'est pas toujours le plaisir qui répond le mieux à l'insatisfaction fondamentale ; il arrive fréquemment que nous provoquions un inconfort de surface pour faire diversion.

Vous l'aurez deviné, lorsqu'il y a sur la scène quelqu'un qui est conscient de son geste et qui le déguste, nous sommes du côté de la récompense, de l'abondance et de la célébration de la vie. Lorsque nous sommes enfumés par nos peurs et nos attentes magiques, il nous faut avaler toute une tablette de chocolat avant de nous rendre compte de ce que nous faisons. Nous sommes du côté de la compensation.

Je peux avoir besoin d'un verre de vin en fin de journée par simple habitude. À l'inverse, je peux prendre un verre de vin pour célébrer la vie qui coule en moi, et pour témoigner de la majesté qui se déploie autour de moi. Dans ces deux mêmes gestes, seule l'intention diffère. Dans le premier cas, je bois pour retrouver un état de bien-être intérieur perdu, dans le second, je consomme pour manifester ce bien-être et exprimer la douce ivresse qui m'a envahi. Remarquez que, d'un soir à l'autre, je peux louvoyer : parfois je suis présent à mon geste, parfois je ne le suis pas.

La compulsion

Lorsqu'une même façon de compenser devient un besoin irrépressible auquel il faut répondre sous peine d'en éprouver de l'angoisse et même de la culpabilité, la compensation s'est transformée en compulsion. Une force intérieure pousse alors impérieusement quelqu'un à accomplir certains actes. Nous entrons dans le domaine de l'accoutumance.

La proximité des mots *pulsion* et *compulsion* est riche de sens : lorsqu'on en arrive au point où la compulsion remplace la pulsion de vie, le malheur n'est pas loin. La compulsion décharge la tension de la pulsion de vie mais d'une façon destructrice. Elle la détourne et la pervertit plutôt que de l'exprimer dans toute sa beauté.

Dans ma carrière de thérapeute, j'ai eu à traiter plusieurs patients, hommes et femmes, qui souffraient de dépendances diverses : nourriture, alcool, travail et pornographie sont celles que j'ai le plus souvent rencontrées. Peu importe la substance, ces personnes connaissaient toutes les mêmes retournements intérieurs.

Je me souviens du cas d'Alice, personne obèse qui ne pouvait résister aux confiseries. Au retour de son lieu de travail, elle finissait toujours par entrer dans une pâtisserie pour y acheter un gâteau qu'elle avait l'intention de partager avec son fils. Mais ce dernier n'avait pas le temps d'arriver qu'elle l'avait fini...

Le processus par lequel elle passait chaque fois est exemplaire. Revenant du travail, elle éprouvait une grande tension intérieure : elle voulait acheter une sucrerie et en même temps ne voulait pas. Chaque jour, elle se disait que c'était la dernière fois. Comme elle croyait que c'était vraiment la dernière fois, elle se sentait autorisée à manger « pour la peine », et sitôt le gâteau posé sur la table, il disparaissait. Rassasiée, elle sentait une grande détente, puis elle sortait de son rêve, revenait à elle-même, pour ainsi dire. Une certaine lucidité se faisait jour en elle : elle ne comprenait plus le pouvoir d'attraction que le gâteau avait pu exercer ; elle se rappelait tout ce qu'elle avait lu sur les méfaits du sucre et décidait fermement de ne plus acheter de gâteau. C'était réglé, le plus simplement du monde. Le lendemain, elle en rapportait un chez elle, pour se prouver, pensait-elle, qu'elle avait acquis une maîtrise de sa consommation de sucre, qu'elle arriverait à manger raisonnablement.

Elle le posait sur la table et finissait tout de même par le dévorer en entier tout en se disant que l'acheter avait été une erreur et qu'elle n'avait pas encore la force de résister à une telle tentation.

Forte de sa nouvelle résolution, elle repartait pour le travail le surlendemain. Mais la journée ne se déroulait pas bien, elle essuyait les réprimandes de son patron... Puisqu'elle était nulle, autant se payer un morceau de gâteau pour oublier tout ça – et profiter de son sentiment d'échec, pendant qu'elle y était. Au moins, il servirait à quelque chose d'agréable. Le jour d'après, elle recevait des excuses du même patron. Elle se sentait revalorisée et célébrait l'événement en mangeant un gâteau.

Vous voyez le manège mental dans lequel la personne dépendante tourne. Les alcooliques vivent la même chose avec la bouteille. Les pornocrates avec le sexe. Les maniaques du travail éprouvent les mêmes malaises lorsqu'il s'agit de ralentir leurs activités et de ne rien faire. Dans tout cela, il y a un point commun : le mépris de soi.

Toutes ces personnes, lorsqu'elles commencent à être conscientes du cercle vicieux qui les entraîne, ont honte de leur comportement. Elles se sentent impuissantes à le corriger et peu à peu ce sentiment colore toute leur vie. Bientôt, elles ne voient plus que cet aspect de déchéance en elles. Il leur devient de plus en plus difficile de distinguer les beaux côtés d'elles-mêmes. Elles se méprisent aussi pour la double vie qu'elles mènent ; admirées sur d'autres points, elles ne peuvent s'empêcher de penser : « Si seulement vous saviez à qui vous avez affaire. »

Un goût d'éternité

Cela a pour effet de les pousser à rechercher des compensations de plus en plus intenses, capables de leur faire oublier ne serait-ce que pour quelques secondes leur drame secret. L'alcool doit alors être de plus en plus fort, le porno de plus en plus *hard*, le chocolat de plus en plus intense, le travail de plus en plus prenant. Suffisamment, en tout cas, pour vivre le *high* attaché au franchissement d'une limite. Ce « high » inspire une sorte d'euphorie qui enferme la personne dans son univers.

Ainsi apparaît l'essence de la quête de satisfaction : un moment d'intensité qui dure, qui offre une sensation d'éternité. Ce n'est donc pas l'objectif recherché qui est en cause, il est parfaitement juste et relève de notre nature essentielle, à laquelle nous ne saurions échapper. Ce sont les moyens qui, à la longue, deviennent destructeurs. Ils trahissent le malheur fondamental de manquer son coup parce que les compensations ne peuvent apporter le bonheur durable recherché.

Par exemple, la personne qui ne peut vivre sans son téléphone cellulaire trahit sa peur de l'abandon et de la solitude. Mais du même coup, elle exprime son besoin de se sentir sans cesse reliée à ses semblables. Or, de par notre nature, nous sommes unis aux autres, bien qu'il faille investir du temps dans des pratiques comme la méditation ou la contemplation pour s'en rendre compte.

Dans un de mes ateliers, une personne nous a confié ce qu'elle a vécu avec sa compensation favorite : dépenser de l'argent.

> Faisant l'inventaire des conditions qui déclenchaient l'acte, elle avait noté en premier lieu les occasions où des points pénibles de son passé lui avaient été rappelés. Y figurait aussi l'envie de se défouler après un moment de friction, dans le travail ou dans le couple. Les gratifications liées au fait de dépenser se concentraient autour d'un sentiment de puissance et d'abondance. Lorsqu'elle flambait, elle se donnait de la valeur.
>
> Cependant, elle avait remarqué peu à peu que l'argent ainsi dépensé aurait pu servir aux choses qu'elle aimait

vraiment et qui stimulaient son goût de vivre, comme les voyages ou les séminaires de développement personnel. Elle avait donc appris à formuler des objectifs à long terme pour freiner sa boulimie. Elle avait ouvert un compte spécialement dévolu aux projets coûteux et créateurs. Cette démarche lui permet maintenant de regarder l'avenir avec enthousiasme.

Dans la mesure où l'on est partie intégrante d'un univers abondant, puissant et créateur, le sentiment de puissance, d'aisance et d'abondance existe au sein même de notre nature. C'est la prise de conscience de notre identité véritable qui peut résoudre le problème que nous vivons lorsque nous sommes attachés à notre personnage de surface.

Un attachement biochimique

Vue sous l'angle de la neurobiologie du cerveau, la dépendance à une substance est un problème d'attachement, non pas à la substance en tant que telle mais à son effet, c'est-à-dire au cocktail biochimique qu'elle déclenche et à l'état émotionnel qui s'ensuit. La difficulté naît du fait que des circuits électriques du cerveau sont en cause et qu'il est difficile de les modifier. Ce sont comme de mauvaises habitudes.

Même si le circuit est identifié comme provoquant des réactions désagréables, après un certain temps il devient pénible de le modifier. Une fatigue s'est introduite dans le système, et les nouvelles cellules créées portent la trace de cette fatigue. Il y a moins de récepteurs en action, ils ne reconnaissent plus les informations qui pourraient aider une reprogrammation. De là vient la difficulté de changer. Cette difficulté fait cependant apparaître une possibilité insoupçonnée. Puisque l'accoutumance est un attachement à certains types d'influx biochimiques provoquant un type donné d'état affectif, la reprogrammation peut se faire à partir de l'état affectif lui-même. Par exemple, il m'arrive d'encourager des patients à projeter des images positives d'eux-mêmes où ils se voient dégagés de l'accoutumance. Je leur propose d'imaginer avec une intensité qui réveille l'émotion. De cette façon, ces représentations ont une chance de s'implanter en créant de nouveaux circuits biochimiques. Ces nouvelles connexions neurologiques peuvent à la longue être recherchées de préférence aux anciennes.

En réalité, l'imagination facilite le développement psychologique, et il est difficile d'avancer sans elle. Au-delà, une dépendance nécessite presque à coup sûr de s'investir dans une expression créatrice et passionnante. Nous sommes des créateurs, et c'est l'expérience de la création qui nous transforme véritablement.

Dépendre des émotions

S'agissant d'attachement biochimique, je voudrais introduire un point qui est peu traité dans la littérature psychologique : l'accoutumance aux émotions. Un exemple. À la fin d'une journée de stage, un homme affable offre de me raccompagner. Je ne le sais pas alors, mais je vais devenir le témoin privilégié d'une colère monstre. Mal stationné, Raoul trouve le bordereau d'une contravention sur son pare-brise. Sa réaction est démesurée : il s'en prend à la police, aux autorités de la ville et au « gouvernement de merde »... Manifestement, je suis face à un phénomène de « déplacement ». Une rage qui n'a pu s'exprimer ailleurs, peut-être même dans mon stage, explose à l'occasion d'un simple incident. J'imagine aussitôt des parents peu à l'écoute des besoins de leur enfant, dont l'attitude a fait de lui un perfectionniste.

En effet Raoul est irréprochable, dans sa vie de famille comme dans sa vie professionnelle. Irréprochable à un détail près : il boit. Il boit trop et il le sait. Il se dit que, lorsqu'il le voudra, il arrêtera et « changera des choses ». Car il sait aussi qu'il ne fait pas ce qu'il avait envie de faire. Mais il a peur de se retrouver seul s'il modifie sa façon d'être. Il ne se rend pas compte que c'est maintenant qu'il souffre de solitude car peu à peu sa famille s'éloigne de lui à cause de son problème d'alcool.

Il est conscient de la situation mais ne réalise pas qu'il est également dépendant de ses émotions. Il est dépendant de cette colère et de cette rancune qui le détruisent. Ses cellules se sont habituées à cet état intérieur et elles en redemandent. Aussi, lorsqu'il boit, Raoul laisse aller sa colère encore plus librement. Il croit qu'il boit parce qu'il a de quoi se mettre en colère, mais en fait, il boit pour être en colère. Cet état prend de plus en plus de place et, bientôt, il ne sera plus que ça : un hargneux.

Le cas de Raoul fait caricature. Pourtant, la plupart d'entre nous sommes abonnés à un type donné d'émotions, que ce soit la colère, la tristesse, le désespoir ou la peur. Nous y tournons comme dans une sorte de cercle vicieux. Tout comme s'il nous manquait un proche, un ami familier, lorsque nous ne sommes pas dans cet état affectif. On cherche ainsi à combler le vide intérieur, celui que l'on craint de trouver si l'on se retrouve seul. Cependant, la compulsion crée du vide, de plus en plus de vide et de détestation de soi, car on se fatigue des personnes qui sont toujours tristes, toujours apeurées ou désespérées, et on les délaisse.

Les émotions fortes

Il y a souvent une confusion entre la notion d'animation intérieure et celle d'« émotion forte ». Dans l'attachement au personnage ou à notre personnalité, l'allégeance au monde émotif occupe une large part. Or, comme nous l'avons vu dans les chapitres précédents, l'émotion est le signal d'une friction entre le monde extérieur et le personnage, friction qui a pour rôle de nous amener à une position plus juste par rapport à notre individualité profonde et par rapport aux autres. Aussi, pour atténuer le pouvoir d'émotions liées à des attentes déçues ou à des angoisses de fond, nous nous attachons à des formes compensatoires qui nous font vivre des stimulations fortes et intenses.

D'où l'excitation que l'on peut éprouver devant une danseuse nue, une bouteille d'alcool, un gros morceau de gâteau ou même un film d'action. Ces stimuli, et bien d'autres, sont tous à même de créer une animation intérieure suffisamment bouleversante pour que l'on oublie ses problèmes. Par leur intensité, ils ont le pouvoir de faire taire les émotions troubles qui habitent l'être. Dans ces conditions naît le risque de déviation et de détournement de l'émotion.

Ainsi la consommation régulière de notre dose « d'émotions fortes », comme le dit la publicité, peut transformer celles-ci en émotions destructrices. Elles ne sont pas « destructrices » en elles-mêmes ; mais l'usage que l'on en fait leur donne ce potentiel. Comme elles voilent le conflit réel et offrent des formes d'évitement si fortes qu'on en oublie momentanément qui l'on est, on entre sans le savoir et parfois de façon fort plaisante dans l'autosabotage et l'autodestruction.

En obéissant de façon aveugle à un monde de surstimulation et de surconsommation qui nous permet de refouler notre drame intérieur, on laisse les émotions liées au conflit inconscient miner non seulement notre monde émotif mais aussi notre intégrité physique.

Entendons-nous bien, je n'affirme pas qu'il ne faut pas vivre des émotions mais plutôt que, lorsqu'on ne peut se donner de l'intensité qu'en s'infligeant des émotions fortes, on risque de bloquer son propre chemin. Certains couples ne survivent que dans un climat de querelle et même de violence. Encore une fois, sur un plan existentiel, il n'y a rien à redire et surtout pas de jugement à porter. Toutefois, si l'on veut évoluer, ça vaut la peine de tenter de comprendre les attentes, les peurs et les blessures du passé qui conditionnent de telles interactions.

L'émotion ne dit pas toute la vérité

En acceptant de nous dégager de nos émotions, surtout de celles qui semblent frappées du sceau de l'authenticité, nous devenons de meilleurs acteurs sur la scène de la vie.

Une amie me téléphone. Elle veut aller prendre un verre avec moi parce qu'elle a envie de pleurer. En l'écoutant, je comprends qu'elle s'est complètement identifiée à son émotion. Une fois le verre pris et son émotion exprimée, je ne connais toujours pas la véritable raison de sa tristesse. C'est que s'identifier avec une émotion et dialoguer avec elle sont des attitudes très différentes.

Dialoguer avec une émotion consiste à mettre celle-ci sur une chaise, comme une personne, et à l'écouter, écouter de quelle situation elle émerge, ce qu'elle fait résonner en soi, quelle blessure elle rappelle, et sur quel besoin elle veut attirer notre attention.

Toutefois, la remise en cause de l'identification aux émotions est difficile car la plupart des gens pensent qu'ils sont « vrais » lorsqu'ils éprouvent quelque chose. Ils se sentent alors habités et animés de l'intérieur, se disent qu'enfin ils sont authentiques. Or ce qu'il y a d'authentique, c'est qu'ils sont possédés par leur processus émotionnel.

La plupart du temps, les émotions naissent d'attentes déçues qui sont elles-mêmes le produit du passé, comme nous l'avons vu plus haut. Elles ont l'avantage de se communiquer directement à notre entourage. Elles nous montrent l'ampleur de l'écart entre soi et soi-même. Elles nous parlent de l'éloignement du meilleur de soi. Elles remplissent ainsi leur rôle, mais il est nécessaire que celui ou celle qui les éprouve les entende. Sinon, elles se déversent sur l'entourage de façon incontrôlée, la personne n'ayant pas encore saisi qu'elle doit être la première réceptrice de ce déversement.

Le constat vaut pour les impulsions. Nous pensons souvent qu'elles sont irrépressibles. Pourtant, nous pouvons discuter avec elles aussi car elles ne sont pas toujours bonnes conseillères. Par exemple, une de mes amies entretenait une relation avec un homme qui la manipulait allégrement. Elle était consciente du stratagème mais incapable de fermer la porte à cette relation toxique. Chaque fois que cet individu pointait son nez, ses autres relations pâlissaient d'un seul coup et elle se jetait dans ses bras pour le regretter quelques semaines plus tard.

Elle le trouvait « irrésistible », ce qui veut dire qu'elle n'arrivait pas à résister aux impulsions qui montaient en elle à sa vue. Elle devait donc trouver une façon non pas tant de lui résister que de ne pas se laisser entraîner par ses propres impulsions. Couper la communication avec lui n'était qu'une partie du programme ; elle devait également explorer son inconscient pour y découvrir le pourquoi de sa faiblesse. Je lui conseillai une thérapie qui l'aiderait à comprendre ce qui lui faisait préférer à toute autre une relation où elle se sentait diminuée. Il ne lui servait absolument à rien d'accuser son beau manipulateur. Elle devait plutôt comprendre ce qui l'enfermait dans ce mécanisme.

En réalité, on se noie dans la mer des émotions humaines. Il nous faut un gouvernail. Nos goûts réels orientés par nos idéaux constituent ce gouvernail. Il fait que les émotions peuvent être conçues comme provenant de la lutte que chacun doit mener contre ses conditionnements. Cela signifie que l'on entre dans la conscience que rien de ce qui arrive n'est gratuit, que tout contribue à faire prendre la responsabilité de soi-même, jusqu'à devenir créateur de sa vie.

Les compensations sont liées aux sensations

Je suis aux îles Canaries. C'est le matin. Je quitte l'hôtel pour aller méditer sur la plage, courir, me plonger dans la mer. Tout à coup, il m'apparaît comme une évidence que ce corps auquel je m'identifie est en fait un véhicule, un véhicule magnifique capable de mouvement, de rapidité et de souplesse. Il est là pour me porter partout où mon esprit le désire, à condition que je lui donne les aliments nécessaires.

Je m'émerveille. Bien que je me le sois répété des dizaines de fois, le fait ne m'est jamais apparu comme une évidence sentie. Je suis comme cela. Pour moi, les choses ne sont réelles que lorsque je les sens physiquement. Aujourd'hui, mon corps sait qu'il est un véhicule enjoué, vif, léger, qui prend plaisir à exister entièrement près de cet océan Atlantique. Avec les couleurs de l'aube et celles du couchant, il respire, il bouge, il mange et il est content.

Car le corps a des exigences, comme ces extensions de notre corps physique et de notre système nerveux que sont nos véhicules automobiles. Une voiture nécessite de l'essence, de l'huile, des entretiens réguliers, un filtre à air, de bons pneus, des lavages fréquents et bien d'autres choses encore. Bref, si l'on désire qu'elle nous serve bien, nous devons l'entretenir, sinon nous sommes en danger.

De la même façon, notre corps a des demandes : nourriture, air, mouvement, repos, abri, caresses, l'idée étant de lui donner les ressources adéquates afin qu'il dure longtemps. Pourtant, lorsque nous sommes identifié à notre corps, lorsque nous ne le voyons pas comme un véhicule mais comme notre être global, nous nous soumettons à ses appétits. Se développe alors une passion pour la nourriture, pour le tabac, pour le repos sans mouvement suffisant ou pour le mouvement extrême sans repos adéquat. Nous croyons que ces appétits sont les nôtres alors que ce sont les appétits du corps.

En réalité, ce ne sont même pas les appétits du corps. Notre corps aspire à la santé. Votre voiture, si elle avait son mot à dire, aspirerait à un fonctionnement optimal elle aussi. Non, ce sont plutôt des appétits qui viennent du mental qui tente de répondre au vide intérieur. Ils s'appuient sur le corps et déforment son mouvement naturel, celui d'un équilibre fluide et mobile. Ces appétits deviennent des habitudes. Les inconforts qu'ils engendrent deviennent paradoxalement des sortes de conforts.

Par exemple, trop manger apporte un inconfort ; mais aussi un bien-être psychique. Ce confort inconfortable, si l'on peut dire, remplit une fonction. Une gratification inconsciente s'y attache, celle d'un sentiment de satiété et de sécurité. Nous finissons par attendre le repas qui viendra dans quelques heures ou la friandise que nous pourrons déguster dans quelques minutes comme si notre vie en dépendait, comme si elle allait nous sauver de quelque chose. Il est vrai qu'elle nous sauve de quelque chose : de la perception de notre insatisfaction profonde, de notre royal ennui, de notre malaise fondamental.

Ne me croyez surtout pas...

Vous n'êtes pas obligé de me croire, pas du tout. En fait, ce serait mieux que vous ne me croyiez pas. Que vous vous contentiez de jeûner totalement pendant quarante-huit heures. Que vous vous contentiez de vous abstenir de sucre, de cigarettes, pour quelques jours. Alors vous saurez. Cela deviendra votre expérience et vous n'aurez plus besoin de croire ou de ne pas croire.

Ces appétits deviennent des compensations, puis des compulsions qui nous détruisent, des prisons qui nous enferment dans la cellule du bien-être et qui nous enchaînent dans l'esclavage des petits plaisirs. Le pauvre corps supporte tout cela sans mot dire, mais pas « sans maux dire ». La surcharge va créer des tensions, des ruptures, des maladies, des déséquilibres de toutes sortes qui signifient que nous fonctionnons mal, qu'il y a quelque chose en nous que nous n'avons pas compris. Car ce corps fidèle et merveilleux est un véhicule qui nous exprime, pour le meilleur et pour le pire.

Ce qui signifie que les compensations sont toujours liées aux sensations. Si nous désirons en sortir, nous devons nous déployer du côté des sensations, trouver des sensations intenses qui nous réjouissent au lieu de nous détruire. Autrement dit, pour se réaliser, il ne suffit pas d'y penser ou même de le ressentir au niveau affectif. Il s'agit de le sentir dans son corps.

Consommer, c'est compenser

Parmi les sensations à la mode qui sont liées aux compensations, il faut placer la consommation. Comme je le mentionnais plus haut, le shopping et les soldes apparaissent aux premiers rangs dans la liste des activités compensatoires. On pourrait en déduire que le monde de consommation dans lequel nous vivons facilite le passage de la récompense à la compensation et de la compensation à la compulsion. Il pousse à consommer jusqu'à la dépendance car le client le plus profitable qu'on puisse trouver est l'accro.

« Les actualités apportent les mauvaises nouvelles, la publicité apporte les bonnes. » Ainsi s'exprimait un de mes professeurs de communication. Il soulignait le rapport qui existe entre la consommation de biens et l'angoisse d'un monde divisé qui ravive les angoisses existentielles de chacun. Consommer sert à calmer la peur. Des études ont montré, par exemple, qu'en temps de crise personnelle, par exemple, les gens achètent plus.

Consommer rassure, divertit et donne un pouvoir momentané. Lorsque l'on dépense, on a l'impression d'exercer un contrôle, de valoir quelque chose et d'avoir encore une marge de liberté, même si la marge de crédit, elle, est défoncée.

Le plus étonnant, c'est que nous croyons ce que la publicité nous raconte. Que ce soit pour des vacances ou pour le dernier sandwich en vogue, il semble que nous soyons toujours prêt à nous procurer la clé du paradis tant attendu pour quelques euros. Nous avons besoin de partage, de convivialité et d'authenticité et nous achetons du Coca-Cola. Parce que « Avec Coke, y a de la joie ! » comme le disent si bien les annonces publicitaires québécoises. Le monde de la consommation est le monde de la compensation par excellence. Il nous permet de façon aisée de combler un besoin à la place d'un autre.

Qu'apportera le prochain amour ?

Cela ne vaut pas seulement du côté des biens marchands, loin de là. Par exemple, nous pensons réellement que le prochain amour nous apportera plus de satisfaction que celui que nous vivons. Nous avons la ferme conviction qu'après une période de vacances tout ira mieux. Pourtant, puisque nous ne touchons pas à la mécanique qui nous enferme, comment cela pourrait-il être ? Le mécanisme va se répéter, apportant sa part de satisfaction, pour sûr, mais pas la félicité espérée.

Malgré tout, nous préférons entrevoir des solutions magiques. Nous espérons que notre cas se règle sans que nous ayons à nous en mêler, par l'effet d'une aide extérieure aimante et généreuse. Un tel espoir est vain. Rien ne peut se régler sans que nous mettions la main à la pâte. Cela n'empêche pas que nous rencontrions sur notre chemin de la bonté vraie et de la générosité mais souvent, si elles se présentent, nous sommes incapable de les accueillir parce que nos complexes sont si puissants qu'ils nous interdisent de sortir de leur sphère d'influence.

Dans un tel état de fait, même l'événement le plus dramatique est bénéfique en ce qu'il marque une rupture de notre système d'équilibrage compensateur – or ce système nous mène à notre perte ; mieux vaut qu'il montre sa limite avant de nous entraîner trop loin.

Toute rupture du système nous rappelle que le besoin demeure d'une satiété plus complète. Qui ne peut se trouver sans qu'il y ait une prise de conscience et une remise en question du personnage. Il s'agit de se rendre compte que, malgré des satisfactions intenses, les plaisirs que nous nous procurons ne durent pas. À la limite, par l'excitation qu'ils nous apportent, ils nous maintiennent dans une absence d'insatisfaction mais ils ne nous contentent pas totalement.

Un exercice pratique

Si vous comprenez que les compensations sont votre manière d'entretenir le statu quo et de résister au changement, si vous saisissez qu'elles masquent le conflit destructeur qui fait rage entre le personnage et l'élan créateur, si vous touchez du doigt qu'elles vous mènent à l'autodestruction, malgré tous les « oui, mais... » qui ont pu se lever en vous, vous entrevoyez l'essentiel. Faisons un exercice qui va vous permettre de ressentir tout cela.

Commencez par vous détendre avec quelques bonnes respirations. Puis entrez en contact avec vous-même. Observez dans quel état vous êtes sans rien vous demander de particulier. Goûtez ce contact et cette détente aussi longtemps que vous le souhaitez. Ensuite, par l'imagination, mettez-vous en présence de votre compensation favorite, encore une fois sans jugement. Visualisez le lieu, l'heure du jour, l'atmosphère. Êtes-vous seul ? ou y a-t-il des gens autour de vous ? Soyez le plus précis possible dans votre description.

Procédons par étapes, avec sept questions. Chaque fois, laissez venir sans rien forcer. Si la phase de détente vous agace, prenez tout de suite un crayon et répondez simplement aux questions.

1. Quels sont les plaisirs immédiats offerts par votre compensation ? Pensez aux divers aspects de la question en insistant sur la nature des sensations, des émotions et des stimulations qui sont en jeu.

2. Quelles sont les conditions du déclenchement du comportement compensatoire ? Par exemple, y a-t-il une tension dans l'air, de l'ennui, ou une confrontation qui se profile à l'horizon ? Êtes-vous sous le coup d'une déception ? Répondez-vous simplement à une habitude de façon mécanique ?

3. À quoi sert cette façon de compenser ? Qu'est-ce qu'elle comble ? À quel besoin répond-elle ? Vous offre-t-elle une impression de sécurité ? Remplit-elle un manque ? Vous divertit-elle dans une vie sans plaisir ? Y a-t-il des attentes qui sont en jeu ?

4. Y a-t-il des peurs qui se profilent à l'arrière-plan ? Quelles sont-elles ?

5. Quelle est l'histoire de cette compensation ? Dans quelles blessures ou dans quel manque a-t-elle pris sa source ?

6. Quels sont les désavantages sur le long terme de compenser de la sorte ?

7. Quel est le projet créateur, le goût profond ou la pratique constructive qui se trouve inhibé par le comportement compensatoire ?

Une fois l'exercice terminé, revenez à votre état de détente. Prenez du recul intérieurement et contemplez votre être avec bienveillance. Rassurez-le et dites-lui que le moment venu vous serez capable de prendre le chemin du meilleur de vous-même.

Comme vous le voyez, ce questionnaire résume les interrogations que nous avons soulevées depuis les premières pages du livre. Il nous fait passer en revue les besoins, les peurs et les blessures qui se tapissent dans l'ombre de nos plaisirs. Il nous fait réaliser que, si compenser offre des gratifications sur le court terme, des désavantages sérieux apparaissent souvent à long terme. Pensez à quelqu'un qui souffre d'embonpoint et qui n'a pas la force de résister aux gourmandises qui le séduisent : gratification instantanée mais gain assuré de poids à plus ou moins brève échéance. Et asphyxie de la pulsion créatrice. Cet autosabotage constant mène de façon parfois insensible à l'autodestruction. Nous abordons le thème dans le prochain chapitre, qui est aussi une conclusion à la première partie du livre.

9

L'AUTODESTRUCTION

Le sabotage

Nous voici arrivé à la fin de la première partie, dont le but était d'explorer la perspective de la contraction, de la dépendance et de l'autodestruction. Nous avons vu comment notre personnage intérieur fonctionnait et comment, identifié à lui, nous devions utiliser nombre de compensations pour trouver de la satisfaction à vivre et survivre.

Les voies du personnage sont impénétrables... mais elles mènent toutes à l'autodestruction. Elles mènent à une sorte d'abus de soi et d'autotromperie dont nous ne nous rendons compte que lorsqu'il est trop tard.

Ça me fait penser à la rédaction d'un ouvrage précédent. Je m'étais sagement réservé plusieurs mois pour écrire de façon confortable. Mais de semaine en semaine, de projet en projet, de voyage en voyage, je me suis trouvé entraîné à négliger mon ouvrage. J'avais beau me lever chaque matin bien résolu à coucher quelques lignes sur le papier, il y avait toujours un événement plus important qui me poussait à remettre au lendemain mon travail créatif. C'est ainsi que le temps prévu s'écoula sans même que le premier chapitre soit terminé. Je dus donc demander à mon éditeur de retarder la publication.

Observer l'état d'esprit qui était le mien alors est particulièrement intéressant et instructif. J'étais convaincu que je trouverais le temps pour écrire. Je le croyais dur comme fer. Lorsque je n'avais pas rempli mon objectif, je me récompensais de la frustration en louant un film, en allant voir des spectacles. Je mangeais des glaces. Je sortais avec mes amis. Et il ne resta que six semaines devant moi. On ne peut écrire un livre en six semaines. Ce jour-là, le drame m'est apparu dans sa totalité. On ne peut réaliser un projet créatif si on a trop à faire à côté. L'esprit n'y est pas. On n'est pas disponible pour l'inspiration. On est dispersé.

Pour les meilleures raisons du monde, parce que tout était important et devait être fait, j'avais dérivé à travers les semaines dans une totale irréalité. Alors que je me croyais concentré sur la tâche à accomplir, j'avais perdu de vue la cible. Je dus, à ce moment-là, prendre les mesures nécessaires pour écrire mon livre.

Cette mésaventure est une bonne métaphore de notre évolution intérieure. On se montre intéressé par la méditation et par l'expression de ce qu'il y a de meilleur en soi. En principe, chacun de nous l'est. Mais on est pris dans un filet d'activités toutes plus urgentes les unes que les autres. La famille, les enfants, les amitiés, la profession... les demandes fusent de tous les côtés. Les insécurités financières, affectives et sexuelles se manifestent également. La peur d'être isolé, rejeté ou négligé se fait criante. Les doutes sur nos capacités réelles achèvent le travail.

Croyant vivre, on se disperse et l'on oublie l'essentiel, notre bien-être intérieur. On fonctionne, parfois avec bonheur, parfois avec peine. On ne voit pas que la bougie des jours diminue et que, bientôt, il ne restera plus assez de temps et plus assez d'énergie pour le grand œuvre, l'ouvrage majeur, celui de la libération.

Il n'y aura rien à dire, personne à qui adresser un reproche. Le personnage et ses peurs auront triomphé. Les compensations auront occupé toute la vie durant la place d'un épanouissement véritable. Il ne restera que le dépit, le regret d'une vie passée à courir après un bonheur qui sera resté hors d'atteinte. On se sera saboté sans trop s'en rendre compte.

La négation de soi

Chaque fois que nous compensons, nous pratiquons, sans trop nous en rendre compte justement, une forme d'autosabotage qui consiste essentiellement en une négation de notre puissance créatrice. Elle trouve son origine dans un manque de conviction sur nos capacités de toucher notre source intérieure.

Ainsi pour notre attente d'une solution extérieure à nos problèmes, par exemple lorsque nous attendons qu'un amour vienne nous tirer de la solitude alors que c'est en cultivant un état amoureux en soi que nous deviendrons attirant pour notre entourage. En ce cas comme en d'autres, l'attente et la dépendance correspondent à une négation du meilleur de soi.

Disons que le courant de la vie coule de l'intérieur vers l'extérieur, même si l'image est imparfaite. Chaque fois que l'on inverse le courant, quand on se met en position d'attente, par exemple, on se place dans une vie plus difficile, où il y aura nécessairement plus de heurts, plus de souffrances qui viendront signaler que l'on est sorti du flux naturel des choses. Exactement comme si vous nagiez dans une rivière à contre-courant.

Une absence d'insatisfaction

La compensation est le fleuron de la réactivité au lieu d'être celui de la créativité. Sous son emprise, nous sommes en train de réagir au passé et à tout ce qu'il a fait naître en nous de croyances, de peurs et d'attentes. Entraîné dans la quête des plaisirs, cherchant à nous récréer sans cesse (au sens de récréation), nous ne prenons pas conscience du drame inconscient qui se joue. D'ailleurs pourquoi faut-il tant se divertir ? De quoi devons-nous nous distraire ? Nos vies sont-elles donc si soucieuses qu'il faille chercher sans cesse à s'égayer l'esprit ? Toutes ces ivresses, malgré les gratifications indéniables qu'elles apportent, ne créent-elles pas une *absence d'insatisfaction* plutôt qu'une satisfaction réelle et durable ?

Y a-t-il moyen de sortir de ce piège ? Sans aucun doute. Pourtant, cela semble difficile à croire si l'on garde le point de vue du personnage, qui trouve que la vie est dure et qu'il n'y a pas de mal à se faire du bien. Oui, mais, demande un de mes amis : « Si on ne reconnaît pas autre chose en soi que ses compensations, que fait-on ? » Je réponds le plus simplement du monde : « On attend que ça coince. »

Cependant, si j'écris ce livre, c'est parce que je pense qu'il ne faut pas attendre que ça coince. Comme l'expose si bien le philosophe indien Krishnamurti, lorsque l'on reconnaît que tout ce montage de conditionnements nous pousse vers une destruction accélérée, on s'en éloigne naturellement, comme d'un précipice.

Cependant, je le répète : il ne sert à rien de jouer les hypocrites ou les ascètes : chacun de nous recherche la jouissance. Le tout est de savoir où elle se trouve, réellement. Cette question est, en dernière analyse, la seule qui compte.

Si votre vie vous apporte les satisfactions espérées, pourquoi vous préoccuper ? Cependant, si ma démonstration vous a conduit à penser le contraire, ça vaut le coup de remettre en question votre personnage. Pas parce que vous vous sentez coupable de ce que vous êtes, pas pour être « meilleur », pas pour plaire à Dieu ou pour suivre une quelconque prescription spirituelle, pas pour vous guérir d'une supposée névrose ou parce que vous avez peur de l'enfer, non, tout simplement pour avoir une vie plus jouissive et plus créatrice. Pour mourir avec le sourire, ayant retrouvé votre source.

Le piège

Une connaissance plus profonde du monde des compensations peut nous faire tomber dans un piège : celui de vouloir s'améliorer. Il est naturel de vouloir s'améliorer, et ça ne peut pas nuire. Mais c'est en même temps une autre stratégie du personnage, qui risque d'être suivie pour de mauvaises raisons, pour l'image plutôt que pour la joie de créer. Aller vers le meilleur de soi n'exige pas cette tension. Vous pouvez faire un effort pour couper le café, le sexe, le porno et vous rendre heureux ou malheureux avec ça. Mais cela ne suffit pas à comprendre ce dont il est question dans ces pages.

En réalité, ça n'a aucune espèce d'importance que vous soyez malade, en bonne santé, gros, riche, pauvre, homo, hétéro, infirme, français, américain ou chinois. La partie de vous qui trouve ça important réagit à partir du personnage qui est attaché à votre histoire parce qu'elle le rassure en lui donnant une identité. Cependant, il s'agit de votre identité de surface et c'est précisément celle-là qu'il faut remettre en question parce qu'elle vous contraint à une vie trop étroite.

Je ne vous dis pas que la négociation avec le personnage et ses compensations est facile. Pour ma part, je la trouve ardue. Sans cesse le personnage me rattrape au détour et me fait glisser dans mes vieilles habitudes. Mais je sais que le personnage, avec toutes ses peurs, ne peut offrir qu'une version limitée de la réalité. Je suis conscient que la peur du vide qu'il agite est fausse, en grande partie. Ce vide est le produit d'un passé qui me convainc qu'au-delà il y a le néant.

Et si c'était le contraire ? Si au-delà du point zéro, il y avait un sentiment de plénitude et de liberté ? Si cette crainte était la pierre angulaire sur laquelle nous avons édifié notre personnage ? Si cette certitude que chacun est seul et abandonné n'était qu'un produit de notre esprit et qu'au-delà se trouvait le secret de notre puissance véritable ? Voilà le domaine que nous explorerons dans la partie suivante de ce livre. Nous y chercherons ce qui peut nous rendre heureux sans nous détruire. Je présenterai un monde où l'être peut se déployer grâce à son essence créatrice. Elle constitue un pas vers la part vivante de soi. Pour faire ce pas du bon pied, nous allons jeter un ultime coup d'œil sur la première perspective.

Synthèse de la première partie

Revenons à notre tableau. Nous y placerons le niveau que nous venons de lui ajouter au-dessus des précédents car le monde de compensation, de dépendance et d'autodestruction que nous venons de décrire est la conséquence de conflits qui ne se règlent pas, dont le conflit entre notre personnalité et nos élans créateurs. On peut lire ce schéma, comme ceux qui l'ont précédé, à partir du haut ou du bas. Toutefois, c'est à partir du bas, dans le sens de l'arbre de vie, qu'il prend justement tout son sens.

Dépendance et autodestruction – Schéma de la première perspective

Niveau 3

14. Autodestruction

13. Dépendance

12. Compensation
11. Satisfactions limitées ou absence d'insatisfaction

Niveau 2
1re boucle
10. Situation inconfortable et conflit
9. Comportements et attitudes
8. Émotions, affects, états intérieurs

2e boucle
7. Attentes, besoins, désirs
6. Peurs et insécurités
5. Croyances et interprétations limitées
4. Expériences du passé

Niveau 1
3. Besoin de reconnaissance
2. Personnalité, cuirasses protectrices, bouclier psychique
1. Naissance, expérience de division

Il est bon de se rappeler qu'un schéma n'est pas la réalité. Il s'agit d'un outil pour simplifier un processus vivant et mystérieux qui nous échappe.

Ce qui lui manque, c'est toute la souplesse de la vie. Ainsi, il y a des peurs et des émotions à tous les niveaux. Si le fœtus possède déjà une esquisse de personnalité, il est clair que celle-ci se renforce tout au long de l'existence. Il est évident également que les croyances ne se forment pas dans l'enfance, une fois pour toutes. Il s'agit d'un filet dont les mailles se nouent et se dénouent sans cesse mais dont certains nœuds sont plus difficiles à défaire que d'autres.

Malgré ses limites, le schéma aide à se concevoir et à s'orienter. Comme toute hypothèse, il vaut pour autant qu'il éclaire le présent et donne un sens à nos vies.

Lorsqu'on dépasse certains refoulements pour pénétrer au-delà des cuirasses protectrices, lorsqu'on ose revivre les expériences difficiles du passé une forme de calme s'installe. Nous sommes alors en mesure de concevoir que nous prenons les commandes de notre navire.

Ce niveau de responsabilité ne plaît pas à tous. Nous préférons souvent nous réfugier au sein d'une sorte de malheur confortable qui n'offre pas de grande joie mais une foule de petits plaisirs compensatoires, avec, en prime, la sécurité de penser que ce n'est pas notre faute. Tel n'est pas le destin de l'être humain. L'élan créateur veut se manifester et nous allons maintenant lui faire la place nécessaire.

Deuxième partie

L'EXPANSION

10

AUX CONFINS DE LA SCIENCE

En 2006, j'ai animé un nouveau type de séminaire dans le cadre de l'association Cœur.com.

D'une part, j'ai réuni les artistes et les thérapeutes et je leur ai proposé de créer des ateliers de quatre jours avec la consigne suivante :

> Chaque participant doit éprouver, ne serait-ce que quelques secondes, la sensation de créer sans contrainte. À travers des jeux et des exercices préparatoires qui favorisent ouverture et disponibilité, il s'agit d'inviter chacun à dépasser ses peurs habituelles et à s'abandonner à l'inspiration.

D'autre part, j'ai fait la proposition suivante à l'assemblée des participants :

> Au lieu de parcourir le pénible chemin des embûches qui au cours de votre vie vous ont empêché d'être vous-même, vous allez, dès ce soir, prendre contact avec la partie vivante de votre personne. Nous allons la nourrir et la faire exister le plus possible au cours des prochains jours et nous verrons au bout du parcours si le jeu en valait la chandelle.

Ces séminaires ont connu un immense succès. Selon Régine Parez, coordonnatrice européenne de Cœur.com, nous y avons battu le record du plus petit nombre de mouchoirs en papier utilisés pour éponger les pleurs de participants submergés par la douleur. Ce n'est pas faute d'avoir visité les épreuves de leur existence. Mais nous l'avons fait alors qu'ils avaient déjà un pied dans une autre partie d'eux-mêmes. Ils savaient d'ores et déjà que leurs ressources créatrices étaient intactes, et que les charges du passé ne pourraient pas les empêcher d'être ce qu'ils étaient véritablement.

Vous l'aurez deviné, ce séminaire avait pour thème *Le meilleur de soi*. En lisant les formulaires d'évaluation, je me suis rendu compte que le pari qu'il représentait avait été gagné haut la main. À chaque participant, mes différentes équipes avaient pu servir de passeur vers la partie lumineuse de lui-même. Il avait pu éprouver la sensation de sa propre vibration quand elle est en expansion, c'est-à-dire plus légère, plus enjouée et plus créatrice qu'à l'accoutumée. Tous ensemble, nous avions pu favoriser des rencontres intimes avec le soi.

Pourquoi évoquer ce séminaire ? Parce que sa perspective d'autonomie et de création de soi est celle que nous allons aborder dans cette deuxième partie du livre. Nous allons voir que tout au long de sa vie l'être a accès à la partie lumineuse de lui-même. Sans cesse, il peut se régénérer en faisant vivre son individualité créatrice au lieu de rester attaché à sa personnalité protectrice.

Au lieu du rapetissement prévisible où mène la première perspective, ce chemin conduit à un épanouissement graduel ; ainsi une personne retrouve peu à peu la route d'un bonheur personnel réel. Il favorise également le contact avec les autres et permet la transformation sociale. Il n'y a pas lieu de s'en étonner puisque les contractions du personnage nuisent justement à ces différents types d'interaction et d'engagement. Pour résumer, plus un être humain devient conscient de ses aspects lumineux et les nourrit, plus il court de chances de s'épanouir d'une façon satisfaisante.

Puisqu'il est question d'interaction, terminons cette introduction à la deuxième partie en retournant visiter le meilleur de soi au moyen d'un exercice.

Dans un premier temps, prenez quelques grandes respirations en insistant sur l'inspiration et laissez aller vos préoccupations du moment. Détendez-vous le plus possible et entrez dans un accueil sans réserve de vous-même. Faites-le à partir du cœur, sans jugement. Graduellement, ouvrez-vous à la partie vivante de vous-même, celle qui se trouve au-delà de vos soucis. Ouvrez votre cœur à la partie qui est disponible à la vie. Savourez votre propre vibration. Dégustez-la. Laissez-la émaner tout autour de vous. Voilà, vous êtes déjà dans le meilleur.

Pour l'essentiel, il s'agit simplement de prolonger ce moment. C'est l'objet des prochains chapitres.

Où se localise l'intelligence de la cellule ?

Puisque nous plaçons cette deuxième partie sous le signe de l'expansion, remettons en question quelques idées reçues sur la nature de l'être humain et de l'univers dans lequel il évolue. Nous le ferons en nous référant au domaine des sciences puis, dans le prochain chapitre, explorons quelques notions philosophiques.

En ce qui concerne les données scientifiques, comme je l'annonçais, nous allons nous inspirer du livre *L'univers informé* que la journaliste d'investigation médicale Lynne McTaggart a consacré aux nouvelles découvertes scientifiques, notamment à celles de la physique quantique. La physique quantique est la science qui s'occupe des propriétés générales de la matière dans le domaine de l'infiniment petit, un quantum étant la plus petite quantité de matière indivisible que nous ayons identifié à l'heure actuelle. Une autre avenue que nous allons emprunter est celle des recherches sur l'intelligence et la mémoire. Vous le verrez par vous-même, l'ensemble de ces recherches mène à des hypothèses étonnantes.

Ce chapitre est plus ardu que les précédents mais je vous encourage à persévérer dans la lecture. S'il vous semble trop difficile, sautez-le mais pour y mieux revenir quand vous aurez terminé ce livre.

Dans un livre intitulé *Intelligence dans la nature*, le biologiste et anthropologue Jeremy Narby explique que la science actuelle constate l'existence de l'intelligence à tous les degrés de l'évolution[1]. Les fonctions cognitives supérieures qui permettent de communiquer et de prendre des décisions sont loin d'être spécifiques aux vertébrés. En somme, à peu près tout l'édifice du vivant est capable de prendre des décisions, et de bonnes décisions, nous dit l'auteur. Par exemple, le minicerveau d'une abeille peut maîtriser des règles abstraites comme celles dont elle a besoin pour calculer la distance d'approche d'une fleur en rapport avec la vitesse de son vol. Une expérience récente a même démontré que des abeilles déplacées volontairement à plus de treize kilomètres de la ruche ont su retrouver leur chemin.

Ainsi les insectes ont l'intelligence nécessaire pour s'adapter aux informations que leur transmet l'environnement. On appelle cette aptitude l'*intelligence d'essaim*. Isolée, une fourmi n'est pas géniale mais, associée à d'autres, elle le devient quand il s'agit de contourner un obstacle par exemple ou de transporter quelque chose de lourd. Pareillement, un neurone de notre cerveau pris individuellement ne peut pas produire grand-chose, mais l'ensemble des neurones œuvrant conjointement devient

1. Jeremy Narby, *Intelligence dans la nature, en quête du savoir*, Paris, Buchet-Chastel, 2005.

performant, tout comme l'ensemble de nos cellules. L'intelligence d'essaim est une des formes de notre intelligence.

Se pose maintenant la question de savoir si cette intelligence des insectes est consciente. La fourmi sent-elle quelque chose lorsque nous la mutilons par exemple ? Jusqu'à maintenant, la réponse scientifique était qu'elle ne sentait rien puisqu'elle continuait à travailler. Or, on a observé que les fourmis mutilées réussissaient mieux leur tâche si elles étaient anesthésiées. Nous aurions donc affaire à de petits êtres conscients. Jeremy Narby nous encourage même à penser aux insectes comme à « de petits êtres humains ». Il en va de même des plantes :

> Les cellules à l'intérieur d'un être humain sont en conversation permanente par un système de signalisation complexe et symbolique. Il existe environ onze mille signaux moléculaires ou électriques qui sont véhiculés dans une sorte de bavardage permanent entre nos cellules pour que nous puissions exister. Maintenant qu'on arrive à écouter aux portes des cellules et à capter leurs messages, on découvre que les mêmes signaux neuromoléculaires véhiculés par nos neurones sont utilisés par les cellules d'une plante lorsqu'elle perçoit le monde de façon sensible et prend des décisions. Une plante n'a peut-être pas de cerveau mais elle se comporte dans son ensemble comme un cerveau... Elle réagit au monde avec intelligence[1].

Le champ universel

Mais où se localise l'intelligence, la leur comme la nôtre ? C'est ici que de surprenantes hypothèses apparaissent. Elles nous viennent essentiellement du domaine de la physique,

1. Jeremy Narby, « Nature et conscience », interview de Laurent Montbuteau, magazine *Rectoverseau*, n° 172, Romont, octobre 2006, p. 27.

de la biologie et de la neurologie. L'une d'entre elles pourrait se formuler ainsi : l'intelligence et la mémoire ne sont pas localisées au sein de la cellule, dans le cerveau ou dans l'ADN comme nous l'avons cru jusqu'ici, mais plutôt dans les particules du champ universel.

> Dans la relation entre nos corps et l'univers, il n'y a pas de dualité *moi* et *non-moi* : il y a seulement un champ d'énergie sous-jacent. Ce champ, à l'origine des plus hautes facultés de notre esprit, constitue la source des informations qui dirigent la croissance de nos corps. Il est notre cerveau, notre cœur et notre mémoire. En fait, ce champ est la matrice du monde en tout temps. De plus, il est la force qui, plutôt que les germes ou les gènes, détermine en fin de compte chez nous la santé ou la maladie[1].

Si ce champ universel est la source d'information qui dirige notre croissance, on se demande alors par quel moyen se fait le transfert des données. Selon les chercheurs en physique, l'interaction entre cette matrice et les cellules de notre corps se produit par le biais des ondes, qui ont une capacité pratiquement infinie pour coder, transporter et transmettre l'information. Selon cette hypothèse, les cellules et l'ADN devraient être décrits comme des antennes, le cerveau lui-même étant un *mécanisme de réception* plutôt qu'un lieu de stockage.

Cette conclusion est inspirée par le résultat d'une expérience faite sur les rats, qui consiste à neutraliser progressivement leur cerveau tout en observant comment ils effectuent une tâche donnée aux diverses étapes du processus. Il se trouve que, tant qu'il leur reste une parcelle de leur cerveau, ces rats sont capables de se rappeler le chemin qu'ils ont à emprunter pour accomplir leur tâche, quitte à tituber pour le prendre[2].

---

1. Lynne McTaggart, *op. cit.*, p. 14.
2. *Id.*, p. 111.

Cela signifie que le peu de mécanisme de réception qui continue à exister, c'est-à-dire le peu de cerveau qui reste, se syntonise sur la mémoire globale grâce aux ondes du champ universel, et reçoit l'information souhaitée. Autrement dit, chaque cellule du cerveau de chaque rat a accès à la totalité de l'information nécessaire ; ce ne sont pas des parties spécifiques du cerveau qui emmagasinent des informations précises à l'exclusion des autres.

Il en découle également qu'à titre de mécanisme de réception le cerveau traite l'information transmise par les ondes de façon *holographique*. Chacun de nous a déjà vu un hologramme. Cette image est très différente d'une photographie ordinaire. Si je déchire un hologramme, je possède encore toute mon information puisque l'image globale est reproduite dans chaque partie. Alors que si je déchire une partie d'une image photographique, je perds en même temps une partie de l'information[1]. Les expériences mentionnées ont conduit plusieurs chercheurs à penser que le modèle de l'univers pourrait être holographique, chaque partie contenant l'image du tout[2].

Une nouvelle histoire de la cellule

À ce titre, l'histoire de la cellule humaine que je mentionnais dans le premier chapitre doit être mise en perspective. Ça ne rend pas l'histoire moins miraculeuse, ça la rend encore plus complexe et intrigante. Chez les vertébrés, grâce à l'ADN, une cellule mère microscopique est réputée posséder toute l'information nécessaire à la création d'un organisme complet avec ses organes et son squelette, incluant le rôle spécifique de chaque cellule. Imaginez la somme d'informations invisible stockée dans cette cellule-

---

1. Jean Ratte, *L'homme cellulaire*, Montréal, Janus, 2001, p. 43.
2. Stanislav Grof, dont nous parlions plus tôt, a écrit un livre sur le sujet : *The Holographic Mind*, New York, Harper Collins, 1992, 240 p.

souche. Or la théorie des ondes permet de comprendre comment la cellule peut accéder à un tel degré de précision.

> Si l'ADN utilisait des fréquences de toute variété comme outil d'information, on aurait un système de rétroaction de communication parfaite grâce à des ondes qui engramment et transfèrent l'information[1].

Un engramme est la trace organique laissée par un événement dans le fonctionnement bioélectrique du cerveau. Il constitue en somme la base matérielle du souvenir. Ce passage signifie donc que les ondes encodent l'information et la font circuler.

Toutefois, elles n'encodent pas seulement les informations du champ universel pour les transmettre à l'ADN de la cellule. Elles encodent également les transformations de l'ADN – incluant les fameuses mutations dont nous entendons souvent parler – et elles les font circuler dans le champ universel. Le système rétroactif de communication correspond à un échange de style *biofeedback* : dans chaque échange il est tenu compte des modifications qui ont eu lieu d'un côté comme de l'autre de la communication. Cet aspect rétroactif de la communication est essentiel car la cellule doit à la fois assurer un niveau de stabilité pour permettre une continuité des formes vivantes et, en même temps, elle doit être capable de composer avec de nouvelles indications pour autoriser une adaptabilité.

L'être humain est une antenne

À l'origine de ces diverses hypothèses, on trouve les travaux d'un neurochirurgien du nom de Karl Pribram. Il jugeait déficiente la métaphore de l'ordinateur pour expli-

1. Lynne McTaggart, *op. cit.*, p. 59.

quer le traitement de l'information par le cerveau. Il préférait celle du téléviseur, qui ne possède aucun contenu mais qui a le mécanisme nécessaire – dont les fameuses antennes – pour capter, traduire et diffuser de l'information venue de l'extérieur.

Composé de milliards de cellules qui captent et qui émettent des ondes, l'être humain serait donc lui-même une antenne. Son cerveau correspondrait à un appareil sophistiqué qui a la capacité de syntoniser certaines fréquences.

Concevoir l'être humain comme une antenne captant des ondes codifiées renvoie à sa réalité énergétique. L'amalgame énergétique qu'est l'être humain émet et reçoit des ondes qui correspondent à différentes fréquences. Chacun de nous a même ce que nous pourrions appeler une signature vibratoire, qui est son code d'identification dans le champ universel, à l'instar de chaque téléphone cellulaire qui possède une identité sur le réseau informatique parce qu'il a une signature énergétique.

Osons aller plus loin : chaque molécule possède son signal personnel. Lorsque l'on pense que chaque être humain est composé de milliards de cellules et que chacune de ces cellules est composée de molécules, il y a de quoi avoir le vertige.

Nous baignons pour ainsi dire dans un univers d'ondes informées qui représentent la connaissance universelle. Ces ondes permettent la *mise en forme* – c'est le sens du mot information – de chaque structure matérielle et disent à chaque cellule ce dont elle doit *avoir l'air* et quel rôle elle doit jouer d'un moment à l'autre. À quelle vitesse se fait cette transmission d'information ? La science sait maintenant que le fonctionnement instantané de la pensée humaine se produit dans un laps de temps d'un dix-millième à un millième de seconde, ce qui suppose que l'information soit transmise à une vitesse variant de cent à mille mètres par seconde[1].

1. *Ibid.*, p. 108.

La raison pour laquelle les ondes apparaissent aux chercheurs comme les transporteurs idéaux de l'information universelle est que leur capacité de codage est quasiment illimitée. Pensez à votre système Internet, tout se transmet grâce aux ondes et nos ordinateurs sont équipés de logiciels qui permettent le décodage de ces ondes. Actuellement, nous sommes de plus en plus conscient du rôle des ondes dans notre vie, celles qui sont favorables et celles dont il faut se protéger. Ce n'était pas le cas lorsque j'étais jeune. Nous n'avions guère que les postes radio pour convoquer les ondes jusque dans notre univers familier. Maintenant, il y a les fours à micro-ondes, les opérations au laser, les ordinateurs et les téléphones cellulaires.

Pour revenir à la neurobiologie, les chercheurs pensent que même une fonction comme la vue utilise les ondes. Une information visuelle est transmise à l'œil qui la traduit en ondes que le cerveau traite pour restituer une image qu'en retour nous projetons sur la chose que nous regardons. En réalité, l'image de l'objet flotte dans l'air entre nous et lui. Elle aurait d'abord et avant tout une réalité énergétique.

Cette machinerie est spectaculaire. Le plus beau est de penser que nous pouvons recevoir ces ondes, les condenser, les canaliser, les traduire, les exprimer, les chanter, les danser ou les écrire. Non seulement chacun a-t-il la capacité de capter ce savoir, mais il peut même y contribuer car chacune de nos créations se transmet automatiquement et est enregistrée dans le champ universel. Chacune de nos pensées originales participe au mouvement de l'univers.

Sur le plan des applications pratiques, un groupe de chercheurs québécois a commencé un travail visant à produire de l'électricité à partir de l'énergie libre, ou énergie de l'éther. « Cette énergie du vide dans laquelle nous baignons en permanence semble avoir des composantes électriques et magnétiques tout comme l'électricité actuellement utilisée dans nos sociétés[1]. » En regardant le documentaire qu'ils ont produit, on se prend à rêver d'une source d'énergie gratuite, illimitée et non polluante.

Que dire de la conscience ?

Que signifie la conscience dans un tel contexte ? Elle est inhérente au champ universel. Elle l'oriente et le structure. Elle représente une *information plus cohérente* qui a la capacité d'organiser les ondes qui tendent vers le désordre ou le chaos. Cette information plus cohérente équivaut donc à un principe d'organisation supérieur qui permet de réorganiser les systèmes sous-jacents.

Cela est important dans le domaine de l'évolution psychologique. Nous pourrions même formuler l'hypothèse que cette évolution est fonction du rythme vibratoire de chacun, à savoir de l'amplitude moyenne des ondes qu'il capte, autrement dit le taux vibratoire de chacun. Ainsi, en nous ouvrant volontairement à des dimensions plus subtiles – en méditant par exemple ou en nous exposant à de nouvelles connaissances –, nous accélérons tout naturellement notre rythme vibratoire puisque la conscience représente en elle-même un rythme plus rapide et plus cohérent. Alors notre taux vibratoire change et nous avons accès à de nouvelles fréquences, à de nouvelles stations de diffusion, pour demeurer dans la métaphore de la radio ou de la télévision. Cela se traduit par de nouvelles inspirations.

---

1. Lumière sur la planète, *Une énergie gratuite, illimitée, et non polluante qui peut remplacer le pétrole*, DVD, quatrième de couverture. Montréal, 2006. On peut avoir plus d'informations et se procurer le DVD à partir du site *www.lumièresurlaplanète.org*. Lumière sur la planète est un organisme humanitaire à but non lucratif dédié à la recherche scientifique et à la diffusion d'informations sur l'énergie libre.

Dans cet ordre d'idées, nous pourrions supposer que les fameux mantras que chantent les hindous pour entrer en contact avec telle ou telle divinité ou les litanies des cérémonies religieuses de nos enfances étaient des façons de se brancher sur une certaine longueur d'onde, littéralement. La vibration des ondes sonores sert de pont vers la source d'inspiration recherchée.

Prenons l'exemple du décollage d'un avion. Au début, alors que la vitesse est faible, nous ressentons fortement toutes les vibrations. Dès que le rythme de croisière est atteint, les pièces de l'appareil fonctionnent ensemble sans que nous en ressentions les frottements. L'accélération du taux vibratoire d'un individu produit le même effet. La conséquence en est qu'il ressent moins les heurts de sa vie et qu'il peut jouir d'une vision élargie parce qu'il est plus conscient.

Dans cette perspective, la maladie correspondrait à un affaiblissement du flux informatif et s'apparenterait à un état de connexion appauvri. Le tonus est parfois si bas et notre rythme tellement ralenti que nous ressentons alors les frictions de tout ordre. Cela produit un état d'alerte générale dans l'organisme. Cet état interpelle la conscience qui va chercher l'information nécessaire pour rendre sa cohérence au système.

Si toutes ces hypothèses trouvent confirmation, nous verrons sans doute le jour où, au lieu de prendre un médicament, nous nous brancherons sur la longueur d'onde des éléments actifs de ce médicament, permettant au corps de recevoir l'information dont il a besoin pour retrouver son harmonie.

Notons, selon cette conception, l'importance de l'eau. Conscients que notre organisme est composé de près de 90 % d'eau, que chaque cellule baigne dans les molécules d'eau, certains scientifiques supposent en effet que les molécules de H_2O pourraient jouer un rôle central dans la transmission de l'information. Si l'eau est de bonne qualité, la cohérence de sa structure moléculaire offrirait donc aux cellules qui composent notre corps les résonances énergétiques dont elles ont besoin pour rester en bonne santé.

En ce qui concerne les fruits et les légumes, à travers les photons, des particules transmettant les interactions électromagnétiques, ils nous offrent la quantité de lumière dont nous avons besoin pour nous nourrir et nous informer en profondeur. La qualité de ces aliments joue donc également un rôle fondamental dans notre équilibre. Sans doute est-ce parce qu'il en avait eu l'intuition qu'Hippocrate, le fondateur de la médecine, donnait ce conseil : « Que ton aliment soit ton médicament ! »

Il aurait pu ajouter : l'attention que tu apportes à tes aliments, à tes pensées, à tout ce qui se passe en toi et dans le monde est d'une importance capitale car la conscience est un facteur de cohérence, qui a la capacité de réaligner l'être sur son programme fondamental, c'est-à-dire de rétablir la connexion et son unité avec le tout.

En liaison avec la part de la conscience qui est collective, nos pensées et nos souhaits peuvent influencer d'autres personnes à distance, comme l'ont démontré de rigoureuses études faites sur l'influence de la prière et des bonnes intentions.

> Au même titre que les particules atomiques qui nous constituent ne peuvent être séparées de l'espace et des autres particules qui les entourent, les êtres vivants ne peuvent être isolés les uns des autres. Un organisme vivant ayant une cohérence supérieure peut transmettre de l'information et créer ou ramener la cohérence dans un système désordonné, aléatoire ou chaotique. L'état naturel du monde vivant semble être l'ordre ou, en quelque sorte, un élan vers une cohérence plus grande[1].

Cela revient à dire que notre élan naturel est un élan vers la conscience. J'ose ajouter : un élan vers le meilleur de soi.

---

1. Lynne McTaggart, *op. cit.*, p. 163.

Et l'inconscient, dans tout cela ?

Ces hypothèses nous amènent tout naturellement à poser la question de l'inconscient. Qu'en advient-il, dans une telle perspective ? Est-il bêtement évacué ? Pas du tout. Le systématicien Ervin Lazlo s'est rendu compte que dans des états de *passivité réceptive* – lorsque nous rêvons, par exemple –, dans des états seconds, ou même pendant l'enfance, il se produit un *élargissement de la bande de réception des ondes*. Cela donne un accès instantané à beaucoup plus d'informations. Il faut savoir que dans la perception normale la capacité du cerveau à recevoir de l'information du champ universel est strictement limitée : il syntonise une bande délimitée de fréquences.

> Dans n'importe quel état modifié de conscience (méditation, relaxation, rêves) cette limite est annulée. [...] C'est comme si chacun de nous était une radio dont la largeur de bande augmente. Les zones de réceptivité dans le cerveau deviennent plus ouvertes à un plus grand nombre de longueurs d'onde du champ.
> [...] la notion de « largeur de bande élargie » expliquerait un nombre de comptes rendus étonnants et extrêmement détaillés sur des gens ayant fait des régressions ou s'étant souvenus de vies antérieures, phénomène qui survient principalement chez les jeunes enfants. Les analyses des encéphalogrammes des cerveaux d'enfants de moins de cinq ans indiquent que ces derniers fonctionnent en permanence sur le mode alpha, l'état de conscience modifié chez l'adulte, plutôt que sur le mode bêta ordinaire propre à celui-ci[1].

C'est ce qui expliquerait que, sous l'effet du LSD, des respirations intenses ou des mouvements oculaires, une personne peut avoir accès à des souvenirs refoulés. Elle peut

1. *Ibid.*, p. 162.

même prendre contact avec des vies antérieures qui, bizarrement, ne sont pas toujours les siennes comme me l'a confirmé Stanislas Grof dans un entretien personnel.

C'est comme si, la bande étant largement ouverte, il pouvait y avoir collision avec l'inconscient d'autres personnes ou même tout simplement avec des expériences encodées dans l'histoire phylogénétique de toute l'humanité, ainsi que l'a formulé Jung dans sa théorie de l'inconscient collectif. Ce dernier pensait en effet que nous portions la mémoire de toutes les étapes que l'humanité a parcourues, du poisson à l'être humain en passant par les primates. La perspective énergétique vient en quelque sorte appuyer son hypothèse.

Les récentes découvertes viennent à l'appui d'une autre hypothèse sur laquelle Jung a insisté toute sa vie, à savoir la nature essentiellement créatrice de l'inconscient. Ainsi un génie serait quelqu'un qui a plus de facilité d'accès aux informations du champ universel ou à l'inconscient et cela expliquerait aussi pourquoi nombre d'inspirations géniales sont venues en rêve, alors que la bande était très large. Cette capacité d'ouvrir la réception à volonté expliquerait également la médiumnité.

Ainsi, grâce aux recherches que je viens d'évoquer et grâce aux découvertes de la physique quantique que je résume plus bas, la science prouve-t-elle qu'il existe un dialogue constant entre le champ universel et nous, autrement dit entre le conscient et l'inconscient. Il ne tient qu'à nous de cultiver ce dialogue afin que les idées créatrices et l'inspiration puissent irriguer nos vies.

Lynne McTaggart en tire cette conclusion :

> Si le corps humain échange de l'information avec un champ mutable de fluctuations quantiques, cela sous-entend quelque chose de très profond sur le monde à savoir que les humains seraient capables d'accéder à des connaissances et de communiquer de manière bien plus profonde et vaste

> que ce que nous envisageons actuellement. Les frontières de l'individualité seraient également estompées ainsi que notre sentiment d'être séparés du reste.
> Si les organismes vivants se résument à des particules chargées qui interagissent avec un champ envoyant et recevant de l'information quantique, où finissons-nous et où le reste du monde commence-t-il ? Et où, dans tout cela, la conscience se trouve-t-elle ? Dans notre corps ou dans le *champ* ? Mais, à l'évidence, il n'y a plus de reste du monde si nous et le monde sommes si intimement interreliés[1].

En d'autres mots, nous sommes unis dans le tout. Chacun de nous est ce tout !

Un champ de possibles

Comme vous pouvez le constater, la science nous offre une vision de notre propre univers fort différente de ce que nous avons pu imaginer. Le film documentaire *What the bleep do we know ! ? (Que savons-nous vraiment [2] ! ?)* en témoigne éloquemment. En même temps que des psychologues, des psychanalystes et des théologiens, il nous présente des figures de pointe de la physique quantique. Celles-ci viennent nous dire qu'au niveau de l'infiniment petit, ce que nous appelons la réalité n'est pas ce qu'elle

---

1. *Ibid.*, p. 162.
2. Lord of the Winds Films, *What the bleep do we know ! ?*, États-Unis, 2004.
Le titre du film est intraduisible. Il vient de l'expression : « What the fuck do we know ? » Toutefois, le mot « *fuck* » est considéré comme grossier et il est recouvert par le son « *bleep* » chaque fois que quelqu'un le prononce en ondes, d'où le « *bleep* » du titre. Ce jeu de mots, génial à sa façon, révèle déjà toute la portée de ce documentaire peu commun.

semble être. Elle n'apparaît pas comme un champ d'objets solides puisque tous ces objets sont intrinsèquement vides. Ils sont des concentrés d'énergie en ondulation, des vibrations aux différentes fréquences[1]. Prenons un exemple, quand nous regardons une table, nous voyons une table. Pourtant, dans sa réalité atomique, cet objet est à la fois une onde et un assemblage de particules en mouvement. Bref, au sens de la physique quantique, ce que nous appelons la réalité n'est pas un champ de choses fixes, mais beaucoup plus un « champ de possibles ».

Toutes ces perspectives nous aident à saisir dans quelle mesure l'enfant ne vient pas au monde comme un disque vierge où les parents vont écrire un programme. Au contraire, il arrive avec un système codé et hiérarchisé qui a l'ingénierie nécessaire pour recevoir, traiter et interpréter de nouvelles informations. Certes les conditionnements apportés par les parents, l'école, l'Église et la société ont une influence déterminante. Mais, en ouvrant littéralement ses antennes, l'être a le pouvoir de se déconditionner, de revenir au programme de base qu'est sa réalité énergétique et de se reprogrammer.

Cela dit, je ne prétendrai pas détenir les connaissances nécessaires pour démontrer que notre réalité psychique correspond point par point à ce que ce qui est constaté dans le domaine de la physique. En revanche, ces nouvelles conceptions que la science nous offre peuvent servir de métaphore utilisable en psychologie. En effet, les observations de la physique rejoignent ce que nous observons en psychologie : les êtres rencontrent des réalités qui sont largement déterminées par ce qu'ils attendent de la réalité. Leur monde est fonction de leurs conditionnements inconscients, de la façon dont ils conçoivent la réalité et de quelle manière ils se conçoivent au sein de cette réalité.

Ainsi, une personne qui, dans sa jeunesse, s'est sentie rejetée, vivra sous la pression de cette expérience. Elle sera

---

1. *Ibid.*

sans cesse *informée* par elle au niveau cellulaire, comme s'il y avait un blocage dans le système. Du coup, elle sera plus sensible à tout ce qui peut s'apparenter à une forme de rejet autour d'elle, quels que soient les efforts faits par ceux qui l'approchent. Elle est prisonnière de sa vision limitée des choses, elle construit sa réalité à partir de ce qu'elle connaît de l'ensemble de ce qui est possible. Cela n'annihile pas les autres possibilités, mais elle ne les voit pas. Tout comme quelqu'un qui arrête de fumer ne pense qu'à ses cigarettes, et éprouve de la difficulté à se concevoir comme ne fumant plus. Il se demande comment il va pouvoir survivre sans ce geste familier. Il a oublié les autres opportunités du champ des possibles. Elles ne sont pas activées, pour ainsi dire.

La question du psychothérapeute ou de tout être conscient devient donc : comment vais-je accompagner cet individu dans l'éveil de ses possibilités oubliées ? Comment vais-je l'éveiller à sa nature libre de la cigarette ou libre de l'empreinte du rejet ? Comment vais-je stimuler en lui l'idée qu'une partie de son être désire une autonomie réelle, non seulement par rapport à la cigarette mais par rapport à tous les conditionnements qui le possèdent à son insu ? Allons plus loin : comment vais-je l'amener à se concevoir comme un mouvement lumineux de particules pour lequel un infini de possibilités sont ouvertes ?

Vous venez de le constater : les sciences actuelles sont de plus en plus proches des sources de la vie, et nous présentent une image de l'univers très différente de celle à laquelle nous sommes habitués. Fort de ces audaces, je voudrais maintenant vous entraîner du côté de quelques convictions intimes qui n'ont pas de fondement scientifique mais qui font sens dans ce propos sur l'expansion et la rencontre avec soi.

11

CONVICTIONS INTIMES

De l'exploration de la personnalité protectrice conduite en première partie, se dégage la vision d'un être conditionné par son enfance et par sa naissance. Ses comportements, ses humeurs, ses attentes, ses peurs, tout est conditionnement. Il n'a pas de réelle autonomie ; au mieux, il peut envisager une indépendance relative par rapport à ce qui le contraint, mais de liberté, point.

Or ce livre s'est ouvert sur la dimension de la liberté. C'est pourquoi il est nécessaire de poursuivre notre approfondissement ; cette fois au-delà de la naissance. Nous ne pouvons le faire sans toucher à ce qui peut être considéré comme du matériel hautement spéculatif. Par souci d'honnêteté, je vous présente ici sous la rubrique de mes convictions intimes quelques-unes des pistes que je souhaite suivre.

Pour moi qui suis passé près de la mort et ai connu dans cette expérience des états d'union avec le reste de l'univers qui m'ont marqué de façon indélébile, il ne s'agit pas de spéculations mais plutôt de notions qui m'aident à expliquer ce que j'ai ressenti en profondeur et à l'intégrer[1].

---

1. Voir à cet effet le compte rendu que je fais de cette expérience dans l'avant-propos de mon livre *La guérison du cœur* publié aux Éditions de l'Homme (pour le Québec), chez Robert Laffont (pour l'Europe francophone), en l'an 2000 et aux Éditions j'ai lu en 2002.

Ce n'est pas tous les jours qu'un psy s'aventure à parler de spiritualité, j'en suis conscient ; j'ai déjà exprimé mes réserves sur le sujet et sur les doctrines organisées que sont les religions. Néanmoins, certains champs d'investigation propres à la spiritualité me sont chers en ce qu'ils soulignent l'essence créatrice de notre être et nous ramènent à notre responsabilité envers nous-même.

Lorsque, dans *La Guérison du cœur*, j'ai abordé de telles formulations, des journalistes ont écrit que j'avais quitté le domaine de la raison, que je n'obéissais plus au fameux credo de Descartes : « Je pense donc je suis. » Ce à quoi un de mes collègues freudiens a répondu éloquemment que le credo de la psychanalyse n'était pas « Je pense donc je suis » mais plutôt « Je pense trop, donc je ne suis pas » – la définition de la névrose selon Freud. Aujourd'hui, je vous rassure : je ne suis pas en train de renier ma chère raison, je suis en train d'envisager des perspectives philosophiques qui demandent confirmation.

La notion de l'âme

En premier lieu, je voudrais revenir sur l'âme, une notion souvent galvaudée qui peut encore nous rendre service. Son principal mérite est de nous faire entrevoir que nous ne sommes pas qu'un corps voué à la décrépitude.

Pour introduire ce thème, je vous propose de revenir sur la naissance et, plus précisément, sur le moment de la gestation. Si le fœtus réagit aux humeurs des parents, aux pressions de son environnement ou même tente de frapper l'aiguille qui sert à l'amniocentèse, c'est qu'il y a en lui un minimum de conscience de soi qui lui permet de ressentir quelque chose. C'est précisément ce qui interpelle la recherche en psychologie.

En théorie, à un stade si primaire de la formation du cerveau et du développement neurologique, il ne peut pas y avoir de ressenti. Il y en a pourtant puisque quelqu'un se trouve là qui répond aux pressions et aux agressions. La contradiction soulève une série de questions toutes plus difficiles les unes que les autres. Est-ce que la conscience précéderait la formation de l'être ? Naîtrait-elle avec la première cellule, serait-elle une propriété intrinsèque à celle-ci se manifestant à mesure que l'évolution prend cours ? Interviendrait-elle en cours de formation de l'embryon ?

Lorsque j'ai demandé au chercheur et psychologue David Chamberlain ce qui, selon lui, guidait le développement de l'embryon et lui donnait une mémoire alors même qu'en termes neurologiques le cerveau n'est pas mûr, il m'a répondu : « Vous pouvez appeler cela l'âme, ou Dieu, ou la conscience, ça me va tout à fait. Je sais seulement que les faits sont indéniables : de nombreux patients racontent des événements relatifs à leur conception, à leur gestation et à leur naissance que, communément parlant, ils ne peuvent pas connaître. Comme les parents et les sages-femmes confirment les faits relatés, il faut bien avouer que ça dépasse notre niveau d'explication actuel[1]. »

L'âme comme organe de relation

Comment concevoir l'âme, Dieu ou la conscience ? Passons en revue quelques façons de voir pour éclairer notre lanterne.

Dans le contexte religieux chrétien que nous connaissons, l'âme est un principe spirituel de vie et de pensée conçu comme immortel, dissocié du corps et susceptible d'être jugé par Dieu.

---

1. Entretien personnel de l'auteur avec David Chamberlain, le 16 juin 2005, à Montréal, lors du premier Symposium international de la santé et de la périnatalité.

Du côté psychanalytique, Jung concevait plutôt l'âme (*Seele* en allemand) comme un *organe de relation* entre la psyché consciente représentée par le moi et la psyché inconsciente dont le centre est le soi. Comme nous l'avons vu plus tôt, chacun de nous développe une façon d'être en rapport avec son milieu de vie. Le psychiatre suisse a appelé *persona* cette fonction psychique que nous avons décrite comme étant la personnalité protectrice. Or, nous avons aussi une manière d'être en rapport avec notre milieu interne, l'inconscient ; c'est ce que Jung appelle l'*âme*. Toutefois, comme nous nous identifions la plupart du temps à notre mécanisme d'adaptation extérieur, nous sommes largement inconscient de notre attitude interne.

Fait intéressant, cette attitude interne a immanquablement des traits exclus de l'attitude consciente. Cela est plus facile à comprendre à travers un exemple. Si un individu est intellectuel et s'identifie exclusivement à la rationalité, sa *persona* sera cérébrale et son *anima* empreinte de sentimentalité ; si sa *persona* est très virile, l'*anima* sera faible et l'inconscient se jouera de lui à travers des humeurs et des caprices de toutes sortes.

> Alors que, dans l'attitude externe de l'homme, logique et réalisme prédominent ou sont pour le moins son idéal, chez la femme, c'est le sentiment qui tient le plus de place. Dans l'âme, c'est le contraire ; intérieurement, l'homme s'abandonne aux sentiments et la femme délibère. Aussi l'homme désespère-t-il plus vite dans des circonstances où la femme peut toujours se consoler et espérer, et recourt-il plus facilement au suicide. Si la femme devient aisément victime des conditions sociales (dans la prostitution par exemple), l'homme succombe aussi aisément aux poussées de l'inconscient comme l'alcoolisme ou autres vices semblables[1].

---

1. Carl Gustav Jung, *Les types psychologiques*, Genève, Librairie de l'Université, Georg et Cie S.A., 3e édition, 1968, p. 410.

Pour Jung, l'âme n'est pas préhensible directement. Nous n'en voyons que les effets. Ils s'expriment dans la psyché sous les traits de l'*animus* chez les femmes et de l'*anima* chez les hommes. Ces figures, qui représentent notre contrepartie sexuelle, nous apparaissent dans les rêves et dans les productions de l'imagination telles que les fantasmes.

Comme les personnalités intérieures que sont l'*animus* et l'*anima* sont largement inconscientes, nous les projetons sans cesse en dehors de nous, particulièrement dans le champ amoureux, où nous cherchons le supplément d'âme ou d'*anima*-tion que l'amour procure. Cependant, plus nous sommes ignorants de notre *animus* ou de notre *anima*, plus nous exigeons de nos partenaires qu'ils se conforment à cette partie oubliée de soi. Cela explique l'animosité que nous éprouvons envers nos intimes lorsqu'ils ne répondent pas à ce que nous attendons d'eux.

Pour le maître de Zurich, la tâche spécifique de l'être est de retirer la projection de l'âme qu'il fait sur les autres. Il s'agit en somme d'*intégrer* l'âme en cessant de demander à notre entourage de correspondre à ce que nous avons oublié que nous étions. Il en résulte un élargissement de l'attitude consciente. Dès lors, l'individu n'est plus exclusivement cérébral ; il entend également les raisons du cœur. Prendre contact avec l'*animus* ou l'*anima* signifie entretenir un dialogue conscient avec ces figures intérieures, qui peuvent alors jouer leur véritable rôle, à savoir nous transmettre les messages du soi et de l'inconscient.

Si vous prenez quelques instants pour imaginer avec quelle sorte d'homme ou de femme vous aimeriez être en relation amoureuse, il y a de fortes chances pour que vous soyez en train de décrire votre *animus* ou votre *anima,* sans sa partie sombre, cependant. N'ayez crainte, il ou elle ne manquera pas d'être au rendez-vous car l'âme embrasse tout aussi bien l'ombre que la lumière.

De son côté, le penseur indien Sri Aurobindo parle de l'âme comme du *centre psychique* de l'être. Ce faisant, il donne une acception tout autre au mot *psychique* qui, pour lui, ne désigne ni nos pensées, ni nos impulsions, ni nos sentiments, ni nos actes. Le centre psychique représente plutôt l'*individualité* profonde. Ainsi, il voit d'un côté la *personnalité frontale*, ce que nous décrivons dans ce texte comme la *personnalité protectrice*, et de l'autre la *personnalité psychique,* qui correspond pour nous à l'*individualité créatrice*. Aurobindo voit l'individualité comme différente de tous les revêtements culturels, sociaux ou religieux. Elle correspond à cette chose en nous qui n'est pas « notre milieu, notre famille, nos traditions, notre mariage, notre métier, qui n'est pas le jeu de la nature universelle, et qui fait que nous sommes « je » même si tout le reste s'écroulait[1] ».

Ce *je* est l'âme, une *conscience-force* cachée dans nos profondeurs et qui relie entre eux tous nos états. Ses premières manifestations se trouvent du côté de la joie et de l'amour.

> La joie psychique n'a besoin de rien pour être, elle *est* ; même au fond d'une prison, elle ne peut s'empêcher d'être, car c'est un état, non un sentiment, comme la rivière qui coule et qui est joyeuse partout où elle passe, sur la boue ou les rochers, dans les plaines ou les montagnes. Un amour qui n'est pas le contraire de la haine et qui n'a besoin de rien non plus pour être, il est ; il brûle tranquille en tout ce qu'il rencontre, tout ce qu'il voit, tout ce qu'il touche parce qu'il ne peut s'empêcher d'aimer, c'est son état[2].

---

1. Satprem, *Sri Aurobindo ou l'Aventure de la conscience*, Paris, Buchet-Chastel, 3e édition, 2003, p. 101.
2. *Id.*, p. 103.

D'autres signes révèlent le centre psychique.

Il est léger, rien ne lui pèse comme si le monde était son jeu ; il est invulnérable, rien ne le touche, comme s'il était à jamais au-delà des tragédies, déjà sauvé de tous les accidents ; il est le mage, il voit ; il est tranquille, tranquille, comme un petit souffle au fond de l'être, vaste comme s'il était la mer pour des millions d'années. Car il est éternel. Et il est libre, rien ne peut l'attraper[1].

Pour Aurobindo, l'âme est éternelle et elle évolue de vie en vie jusqu'à ce que nous soyons en mesure de la découvrir et de manifester sa force et sa conscience dans la vie concrète. Il s'agit d'un point central et original dans l'œuvre du penseur. Le but visé par la croissance psychique n'est pas l'extinction de l'âme dans le *nirvana* ou le paradis comme plusieurs traditions spirituelles le proposent, mais bel et bien la transformation de la vie terrestre. Tout comme l'âme réside en nous sans que nous en soyons conscients, elle est aussi au cœur de la matière et peut en permettre la transmutation.

Non sans ironie, Satprem, le disciple d'Aurobindo à qui nous devons les textes que je viens de citer, décrit également comment la vie devient souvent un lent emprisonnement de l'âme. Il parle de la crise de l'adolescence comme étant une « crise d'étouffement ; la maturité étant atteinte lorsque l'étouffement est devenu un état naturel[2] ». C'est-à-dire, au sens de ce que nous avons décrit dans ce livre, lorsque l'identification du moi avec la personnalité, le personnage ou la personnalité frontale est presque complète et que l'individualité réelle est oubliée.

1. *Ibid.*
2. *Ibid.*, p. 102.

Le médecin américain d'origine indienne Deepak Chopra aborde lui aussi la notion de l'âme. « Pour connaître la réalité, nous pouvons utiliser trois sortes de regards, nous dit-il : celui du corps, celui de l'esprit et celui de l'âme[1]. »

On ne peut se fier au regard du corps car il repose sur les sens, qui ne nous disent pas toute la vérité. Par exemple, nous croyons que nous sommes stable alors que nous bougeons tout le temps. Le corps est « l'endroit que nos souvenirs et nos rêves appellent maison (*home*) au moment présent », mais ce n'est que temporaire, ajoute Deepak Chopra.

Par le regard de l'esprit, nous apprenons que la matière essentielle de l'univers est le vide. Tout repose sur les ondes électromagnétiques et le courant est *discontinu*. Il oscille sans cesse entre *ouvert* et *fermé* (*on/off*). Toutefois, le film se déroule si vite que nous sommes uniquement conscients de la *continuité*. Nous ne nous rendons pas compte des ruptures entre les images. Autrement dit, nous percevons seulement la phase *ouverte*. Mais qu'y a-t-il dans la phase *fermée*, celle de la *discontinuité* ? C'est un niveau de réalité qui n'a pas de localisation précise (*non local level of reality*). On n'y retrouve ni énergie, ni informations, ni objets. Il s'agit donc d'un champ de possibilités infinies qui permet des corrélations instantanées entre tout ce qui existe au-delà de l'espace et du temps. La phase fermée permet des mutations physiques tout autant que des changements rapides de tout ordre.

---

1. Cette citation, ainsi que celles qui suivent, provient de notes que j'ai prises lors d'une conférence de Deepak Chopra à Montréal, le 8 juin 2006. Cette conférence constitue le cœur d'un livre intitulé *Power, Freedom and Grace : Living from the Source of Lasting Happiness (Pouvoir, liberté et grâce : vivre à la source d'un bonheur durable)*, Amber-Allen Publishing, coll. « Personnal Growth and Spirituality », 2006.

Enfin, le regard de l'âme enseigne que l'univers ne peut exister s'il n'y a pas une conscience qui le regarde. « Regarde vers le ciel, les étoiles veulent se voir », lance-t-il. Cette conscience est l'attribut de l'âme individuelle. Par définition, elle est omnisciente, omnipotente et elle est essentiellement créatrice.

> L'âme écoute comme une présence tranquille dans laquelle les pensées vont et viennent, tout comme les sentiments et les émotions, et même les univers. Ne reste qu'une présence sans cesse consciente. Ne reste que la présence. S'en tenir à cette présence est notre billet pour la liberté[1].

Deepak Chopra nous fait réaliser qu'à un certain niveau, non seulement il n'y a pas de *moi* ni de *toi*, mais que nous vivons dans une réalité multidimensionnelle où les phases ouvertes et fermées existent simultanément. « Je suis en vous, vous êtes en moi, nous sommes à la même place. Toutefois, cet endroit n'est pas localisé dans l'espace et le temps. » Pour ce médecin, il s'agit donc de s'ouvrir au fait que nous vivons dans un mystère lumineux dont nous sommes, avec Dieu, les cocréateurs, Dieu étant entendu comme la somme des énergies universelles. Pour conclure, il voit la véritable guérison de l'être comme un retour à l'âme, comme « le retour en soi de la mémoire de la totalité ».

L'âme comme cellule énergétique

Chacune de ces conceptions est à même de nous faire réfléchir sur la nature de notre être et sur le sens de notre vie. Il s'en dégage l'idée commune d'une âme lui apparaît comme organe ou fonction de relation avec plus grand que

1. *Ibid.*

soi, quand ce n'est pas le soi lui-même ou la réalité universelle en tant que telle.

L'âme, notre essence la plus subtile, a accès d'emblée à des états de joie, de tranquillité et d'amour qui existent déjà dans l'être (Aurobindo). En remettant en question notre identification inconsciente au corps et à notre personnalité frontale, nous pouvons découvrir notre individualité profonde, notre âme.

Pour sa part, Deepak Chopra insiste sur l'aspect conscient de l'âme, comme si le monde ne pouvait exister que par l'entremise de cette conscience. Et, en effet, à quoi servirait-il que l'univers existe si aucune conscience ne pouvait en témoigner ou en jouir ? Quant à la conception chrétienne, son avantage est de faire ressortir l'immortalité de l'âme individuelle.

Conscience, immortalité, joie, tranquillité, amour, essence individuelle et relation à l'universalité sont les caractéristiques de l'âme qui ressortent de ces différentes conceptions. Ces caractéristiques se marient bien avec la réalité énergétique que nous avons explorée dans le chapitre précédent. Au sein de cette dernière, nous pourrions parler de l'âme comme d'une cellule de base ou une cellule mère possédant deux noyaux : l'un représentant son caractère individuel et l'autre son caractère universel. Cette cellule énergétique est pure conscience et elle est à la source de notre être. Elle est ce qui persiste dans le temps parce que sa nature participe à l'océan d'énergie universelle qui vit au rythme de l'éternel présent, où les notions de début, de fin, et par conséquent de temps sont relatives.

Ainsi, par un phénomène que nous qualifierons d'électromagnétique, une cellule-âme consciente est attirée par l'expérience de l'incarnation. Le fœtus devient l'expression de cette cellule énergétique en plein déploiement. Elle en est la projection dans la dimension spatiotemporelle, de la même façon que nous concevons une idée, que nous en projetons la réalisation dans la matière et que bientôt nous la voyons s'incarner dans une œuvre concrète. Pendant toutes les étapes de ce processus, notre conscience guide la voie et l'amour est le moteur du changement, car tout se meut grâce au pouvoir de l'attraction que nous évoquerons plus loin.

Dire de l'âme qu'elle est énergie, c'est parler du même coup de sa réalité vibratoire et ondulatoire au sens que nous prêtions à ces mots dans le chapitre précédent. Ainsi, toutes les fois que je vous invite à entrer en contact avec votre propre vibration et à la déguster, c'est comme si je vous proposais de rencontrer votre essence individuelle, votre conscience, votre centre psychique, énergétique ou votre âme, selon le terme qui vous agrée.

Le besoin de reconnaissance qui nous tenaille tous est un besoin de reconnaissance de notre réalité universelle. Voilà pourquoi il revient d'abord à chacun et à chacune dans son intimité de reconnaître la réalité de son âme. Le besoin d'être reconnu sans cesse adressé aux autres s'en trouvera fortement diminué car notre désir profond et inconscient est d'être reconnu comme faisant partie de la grande famille universelle. Peu de gens peuvent reconnaître notre réalité universelle, toutefois, si vous vous appliquez à accueillir chaque personne que vous croisez comme un être universel, cela contribuera au renouvellement de la fraternité humaine. La paix mondiale est en rapport étroit avec la capacité de chacun de se voir et de voir tous les autres comme faisant partie de la même âme pour ainsi dire.

L'histoire d'une cellule

Partant de l'âme ou de la cellule énergétique de base, revenons à l'empreinte laissée par la naissance. Plusieurs traditions, dont l'hindouisme, professent que la force de l'impression de séparation réside dans le fait que la naissance est la deuxième épreuve de ce genre que vit l'âme.

En effet, si nous imaginons l'âme comme une cellule énergétique dotée de conscience et d'une individualité qui circule dans l'infini de l'univers, le moment de l'incarnation, c'est-à-dire celui où la conscience arrive dans le véhicule de chair qu'est l'embryon, correspondrait à la première impression de rupture.

D'un monde sans limites et d'un état d'une grande fluidité, l'âme passe dans un monde fini. L'impression doit être d'un rétrécissement terrible. Peut-être la nostalgie du paradis perdu qui persiste en nous se réfère-t-elle beaucoup plus à cet état de fluidité disparu qu'à l'ennui du ventre maternel.

N'y a-t-il pas une référence implicite à cette interrogation dans les discussions qui entourent le droit à l'avortement ? On se demande à quel moment apparaît la vie. Nous pourrions arguer que la vie est là depuis le début, vibrante, en plein déploiement mais il faut reformuler la question du point de vue de la conscience : à partir de quel moment l'âme, ou la conscience individuelle, s'incarne-t-elle dans le fœtus ? Ne serait-ce pas ce moment que nous tentons de situer ?

La science actuelle place cet événement autour de la douzième semaine parce que cela correspond à l'apparition du cortex qui, pour nous, est le siège du cerveau et de la conscience. Cette marque temporelle recoupe ce que les traditions spirituelles professent, pour des raisons tout autres. Selon la plupart de ces traditions, la conscience est présente partout et en tout, mais le fait est que l'âme individuelle consciente n'incorpore l'embryon qu'au cours du troisième ou quatrième mois.

Tout se passe donc comme si une âme consciente, à savoir la cellule énergétique de base, associée à un esprit – l'esprit pourrait être vu comme un outil de l'âme qui permet son orientation pratique dans un plan donné d'existence –, prenait corps dans un embryon se développant dans le ventre d'une femme. Cet embryon est un véhicule de chair déjà codifié par les gènes parentaux. Un peu comme lorsque nous prenons possession d'un véhicule automobile dont les rouages ont déjà été systématisés par la compagnie qui l'a fabriqué, lui apportant énergie et direction.

Pendant les neuf mois que dure la gestation, et grâce à l'accueil de la mère, l'être en développement a le temps de retrouver dans l'utérus la sensation d'unité qu'il a perdue en s'incarnant. Une fois rétabli cet état d'union, il est de nouveau propulsé vers la sortie, dans le canal de la naissance, par les contractions du ventre maternel.

Pourquoi venir au monde ?

Pourquoi l'âme s'incarne-t-elle ? Passons en revue quelques hypothèses. Tout comme un individu devient amoureux d'une autre personne, sans trop savoir ce qui l'attend, il est possible qu'une âme soit attirée par la dynamique qui se vit dans un couple, dans une famille ou dans une société et vient y rejouer le drame de son emprisonnement, essentiellement pour se libérer. Cette hypothèse sous-entend que, malgré son état naturel d'expansion, l'âme ne serait pas complètement libre. Elle peut être alourdie par des charges passées que les hindous ont appelées *karma*.

Il peut être aussi envisagé que l'âme vienne simplement retrouver l'unité fondamentale et se rendre compte que la séparation est illusoire. Ou qu'au-delà de toutes contingences elle soit toujours demeurée créatrice de son propre mouvement. Ou encore qu'elle vienne pour favoriser l'accroissement de conscience de ceux qui ne voient que la dimension physique des choses. Ou, plus simplement encore, pour être joyeuse et célébrer la vie sous toutes ses formes.

Je pense pour ma part que l'âme s'incarne pour la simple joie de s'incarner mais qu'elle rencontre des écueils en chemin. En essence, nos âmes sont peut-être des voyageuses et des goûteuses universelles ouvertes à toutes les expériences, dont la seule mission est l'extase de vivre, mais qui, une fois dans le grand banquet de la vie, finissent par ne plus être attirées que par certains types d'aliments, ayant oublié l'immense champ des possibles.

Notre âme est peut-être à l'image du joueur qui entre dans un casino, conscient dans un premier temps que cela ne touche pas son identité et que ce qui s'y passe n'affecte pas son essence. Pourtant, voilà que les émotions vécues en jouant font qu'il s'accroche aux tables, oubliant qu'il y a une vie en dehors de cet établissement. Alors l'amusement tourne au drame. Il n'arrive plus à se détacher du casino et devient une victime du jeu, se croyant emprisonné et séparé de ce qui se passe dans le reste du monde, alors qu'il n'en est rien.

Voilà peut-être à quoi ressemble notre vie. Nous sommes des énergies libres et unies au mouvement créateur global mais un jour, nous sommes entré dans une maison de jeu qui avait pour nom la Terre, nous y avons connu des peines et des joies si intenses que nous n'arrivons plus à nous détacher de cet établissement, attaché que nous sommes aux émotions que nous y avons vécues. Bien entendu, la maison de jeu n'a rien à voir avec cet état de dépendance. N'empêche que tout joueur compulsif doit un jour ou l'autre se dégager de son accoutumance, recouvrer sa dignité et revendiquer sa liberté fondamentale. Il est alors utile de se souvenir de son âme car, même voilé en partie, notre centre psychique est constamment branché sur l'existence pure et universelle.

L'intérêt des vies antérieures

Abordons un sujet que certains trouveront encore plus spéculatif : celui des vies antérieures. Cela vaut la peine de considérer sérieusement l'hypothèse, ne serait-ce que pour quelques paragraphes. Elle a la vertu, en effet, de soulever des échos intéressants dans le domaine de la psychologie en ce qu'elle fait apparaître l'âme individuelle encore plus libre de son destin.

Personnellement, la conception bouddhiste de la réincarnation me paraît difficile à accepter. Cette progression linéaire de l'âme du crapaud à l'homme selon la valeur morale des actions accomplies par un être manque de nuances. En revanche, une vision plus large, selon laquelle l'âme s'incarnerait sur différents plans de conscience – la Terre n'étant que l'une des possibilités –, me semble plus attirante. Ces incarnations pourraient même être simultanées puisque nous ne savons pas si le corridor espace-temps existe en dehors de notre plan de conscience.

Le point le plus intéressant est que, dans une conception où l'on accorde la prédominance à l'histoire de l'âme individuelle déroulée à travers plusieurs vies ou divers états, la liberté fondamentale de l'être se trouve respectée.

De plus, cette façon de concevoir la réincarnation offre une piste pour comprendre que l'on puisse mourir de famine et de diarrhée dans une file de réfugiés au Rwanda ou au Darfour alors que d'autres étouffent dans l'abondance, une injustice d'autant plus criante que nous commençons à saisir l'intelligence du vivant à tous les échelons.

Une idée comme la réincarnation peut introduire un peu de justice dans notre vision de la condition humaine. Mais ce faisant, elle devient un couteau à double tranchant car elle peut aussi nourrir la passivité et l'indifférence au sort des autres, décourager de lutter pour le changement social. Une attitude de courte vue, cependant, car notre bonheur est en partie lié à celui de ceux qui nous entourent, auxquels nous sommes intrinsèquement uni, comme à l'humanité et à l'univers. Au lieu de pousser à la démission, la perspective d'une vibration individuelle qui perdure au-delà de cette vie devrait nous encourager à une action de plus en plus juste, dégagée du souci constant de soi.

Reprenons maintenant ce qui précède en tentant une intégration. Chacun de nous correspond à une cellule du champ universel. Ce champ informé et unifié est vivant, conscient, et il s'exprime. Il crée, et le mouvement qu'il produit est d'amour, de cohésion et d'unité. Chacune des cellules énergétiques – ou chacune des âmes générées par le mouvement universel – possède deux noyaux ou deux polarités, une qui la lie à la nature universelle, une autre qui l'associe à sa propre individualité.

En tant que cellule individuelle et universelle, chaque âme voyage dans cet univers pour son plus grand bonheur comme un enfant joue en s'émerveillant. Elle explore au gré des attractions, dans la plus grande légèreté possible. Toutefois, un voyage ne va jamais sans risques.

La voici attirée par la dynamique d'une famille où elle compte s'exprimer totalement. Au moment de l'incarnation, lorsqu'elle entre dans la matière vivante du fœtus, une première sensation de division est expérimentée dont la naissance ne sera qu'une confirmation.

À mesure que le fœtus croît, il se charge des traits de l'humanité, de la race, et de la lignée familiale dont il reçoit l'information à travers les gènes parentaux, antennes du champ global. Sur le plan psychique, les pressions qu'il ressent par l'intermédiaire de la mère le mettent en contact d'autres types de pressions vécues dans le monde qui l'attend.

De plus, dans l'hypothèse de la réincarnation, dès les premières vibrations de peur, l'embryon se charge – énergétiquement parlant – des voiles et des difficultés venus d'expériences passées. Ainsi, l'âme ressentirait ses incarnations précédentes sous forme de tensions, de sensations et de lourdeurs. Certaines de ces incarnations ont présenté des aspects difficiles, voire traumatiques, qui n'ont pu être compris ni intégrés. Voilà pourquoi ils doivent être visités à nouveau. L'âme est venue à la fois les exprimer, les comprendre et les dépasser, pour une libération et un retour conscient à l'unité.

L'âme reprend aussi ses goûts et ses talents naturels, ceux qui ont été développés antérieurement et d'autres encore qu'elle désire explorer. Ils vont constituer l'essence individuelle de l'être, son meilleur atout pour la libération. Si jamais l'être ne parvenait pas à s'exprimer ou à exprimer son âme, il aurait la sensation de passer à côté de sa vie. Le malheur serait là pour l'informer que quelque chose ne va pas.

Avec ou sans réincarnation, la dynamique reste la même : les expériences mal comprises créent des nœuds et se répètent jusqu'à ce qu'elles puissent être dénouées, tant sur le plan physique que sur le plan psychique.

De même, il est important de saisir que l'intensité d'une expérience n'a rien à voir avec sa durée et que nous apprenons quelque chose de chacun de nos essais. Certains professeurs m'ont délivré un enseignement qui n'a pas duré plus de quarante-cinq heures. Pourtant, ils ont eu une influence déterminante sur ma vie. D'autres m'ont enseigné pendant une année complète avec des résultats peu comparables. Une vie de quelques jours, de quelques années ou de quelques décennies, toutes sont des projections et des expressions de l'âme et lui servent dans son chemin de réunification consciente.

Des parents éplorés

Voici un exemple de l'utilité de ces hypothèses. Des parents éplorés m'ont visité. Leur fils unique de vingt ans, qui devait succéder à son père à la tête de l'entreprise familiale, venait de se suicider. « Pourquoi ? Pourquoi ? Pourquoi ? martelait ce dernier à travers ses larmes, qu'avons-nous fait de mal ? » Je n'avais pas de réponse et, de toute façon, ils avaient surtout besoin qu'on les accompagne dans leur peine. Je me suis donc attaché à vérifier l'état de leurs ressources personnelles dont ils allaient avoir tant besoin en cette épreuve. Puis, au fil du temps, quelques idées me sont venues à l'esprit. La première se formulait ainsi : l'âme de leur fils avait eu la chance de connaître un foyer aimant, et c'est cette expérience qu'elle était venue chercher pour retrouver sa dignité. La deuxième était : les charges du passé éveillées par l'existence présente avaient poussé leur enfant à mettre fin à ses jours de façon prématurée. Éventuellement, quelque chose de l'ordre des attentes parentales avait pu se révéler intolérable, et cela avait fini par constituer un mur infranchissable. Troisième hypothèse : l'amour reçu avait été précisément le quelque chose d'insoutenable comme lorsque nous rejetons des gens qui sont bons pour nous mais auxquels nous ne savons pas comment répondre. Malgré l'apparente facilité de ce milieu, l'âme avait été attirée par une expérience trop difficile pour elle. Finalement, il se pouvait qu'elle soit venue aider ces parents à ouvrir leur cœur en les plongeant dans l'épreuve.

En somme, nous ne connaissons pas le secret ultime de l'être, et ces perspectives présentent l'avantage de décharger ce père et cette mère de la culpabilité d'avoir été eux-mêmes en faisant du mieux qu'ils ont pu. L'âme, ou la cellule énergétique, a un libre choix. Elle vient s'associer à une lignée qui l'exprime, c'est-à-dire qui lui permet de remettre en scène des problèmes qui lui appartiennent déjà. Tout comme la mise en scène du passé au sein d'un exercice de psychodrame nous permet de revivre notre passé et de le voir avec de nouveaux yeux. Ce regard neuf et dégagé délivre des liens qui nous attachent. Toutefois, parfois nous n'y arrivons pas et l'expérience doit être recommencée ou poursuivie.

Bien qu'il existe de nombreux témoignages dignes de foi les concernant, bien que les deux tiers de l'humanité croient à une telle possibilité et bien que l'Église chrétienne ait elle-même sérieusement considéré la question, la vérification scientifique de l'existence des vies antérieures demeure difficile. Malgré cela, je trouve qu'une telle perspective demeure éclairante. Je ne me permettrais pas de l'utiliser en conférence ou dans une séance de psychothérapie, mais il me semble que cette hypothèse ouvre un vaste horizon à la psychologie. Sans en faire un acte de foi, il est bon de l'avoir à l'esprit comme une résonance lointaine. Mais s'en servir pour tout expliquer peut devenir une justification de l'immobilisme, auquel cas rien n'est gagné.

Pour résumer, une perspective comme la réincarnation me semble intéressante dans la mesure où elle nous aide à faire apparaître l'être comme étant de plus en plus libre et, par conséquent, de plus en plus impliqué dans une responsabilité créatrice par rapport à lui-même.

Un exemple personnel

Pendant la moitié de ma vie, j'ai souffert d'une colite ulcéreuse, une affection intestinale chronique. Cette maladie est présente des deux côtés de ma famille. Possiblement, il y a en moi une faiblesse d'ordre génétique. Or cette faiblesse est aussi d'ordre psychologique. Je peux concevoir avoir été attiré par cette lignée où le non-dit s'exprimait par des maux de cette nature. Cela a permis à mon âme de rejouer son propre dilemme, afin de se comprendre, certes, mais surtout afin de se libérer de ses remous et de retrouver le courant créatif.

À cette maladie réputée psychosomatique correspond un type de personnalité que la littérature médicale qualifie de névrotique, justement le type qui pense trop et qui oublie d'exister. Au début, le diagnostic me choquait. Puis, j'ai bien dû constater que ma vie avait été jusque-là une tentative graduelle d'incarnation pas toujours réussie. Je peinais à prendre contact avec mon corps, avec mes sens et avec le processus vivant.

La santé est revenue à la mesure du succès de cette prise de contact, une prise de contact qui se continue de jour en jour. Plus j'approfondis cette expérience, plus j'ai l'impression d'être près de moi-même et de mon essence. Plus j'expérimente une liberté et une légèreté dans ma vie.

Il n'y a pas lieu d'en vouloir aux parents qui m'ont amoureusement accueilli. Au contraire, je comprends qu'ils m'ont attiré parce qu'ils m'offraient un environnement qui me permettrait à la fois de remettre en scène mes difficultés et de vivre suffisamment d'amour et d'expériences positives pour m'aider à me comprendre et me libérer d'un nœud que possiblement ils portaient tout comme moi. Peut-être même qu'en se dégageant, soi, c'est toute une lignée qu'on affranchit puisque la solution a été trouvée. Ainsi, on ajoute à la création collective qu'est une famille.

Ces confidences faites, je peux conclure en affirmant qu'il me plaît de me sentir créateur de ma propre vie et de l'expérimenter ainsi. Ce ne sont là qu'hypothèses et perspectives. Mais, encore une fois, à mes yeux, celles-ci ont l'avantage de souligner le caractère libre, conscient, autonome et autocréateur de chaque cellule vivante. Elles soulignent également le rôle primordial de la conscience pour se réorganiser et se redonner de la cohérence. De cette façon, l'autorité ne repose plus dans les mains d'une autorité extérieure comme les parents ou dans celles d'un Dieu tout-puissant extérieur à sa création.

Selon moi, ce qu'il y a de divin, c'est ce processus créateur inscrit au cœur de chacune des fibres de nos corps et de toute la création. Certains jours, je ne me sens pas seulement comme une gouttelette jetée dans les flots de l'existence, mais l'océan lui-même, toujours changeant en surface, toujours calme en profondeur, infiniment calme, ne serait-ce que pour quelques fractions de seconde à la fois.

Observons la mer

Abandonnons-nous à une rêverie poétique inspirée par le spectacle de la mer. Et tentons à l'aide d'une métaphore d'obtenir un portrait d'ensemble de notre condition d'être humain.

La nature universelle, donc, n'est pas immobile, une pulsion centrale l'habite. Elle est comme un océan mû par les vents et les courants de fond. Assis sur la plage, pris dans la contemplation du paysage marin, nous pouvons comprendre la connaissance subtile transmise par chaque vague : unité, puissance, simplicité, changement. Ce message est sans doute l'écho des informations émises plusieurs milliers de fois par seconde par le champ universel.

Une vague vient éclater sur les rochers de la côte et un milliard de gouttelettes en jaillissent. La vie individuelle s'éveille. Vous êtes l'une de ces gouttelettes. Elle vit une expérience à la fois semblable et différente de celle de ses compagnes, et vous êtes conscient de votre existence. Puis vous retournez à l'océan universel pour vous y mélanger à nouveau. Votre conscience individuelle perd de son relief pour un temps ; toutefois, elle est là, potentiel inaliénable.

Voilà qu'un autre courant vous prend. Vous venez de nouveau à l'existence individuelle. En un instant vous vous rappelez ce que vous avez vécu auparavant. Cette fois, vous voudriez bien éviter telle ou telle menace. Votre voyage se fait, votre vie se vit et, à nouveau, vous retombez pour vous oublier dans le grand mouvement. Puis vous êtes attiré par un courant plus intense, il précipite avec plus de fracas les vagues sur le rocher. L'expérience de l'éclatement et de la venue au monde est plus forte. Ensuite, c'est un courant plus calme qui vous séduit. Il se jette sur une jolie plage lumineuse dont les grains de sable vous caressent avant que vous ne retourniez à la mer. Un délice.

Ce que vous cherchez, à travers toutes ces expériences, est la totalité des possibilités de l'existence. Vous cherchez à exprimer tout votre potentiel, dans la légèreté et la liberté du jeu, comme un enfant dans son bac à sable. Vous cherchez à jouir de la conscience d'être soi en union avec le tout.

Cette fois, vous voici pris au milieu d'un tourbillon. C'est comme si votre conscience s'évanouissait. Dans votre voyage, il y a comme un arrêt, une fixation, Vous êtes captif d'un mouvement local. Vous êtes secoué, vous êtes agité, vous perdez votre cohérence. Impossible d'échapper à ce vortex. Vous vous élevez vers la lumière mais, dès que vous parvenez à la surface, une force vous renvoie vers le fond. Vous souffrez de ne pouvoir poursuivre votre voyage dans le grand océan universel. Vous voulez revoir les belles plages et la nature luxuriante, pourtant elles semblent inaccessibles.

Vous êtes en somme prisonnier d'une existence passionnante et tourbillonnante, mais dont se dégage une impression de cloisonnement et de répétition. Pour en sortir, vous aurez à comprendre le mouvement qui vous emprisonne. Vous devrez étudier comment votre énergie fonctionne pour la mobiliser de façon consciente et grâce à elle échapper au tourbillon. Somme toute, il n'y a rien de grave car vous sortirez en fin de compte du remous. La première étape serait sans doute de jouir des nouvelles expériences plutôt que de vous en affliger, car une partie de soi ne quitte jamais la position de témoin joyeux.

Ainsi, le rythme des jours qui succèdent aux nuits résume-t-il celui des vies qui se succèdent ou des vagues qui vont et viennent. Partout le même mouvement, la même respiration. Contraction et expansion, sac et ressac, impression et expression, inspiration et expiration, la pulsion de vie triomphe.

En bref

Revenons à notre schéma. À ce point du livre, nous avons obtenu un nouveau niveau, que nous ajouterons ultérieurement aux deux premiers.

5. Naissance
4. Charges des vies antérieures, charges de la lignée familiale, charges de la mère, pressions de l'environnement social, climat du couple parental, événements prénataux

3. Choc de l'incarnation, première expérience de division
2. Âme ou cellule énergétique ou essence individuelle
1. Nature universelle

Il est maintenant possible d'entrevoir qu'un conflit vécu dans le présent par un individu a une très longue histoire, dont les racines se trouvent au sein même de la cellule créatrice. Celle-ci cherche à se réunifier. Pour ce faire, elle se laisse attirer par des situations qui lui permettront à la fois une expression de son état de contraction, mais surtout une détente, une décontraction, une expansion et une nouvelle création.

Le schéma nous permet également de penser que ce qui est en jeu, ce ne sont pas tant les situations que nous rencontrons elles-mêmes que notre façon d'y réagir. L'expérience d'une pleine expression nous permettra de comprendre qu'il n'y a jamais eu séparation entre l'être et la puissance créatrice dont il est issu, ou entre la cellule individuelle et la mer universelle. Les interprétations que nous avons mises en place instinctivement pour nous protéger sont autant de voiles à déchirer si nous voulons gagner notre autonomie.

En tout cas, dans la pratique thérapeutique, à mesure que nos patients défont des nœuds et s'affranchissent de conceptions limitatrices d'eux-mêmes et de la vie, on s'aperçoit que leur destin change, la plupart du temps pour le mieux. Il semble y avoir une corrélation entre le vécu intérieur et l'aventure extérieure. C'est ce que Jung a appelé la synchronicité, synchronisme entre l'intériorité et l'extériorité qui ne s'explique pas d'une façon causale mais plutôt par similarité. La physique quantique l'admet facilement puisque, dans ce domaine de la science, tout est question d'ondes en résonance. Comme si un principe d'attraction menait l'univers au grand complet.

Nous voici donc prêt à aborder l'expérience créatrice en elle-même, la promesse de ce livre.

12

L'INDIVIDUALITÉ CRÉATRICE

Un élan vers la lumière

Grâce aux apports des sciences et de la psychologie, nous comprenons de mieux en mieux la machinerie de la vie. Il ne faut toutefois pas oublier que, dans cette expression, le premier mot est subordonné au second. La machine sert la vie, elle ne la résume pas. Ainsi, le grain de blé déposé en terre qui prépare son essor à travers la rigueur de l'hiver n'est pas pur mécanisme. La vie se manifeste à travers lui, une vie que je décrirais comme un élan irrépressible vers la lumière, vers l'union, vers la communion.

Le meilleur de soi est ce pur élan vers la lumière qui habite chaque être, même le pire des criminels. Au-delà des vicissitudes, chacun de nous participe à la nature universelle, égal à tous les autres. Nous ne faisons pas qu'y participer, nous exprimons cette nature universelle de façon individuelle et unique à travers notre essence créatrice, soit à travers nos talents, nos goûts, nos dons, parce que nous sommes un avec cet univers qui est mouvement de création.

L'individualité créatrice, comme j'ai choisi d'appeler l'essence individuelle de l'être, répond à la personnalité protectrice. Ces deux termes résument à eux seuls les deux perspectives qu'ouvre ce livre. Si nous restons soumis à nos mécanismes de protection, nous finissons par nous étouffer et par trouver le malheur. En revanche, si nous osons exprimer notre essence créatrice, nous avons de bonnes chances de nous épanouir et de trouver le bonheur. Ne serait-ce qu'en ouvrant notre cœur, en laissant l'amour émaner de nous, ce que personne ne peut nous empêcher de faire. C'est à cela que seront consacrés les prochains chapitres : à l'expression, à la nourriture et à l'orientation de l'individualité créatrice.

J'aurai, au fil de ces chapitres, l'occasion de décrire une série d'exercices destinés à favoriser la découverte de ses aptitudes naturelles et de ses goûts créatifs. La démarche est importante car, ainsi, une notion de plaisir est liée à l'acte d'expression. Il n'est pas rare que l'on me demande en conférence s'il est nécessaire que la connaissance de soi passe par la douleur. Je réponds invariablement : « Pas du tout. Il faut mettre en œuvre les possibilités expressives sur-le-champ. »

En effet, pourquoi attendre d'avoir compris ses mécanismes d'enfermement pour se mettre à l'expression active ? De toute façon, la connaissance de soi conduit à conclure que se comprendre doit servir la vie, sinon, à quoi bon ? Autrement dit, oui, il est possible d'évoluer sans que cela fasse mal. Ça demande sans doute quelques efforts, mais le plaisir est tout de suite au rendez-vous.

Nous découvrirons même qu'il est possible d'avancer sans s'occuper de ses problèmes, dans un premier temps du moins. Voilà une nouvelle qui réjouira ceux et celles qui répugnent à la descente en soi que j'ai décrite dans la première partie. Il est vrai que l'attention portée aux problèmes a pour effet paradoxal de les amplifier puisqu'on les met sous la loupe. C'est un des dangers de la thérapie lorsqu'elle n'a pas de perspective plus large à offrir. Ainsi, il est possible de commencer par la dimension expressive et de régler ces problèmes à mesure qu'ils se présentent. De toute façon, ils ne manqueront pas d'être au rendez-vous.

Puisque leur effet principal est de contracter le flux créateur, vous les rencontrerez nécessairement en voulant l'élargir.

Il y a tant de couleurs

Je me trouve au Québec. J'anime le séminaire intitulé « Le meilleur de soi » évoqué plus haut. À mes développements sur l'expression créatrice, une participante réagit : « Monsieur Corneau, vous ne voulez tout de même pas nous faire croire que c'est un « petit cours » de piano qui peut changer notre vie ! » Une telle réduction de mon propos me désarçonne. Je n'aurai pas le loisir de lui répondre, cependant, car une autre participante nous fait signe. « Je voudrais parler à madame de mon petit cours de peinture... » Et elle nous raconte son histoire.

> J'ai toujours eu le goût de faire de la peinture, mais je n'avais jamais écouté cette envie. Je me disais que j'étais trop vieille et que ce n'est pas à mon âge que l'on pense à de telles choses. Mon inclination me semblait ridicule. Puis, un jour, je vois une annonce pour un atelier intitulé *Peinture et expression*. Je prends mon courage à deux mains et je m'inscris. Je me retrouve à l'atelier de la peintre Yolande Brouillard, l'animatrice de ce stage de dix soirées réparties sur autant de semaines.
> À peine entrée, j'ai la révélation de ma vie. Une grande quantité de pots de couleurs se trouvent assemblés sur une table au centre de la pièce. Je n'ai jamais vu tant de coloris d'un seul coup. Je ne pensais même pas qu'il en existait autant. J'aurais pu retourner à la maison sur-le-champ, j'avais déjà compris ce que j'étais venue faire là. Je me suis dit : « Il y a tant de couleurs qui existent, comment se fait-il qu'il y en ait si peu dans ta vie ? »

Ces paroles simples et directes ont touché chaque membre du groupe en plein cœur. Comme son mari était assis près d'elle, je n'ai pas résisté à la tentation de lui demander son avis. Il commence par me répondre qu'il n'a jamais vu sa femme aussi sereine.

> Elle est de bien meilleure humeur qu'auparavant. Je la trouve plus attentive à mes besoins et aux besoins de notre couple. C'est d'ailleurs ce qui m'a amené à votre séminaire. Je n'ai pas l'intention de faire de la peinture, mais je voulais savoir ce qui s'était passé dans son atelier pour opérer un tel changement.

C'est elle qui poursuit en nous expliquant comment ses activités de peinture ont transformé son quotidien et comment elle s'attache maintenant à colorer son existence. « Voilà, c'était pour dire que les « petits cours » ont parfois une grande influence », conclut-elle.

Cette anecdote est exemplaire de la prise de contact avec l'élan créateur. Il ne s'agit pas de révolutionner sa vie au grand complet mais, d'une certaine façon, l'élan le fait graduellement. La démarche débute par un acquiescement, si petit soit-il, à la partie vivante de soi. En accordant une place officielle à ses goûts, on ouvre volontairement la porte au changement au lieu de le subir. Ainsi, notre essence créatrice se sent reconnue et, ce faisant, c'est comme si on se reconnaissait soi-même au lieu d'attendre une permission venue de l'extérieur. Le cycle de la dépendance commence alors à se modifier.

Dans la plupart des cas, la leçon de piano ou de peinture sert à enclencher le mouvement ; de nouveaux espaces s'ouvrent en soi quand on utilise de tels outils d'expression et de croissance. Les sensations inédites que l'utilisation de ces outils procure sont un enjeu central. Lorsque l'on connaît une satisfaction réelle parce qu'enfin on accomplit un geste qui répond à notre goût profond et à notre talent, cela peut changer notre vie. Car alors on se fait une existence plus colorée, plus chantante, plus dansante, bref, plus expressive. Habiter exclusivement la partie mourante associée à la dépendance et à l'autosabotage ne nous convient plus. De nouvelles convictions se développent à partir des expériences récentes. Elles viennent remplacer les anciennes croyances et, en utilisant ces sensations neuves comme tremplin, on trouve le courage de changer bien autre chose. Encore une fois, il ne sert à rien de croire à mes propos, l'intérêt est d'en faire l'expérience.

Les instructions contradictoires

Le psychologue Mihaly Csikszentmihalyi pense, lui aussi, que la créativité est une source de joie, de richesse et d'épanouissement. Il écrit :

> L'engagement dans un processus créatif donne la sensation de vivre plus intensément. La fièvre de l'artiste devant son chevalet, celle du scientifique dans son laboratoire sont proches du sentiment de plénitude que nous attendons de la vie et qui est si peu souvent offert. Seuls la sexualité, les sports, la musique et l'extase religieuse – même quand ces expériences sont fugaces et ne laissent pas de traces – nous confèrent un sentiment aussi profond d'appartenance à un tout plus vaste que nous-mêmes. En outre, la créativité produit des objets qui contribuent à rendre l'avenir plus riche et plus complexe[1].

En plus de confirmer ce que vit notre peintre en herbe, ces mots résument l'objectif de ce livre. Le chercheur ajoute

1. Mihaly Csikszentmihalyi, *La créativité – Psychologie de la découverte et de l'invention*, Paris, Robert Laffont, coll. « Réponses », 2006, p. 8.

une constatation qui embrasse nos deux perspectives et qui encourage l'exercice de notre pouvoir de création.

> Nous naissons tous avec deux séries d'instructions contradictoires : une tendance conservatrice qui comprend les instincts d'autopréservation, d'autoaccroissement et d'économie de notre énergie, et une tendance expansive faite des instincts d'exploration, du plaisir de la nouveauté, du risque – la curiosité qui produit la créativité appartient à cette série. Ces deux programmations nous sont nécessaires. Mais si la première tendance nécessite peu d'encouragements ou d'appuis extérieurs pour motiver nos comportements, la seconde risque de disparaître lorsqu'elle n'est pas entretenue. Si notre curiosité manque d'occasions de s'exercer, si trop d'obstacles encombrent la voie du risque et de l'exploration, la motivation nécessaire pour s'engager dans la créativité finit par s'étioler[1].

Ce que le psychologue ne mentionne pas est que, si la créativité « finit par s'étioler » et disparaît, elle nous fera disparaître avec. En étouffant la pulsion de vie, les valeurs conservatrices changent le destin d'un être en l'entraînant dans une forme d'autosabotage amplement décrite dans les chapitres précédents. Mais notre attachement à ces tendances contractées au fil de la vie est tenace. Voici une anecdote qui en témoigne.

Deux cents tableaux

Un homme fréquentait assidûment les ateliers de Cœur.com depuis plusieurs années. Héritier d'une lourde entreprise familiale pour laquelle, de tempérament sensible, il avait peu d'inclination naturelle, il se retrouvait à l'aube de ses soixante ans plongé dans un mal-être dont il voulait

1. *Ibid.*, p. 17.

à tout prix se sortir. Lui aussi rêvait de peindre depuis toujours. Il avait dû renier son talent pour assumer les tâches de P-DG dans son entreprise. Son désespoir a atteint son comble l'année où il s'est fait construire un atelier dans son jardin : tous les matins en ouvrant les volets de la chambre conjugale il voyait désormais l'objet de ses rêves sans jamais avoir le loisir de traverser la cour.

Un matin, je le vois arriver à l'un de nos stages l'air plus léger que l'année précédente. Il est bronzé, ses cheveux sont plus longs et il porte une chemise colorée. Je ne suis qu'à moitié surpris de l'entendre déclarer :

– Eh bien, imagine-toi qu'après toutes ces années d'hésitation je me suis enfin mis à peindre. Tiens-toi bien, j'ai produit plus de deux cents tableaux dans l'année !
– Deux cents tableaux ! lui dis-je, ne cachant pas ma surprise, on peut dire que le bouchon a sauté d'un seul coup !
– Pourtant, reprend-il, je ne sais pas si c'est bien la peinture qui est ma vocation. Qu'est-ce qu'on fait, avec tous ces tableaux ?
– C'est facile, rétorquai-je ironiquement, tu en offres cent à tes employés, cinquante à ta famille et le reste, tu le brûles au milieu de la cour.
– Les brûler ! Tu plaisantes.
– À peine, lui dis-je, ces tableaux ont déjà rempli leur rôle, ils ont servi à la seule personne à laquelle ils devaient servir : toi. Ils t'ont remis en vie.

La leçon de l'histoire est celle-ci : même après que l'on a repris contact avec son élan créateur et qu'on en a retiré de grands bénéfices, le personnage, roi du statu quo, reste dans les parages et cherche à reprendre le terrain perdu. « Toute cette agitation ne sert à rien, souffle-t-il, ces tableaux ne seront vus par personne. Ils n'ont aucune valeur artistique. À quoi bon persévérer ? Ta petite expérience est faite. Finies les folies. Rentre au bureau, maintenant. » Son argument est simple : puisque cette activité n'apporte aucun résultat en termes de reconnaissance, de valorisation sociale ou d'argent, elle ne vaut rien. On assiste alors au retour en force de ce que Csikszentmihalyi nomme la première tendance, celle qui s'associe aux instincts conservateurs.

Le contact avec l'élan permet, lui, de bénéficier de la deuxième tendance, qui nous inspire la jouissance d'un geste ou d'un état sans attente de résultat. Il permet également de sortir de l'obligation de performance. Il ne s'agit pas d'exceller, il s'agit de prendre plaisir au processus. En ce sens, une expression créatrice qui nous remplit de passion et qui nous anime de l'intérieur nous montre le chemin de la satisfaction profonde et durable. Cette dernière ne se situe pas dans l'action performante, elle se trouve dans la jouissance du processus vivant. Bref, il s'agit du plaisir de créer pour créer, de celui de transformer pour transformer.

Csikszentmihalyi note que, bien que nous aimions les légendes qui mettent en scène un chercheur trouvant comme par magie la solution d'une énigme, il ne s'agit que de mythes sans fondement. Presque sans exception, les vraies découvertes couronnent des années de labeur minutieux où l'attention a été presque exclusivement dévouée à la recherche. C'est le cas d'Einstein, qui s'est inspiré d'un rêve pour résoudre les problèmes que posait la théorie de la relativité – à cela près que le songe intervenait dans le contexte d'un travail acharné.

Mieux : les inventions appartiennent à un fond collectif, si bien qu'on peut difficilement affirmer qui est le découvreur. Ainsi, le chercheur créatif n'a pas d'autre choix que d'aimer sa recherche sans attente de résultat, et cela d'autant plus qu'il arrive souvent que la piste ne mène à rien. Si on s'aventure dans la créativité pour se faire un nom, on risque d'être fort malheureux. Mieux vaut trouver sa joie dans le plaisir d'apprendre et dans le travail bien fait, conclut Csikszentmihalyi[1].

1. Mihaly Csikszentmihalyi, *op. cit.*, p. 10.

Sortir de l'attente de résultat est une étape majeure de la reprise de contact avec soi. Je l'ai appris à mes dépens lors d'un séminaire que j'ai mené en Inde en 2006 avec Pierre Lessard, un enseignant spirituel, et la psychologue et professeur de yoga Marie-Christine Kaquet. J'avais engagé pour nous accompagner un sculpteur du village de Mahabalipuram, dans la région du Tamil Nadu : Murugan. Ce mode d'expression de la sculpture sur pierre avait été choisi par moi de façon tout intuitive, d'après des expériences que nous avions menées à Cœur.com au cours desquelles nous associons l'effort de compréhension psychologique à une plage d'expression créatrice comme le théâtre, la danse, l'art plastique ou la musique.

En Inde, je voulais pousser l'expérience plus loin puisque l'intitulé du séminaire, « Mouvement, souplesse, lumière », appelait à une prise de conscience des rigidités corporelles et psychiques. Le travail de la pierre, une matière des plus ardues, devait servir de métaphore aux rigidités qui nous rendent difficile la tâche de sculpter nos vies. Mon idée était que les difficultés rencontrées par les participants les renverraient aux raideurs de leur vie. Or il n'en fut rien. Quand les participants se mirent à sculpter, ils le firent avec une ferveur et un enthousiasme que rien ne semblait abattre. Certains entretenaient même un rapport charnel avec leur pierre, lui parlant et la caressant comme si c'était un être humain. Personne ne se plaignait de l'inconfort de la situation.

Tant et si bien que, alors que la première séance touchait à sa fin, tous et toutes sans exception étaient encore à l'œuvre. J'étais le témoin d'une passion qui avait aboli le temps et le manque de confort physique. On semblait ne plus avoir mal au dos ni aux jambes. Les participants devaient pourtant supporter des douleurs souvent aiguës dues à leur position au sol. Mais tout s'abolissait dans l'acte créateur. Ils s'abolissaient eux-mêmes dans le geste. Ils négligeaient leurs bobos et leurs caprices habituels. Ils en oubliaient la pause et la cigarette de la pause.

Cependant, le séminaire ne prenait pas la direction prévue. À l'hôtel, je confiai mon inquiétude à Pierre. « Ne t'inquiète pas, me répondit-il. Je suis convaincu que demain il y en aura déjà deux ou trois qui hésiteront à venir. » Mais le lendemain, ils étaient tous là, à l'heure, pour monter dans le car. Moi qui avais vécu plusieurs voyages de groupe, je n'avais jamais vu ça.

Ce deuxième matin, les participants supprimèrent leur pause pour sculpter et ils nous supplièrent en chœur de revenir pendant l'après-midi. Je n'en revenais pas. Nous avions préparé le scénario idéal pour faire face à la lassitude d'un participant, voire du groupe entier... rien de tel à l'horizon, même lointain. Nous voulions nous servir des moments difficiles pour atteindre les expressions de la rigidité profonde. Mais il n'y en avait pas. J'étais confondu.

« Ça va mal, ils vont bien »

Cet après-midi-là, je dis à Pierre : « Ça va mal, ils vont bien ! » Il eut alors une grande inspiration. « Au lieu de regarder pourquoi ils devraient aller mal, suggéra-t-il, nous allons regarder ce qui fait qu'ils vont si bien. » C'était une proposition fort simple et, dans les conditions que nous traversions, ça m'a paru génial. En effet, qu'est-ce qui pouvait expliquer leur état ?

Le premier élément de réponse était pour le moins imprévisible : la sculpture de pierre présentait un tel degré de difficulté que, dès les premières minutes, tous les participants avaient admis en leur for intérieur qu'ils n'arriveraient pas à grand-chose. Ils avaient donc abandonné toute attente d'un résultat spectaculaire. D'un seul coup, ils étaient entrés dans un jeu gratuit et sans prétention. Bref, j'étais devant trente enfants dans leur bac à sable, qui protestaient quand papa leur rappelait qu'il fallait rentrer déjeuner.

Deuxième élément de réponse : comme aucun d'entre eux n'avait jamais pratiqué la sculpture, ces stagiaires se retrouvaient tous à la même enseigne, libres des jugements et des comparaisons, s'émerveillant des trouvailles de leurs voisins au lieu de se peiner de leurs propres incapacités et d'entrer en compétition. En somme, leurs personnalités n'étaient pas en jeu. Pendant ces heures passées à tailler la pierre, ils étaient libérés de leur personnage et de toute prétention à quoi que ce soit.

La remarque de Pierre, tout inspirée qu'elle fût, ne sauvait pourtant pas notre séminaire. Les propos que nous avions préparés pour l'émailler de jour en jour étaient sans objet. Il était évident que nous devions changer notre fusil d'épaule si nous voulions aller à la chasse aux rigidités.

Suivant le fil de son inspiration, mon collaborateur me fit alors remarquer que toute cette ferveur soulevait une question qui allait peut-être sauver notre entreprise : pourquoi le reste de nos vies ne ressemblait-il pas à cela ? Se pouvait-il que nos vies de couple, nos amitiés, nos familles, nos professions s'alourdissaient tout simplement parce que nous étions sans cesse dans l'attente de résultats, et que cette tension vers la performance soit devenue si grave et si sérieuse que nous y avions enseveli toute légèreté, tout sens du jeu et toute liberté ?

De façon inattendue, grâce à cet atelier de sculpture, le groupe entier était tombé dans le mouvement, dans la souplesse et dans la lumière. Nous pouvions nous servir de cette expérience de fluidité pour comprendre les rigidités de nos vies habituelles. Nous avions fait l'erreur de chercher les raideurs à la mauvaise place. La métaphore restait utilisable, mais d'une manière différente : lorsqu'on sculpte, on est mal installé, c'est difficile, le temps est trop court et l'on ne se sent pas à la hauteur... Ça ressemble tout de même un peu à la vie de tous les jours, non ? Sauf que, dans l'atelier, l'inconfort n'affectait pas la légèreté, n'entraînait pas de lourdeur ni de fatigue particulière. Alors que, dans la vie courante, des sensations comparables nous menaient au bord de la catastrophe.

Qu'est-il arrivé à nos bacs à sable ?

Se pouvait-il que l'attente de résultat, envers un conjoint, un enfant, un ami, un partenaire professionnel nous gâche la vie à ce point ? La terrible réponse était *oui*. Oui à en pleurer. Qu'est-il arrivé à notre créativité, à nos bacs à sable, à notre enfance légère ? Nous sommes-nous éloigné à ce point de notre essence créatrice ? Au cours de ce séminaire, chacun a pu constater jusqu'à quel point il était pris dans les rets du personnage, avec ses mailles serrées faites de peurs, de doutes et de croyances négatives. C'est en retrouvant son élan naturel que chacun s'est rendu compte qu'il menait sa vie d'une façon qui ne lui faisait pas de bien.

Ma propre expérience confirmait celle de mes participants. Pendant l'atelier, je vivais moi aussi quelque chose de l'ordre d'une ferveur sans concentration mentale. Guidé par mon image intérieure, abandonné à une tâche impossible, jouant de mes habiletés et riant de mes maladresses, composant avec les veines de la pierre pour un bonheur ou un malheur passager, j'étais à l'œuvre comme on pourrait être à l'œuvre de soi ou de la vie quand on gagne de la légèreté. Une porte s'ouvrait pour moi, une autre façon de vivre ma vie, dans une attitude de lâcher-prise.

Ce fut une grâce ineffable de connaître ces moments de création libérés du personnage. J'ai ainsi pu dire au groupe : « On ne crée pas pour se guérir de quoi que ce soit. Toutefois, la création, lorsqu'elle nous entraîne dans de tels sentiers, nous guérit. Elle nous guérit de nous-même. Elle nous guérit de la maladie du résultat et de la performance. Elle nous guérit des comparaisons et des jugements. Elle nous guérit du fléau de la prétention. »

Sans expérience, devant une pierre, on ne peut prétendre à quoi que ce soit, et ça soulage, ça fait du bien. Surtout, cela nous permet de retrouver quelque chose que chaque enfant éprouve : le plaisir du moment présent, un moment vécu dans la simple joie d'être, dans la simple évidence de l'existence et du jeu. Au final, le fait d'avoir pu sculpter la pierre m'a donné une force et un courage devant la matière que je n'ai jamais connus.

Je ne sais pas ce qui me passionne

Comme on vient de le voir à travers l'expérience indienne, ce n'est pas toujours en faisant quelque chose pour lequel on a un talent quelconque que l'on retrouve la joie de créer, loin de là. Dernièrement, pour la télévision québécoise, j'ai présenté un atelier destiné à douze personnes qui disaient ne pas savoir ce qui les passionnait. J'avais invité Yolande Brouillard à coanimer l'émission[1].

Lorsque des gens se déclarent incapables de passion, il se crée en eux une sorte de crispation qui les rend prisonniers de toutes leurs suppositions mentales sur les tenants et aboutissants d'une telle incapacité. Dans certains cas, ça devient même obsessionnel. Il ne faut alors surtout pas tomber dans le piège de raisonner avec eux sur telle ou telle possibilité car vous n'obtiendrez en définitive que des réponses négatives. Le problème se situe ailleurs.

Coupés de leur élan, ils n'en sont pas à explorer quelle pourrait être leur activité de prédilection, mais ils se concentrent sur ce point et cette concentration devient un obstacle

1. Les Productions Point de Mire, *Guy Corneau en atelier*, épisode « Je ne sais pas ce qui me passionne ». Spécialiste invité : Yolande Brouillard, artiste peintre. Document inédit. Montréal, 2006.

majeur. Il s'agit donc de les faire revenir au monde des sensations de façon à rompre le discours mental et à leur faire reprendre le contact avec la pulsion.

Après avoir approfondi et remis en question quelques mythes autour de la passion qui faisaient qu'ils s'attendaient à ce qu'une force spectaculaire les soulève de l'intérieur et les jette dans les bras de la création comme on est jeté dans les bras d'un amoureux, nous avons pu commencer à travailler. Le premier exercice que Yolande proposa fut de fermer les yeux pour une visualisation en détente au cours de laquelle ils se retrouvaient dans l'enfance. Ils devaient évoquer un moment de connexion avec eux-mêmes et dessiner l'impression qu'ils avaient ressentie.

Les douze dessins qui en sortirent nous renseignèrent aussitôt sur le sort de l'élan créateur. Si une bonne moitié du groupe avait mis sur le papier des visions colorées et joyeuses, l'autre présentait des dessins où le noir et la déconnexion avaient déjà pris place. Deux d'entre eux m'impressionnèrent particulièrement. Dans l'une, l'enfant se trouvait séparé d'un paysage bucolique par une barrière sombre qui en interdisait l'accès. Dans l'autre, tout était léger sauf la figure humaine, placée en déséquilibre sur une grosse pierre noire qui symbolisait une assise déjà teintée par le malheur.

Ensuite, Yolande amena les participants à reprendre leur visualisation pour poursuivre la route jusqu'à l'adolescence. Quel était le sort, à ce moment-là, de leur pulsion de vie ? À ma grande surprise, presque tous les dessins prirent des allures sombres. En accrochant les dessins par paires au mur, nous obtenions un portrait très clair des contractions parfois précoces venues amoindrir l'élan créateur de ces douze personnes. Il ne pouvait y avoir de compte rendu plus clair des fameuses cuirasses corporelles dont fait état Marie-Lise Labonté dans son œuvre.

À la suite de ce constat, j'ai guidé une intériorisation vers la vision d'un monde sans limites : « S'il n'y avait pas de limites, s'il n'y avait pas de contraintes financières, familiales, sociales, etc., à quoi ressemblerait votre élan créateur aujourd'hui ? » Cette fois, ils devaient, les yeux fermés, sculpter dans l'argile l'image de cet élan.

Lorsqu'ils rouvrirent les yeux une dizaine de minutes plus tard, plusieurs étaient émus aux larmes. Ils étaient étonnés par la beauté ou l'étrangeté des formes qu'ils avaient créées. Ils se mirent à parler de ce que ces sculptures évoquaient pour eux et ils se rapprochèrent de celles des autres qui les attiraient. Ils retrouvaient tout simplement leur capacité de créer et d'imaginer, et ces nouvelles sensations leur apportaient une base plus sûre pour inventer la suite.

À la fin du séminaire, ces personnes ne savaient pas plus qu'au début quel serait leur champ d'action privilégié mais, pour sûr, elles savaient maintenant qu'elles pouvaient créer, et elles connaissaient un peu mieux la période où s'était produite la déconnexion d'avec leur puissance créatrice. Elles savaient aussi qu'elles avaient des rêves et que les réaliser en s'y prenant du mieux qu'elles pouvaient suffisait largement.

Quelques minutes de musique par jour...

J'avais utilisé le même subterfuge avec la dame que j'ai citée au tout début du livre, celle qui ne comprenait pas ce que signifiait « être soi-même ».

— Si vous retournez dans votre passé, lui avais-je demandé, n'y trouvez-vous pas une activité qui vous a passionnée ?

— Adolescente, j'adorais la musique classique, confessa-t-elle spontanément. Nous étions une petite bande et nous suivions un groupe de musiciens dans leurs déplacements. Puis je me suis mariée, j'ai eu des enfants et j'ai laissé la musique derrière moi. J'avoue que j'ai la nostalgie de ce temps merveilleux car, aujourd'hui, je n'écoute plus jamais rien et je ne vais plus aux concerts.

— Très bien ! avais-je répondu. Cette semaine, je vous propose de vous livrer à l'exercice suivant : vous allez écouter quelques minutes de musique classique chaque jour. Une fois les premiers émois passés, je vous invite à rêvasser, tout simplement. Laissez-vous porter par le fil mélodique et imaginez comment la vie avec les enfants pourrait être plus heureuse ainsi que celle avec votre mari. Pensez également à vous.
Laissez les choses se présenter d'elles-mêmes. Ne faites aucun effort particulier. Ne cherchez rien de spécial. Même si rien ne se présente, continuez à vous détendre et à jouir de votre écoute. Ne vous imposez pas de limites et, surtout, n'entreprenez rien de ce que vous entrevoyez. Après une semaine, songez à un geste concret que vous pourriez intégrer dans votre vie, pour le simple plaisir de la chose. Si cela demande un effort, abandonnez et contentez-vous de déguster cet état intérieur.

Il s'agissait de souligner qu'il est important, dans un premier temps, d'entrer en contact avec soi dans un esprit de détente. Sinon, il n'y a que le mental qui travaille et l'on n'arrive à rien. On peut contacter son essence individuelle et créatrice à n'importe quel moment. Il suffit de privilégier ce contact au-delà de la peur et même si cela a toujours été interdit.

Vous pouvez faire cet exercice et celui des deux dessins. Vous constaterez rapidement que la qualité de la détente et celle de l'imagination jouent un rôle central dans la reprise de contact avec soi. Je vous expliquerai pourquoi dans le prochain chapitre, où nous verrons comment nourrir la pulsion créatrice. Pour le moment, continuons notre investigation.

Une autre façon de trouver ce que l'on aime

Si vous êtes particulièrement inhibé, il existe une autre façon de vous mettre en contact avec ce que vous aimez.

Dans un atelier, une participante déclara qu'elle ne savait même plus les couleurs qu'elle aimait. Je lui demandai alors de me décrire son amoureux idéal. Elle évoqua aussitôt un homme qui aurait fait le tour du monde et qui aurait rencontré le dalaï-lama.

C'était si original et si précis qu'une idée me vint. Je lui suggérai que, cet homme idéal représentant son *animus,* il semblait que son âme avait fort envie de bouger tant géographiquement que spirituellement. Bref, que c'était elle qui devait entreprendre un tour du monde et aller à la rencontre du sage tibétain. Ma remarque la frappa avec la force de l'évidence. Tout à coup, elle retrouvait ses goûts pour la nature et les couleurs. « Je m'aperçois que je sais très bien ce que j'aime, conclut-elle. Mais je me suis toujours occupée des désirs des autres. Les miens ont été interdits jusqu'ici. Or j'ai quarante ans et trois enfants. Il est temps que je bouge ! »

Le pouvoir d'aimer

Dans un séminaire intitulé « Le pouvoir d'aimer », un autre atelier créé avec mon fidèle comparse Pierre Lessard au sein de Cœur.com, nous consacrons un après-midi à quelques exercices qui visent à aider les participants à toucher leur essence créatrice. Ce travail se fait dans la perspective d'alléger le lien de dépendance qui les attache à autrui par suite de leur ignorance de leurs ressources personnelles. Ces exercices reprennent les grandes lignes de ceux exposés plus haut mais sous un angle sensiblement différent.

Au préalable, précisons à nouveau le terme *créativité,* de façon plus spécifique cette fois. Il y a deux formes de créativité. La première est liée à une reconnaissance sociale. Pour établir un être comme « officiellement » créateur, plusieurs critères jouent. Non seulement il doit posséder un talent mais il faut que l'existence en soit confirmée par un groupe d'experts qui agissent dans le même domaine. Un peintre ou un scientifique célèbre n'a pas uniquement une aptitude particulière pour les couleurs ou la recherche. Il connaît les règles de son art et l'exerce d'une façon reconnue par ses pairs. De plus, ses découvertes participent d'une certaine façon à l'esprit du temps et il rencontre l'assentiment du public. Ce type de créateurs a inspiré à Mihaly Csikszentmihalyi le sujet de son dernier livre[1]. Cependant, il ne nous concerne que partiellement. Je mets plutôt l'accent sur la seconde forme de créativité, celle qui se centre sur l'expérience subjective de la création. Même si, souvent, elle n'est reconnue par personne sauf soi, elle permet de se mettre en liaison avec son essence créatrice individuelle, et c'est ce qui compte.

Discutons plus avant de la notion de talents. En cherchant ce qui nous passionne, il est bon de ne pas se braquer sur une activité en particulier comme ce jeune homme qui est venu me voir après une conférence pour me confier que son élan était de devenir champion de formule 1 mais que le manque d'argent l'empêchait de réaliser son rêve. Il mélangeait plusieurs niveaux de réalité. Peut-être avait-il un talent pour la conduite automobile, mais son envie relevait plus sûrement d'un besoin d'être reconnu. Ce besoin de reconnaissance était associé à des blessures du passé plutôt qu'à un élan réel.

Autrement dit, l'envie de piloter peut relever d'une aptitude qui donne le goût de vivre et c'est tant mieux. Cependant, s'il veut la réaliser dans un esprit de compétition en exigeant de soi-même d'être champion pour s'apprécier, il ne fait qu'obéir aux diktats de la personnalité. En réalité, il court de bonnes chances d'être coupé de lui-même pendant toute la durée de l'exercice.

1. Mihaly Csikszentmihalyi, *op. cit.*, p. 29.

Il n'est pas rare qu'après une longue détente un des participants à mes séminaires déclare qu'il a senti que son élan fondamental était de trouver l'âme sœur ou de posséder une belle maison. J'en conclus qu'il n'a pas bien saisi le but de l'exercice, qui est de trancher dans la dépendance pour découvrir ses propres ressources. Dans ces exemples, le bonheur demeure conditionnel car il repose sur une réalisation extérieure alors que l'on n'a pas touché à son essence individuelle.

Il n'y a pas de doute dans mon esprit qu'un grand amour ou qu'un confort physique puissent favoriser un contact avec soi. Toutefois, si l'on demeure projeté dans ces accomplissements sans retrouver le sens de ce que l'on est, le risque de s'écrouler lors de la perte d'un de ces éléments est considérable car toute l'animation vient de l'extérieur. Au demeurant, qui dit que votre âme sœur va vous emporter au paradis ? Une âme sœur est une personne qui nous fait évoluer sur le chemin de soi, mais c'est souvent en nous servant moult confrontations.

Les questions pertinentes seraient plutôt : que va-t-on faire dans la belle maison ? À quel projet créatif servira-t-elle ? Que va-t-on faire avec cette âme sœur ? Quelle perspective amoureuse pouvons-nous élaborer ensemble ?

Votre famille d'élan

Pour éviter de chercher à déterminer trop précisément un talent, situez-vous d'abord dans une *famille d'élan*. Si le terme vous laisse perplexe, pensez en termes de goûts profonds. Quelles sont les activités ou les milieux qui vous ont attiré spontanément depuis votre plus tendre enfance ? Quels sont les actes dont vous avez été témoin qui vous ont captivé ?

Par exemple, j'ai découvert très tôt dans ma vie que j'avais une facilité oratoire. J'étais fasciné par ceux qui parlaient en public et, bien qu'affligé d'une timidité sans nom, j'arrivais à la dépasser lorsqu'il s'agissait de m'exprimer devant un groupe. Précocement, je me suis intéressé au théâtre, aux cours de diction et aux saynètes que l'on invente pour faire rire les copains. Cette aptitude à l'expression s'est doublée par la suite d'une propension à enseigner qui a fini par prendre la forme de livres, de conférences et d'émissions de télévision.

Même lorsque j'écrivais de la poésie ou pour le théâtre, c'était le contenu didactique de ces arts d'expression qui m'intéressait au premier chef. L'art qui ne permettait pas d'apprendre sur soi-même ou sur la vie ne m'attirait pas. J'appartiens donc à une famille d'élans qui se situent du côté de l'enseignement par l'exercice de la parole. J'aurais pu tout aussi bien devenir acteur, instituteur ou même comptable. Moi qui n'ai aucune attirance pour les chiffres, je suis certain que j'aurais pu les enseigner aux autres.

Il y a d'autres familles que celles des enseignants. Mentionnons celle des soignants, où l'on trouve thérapeutes, infirmiers, médecins, mamans et « accompagnants » naturels en tout genre. Bref, ceux et celles qui s'intéressent à la santé, au bien-être et à l'équilibre de façon générale. Si l'on se reconnaît dans ce groupe, on peut, par exemple, avoir été danseur et tourner son talent vers la danse-thérapie parce que c'est participer à l'acte de guérison qui attire.

Il y a également la famille des constructeurs. Elle comprend les fondateurs d'associations, les piliers d'organisations, les ouvriers qui ont à cœur d'établir des structures dans lesquelles les gens peuvent vivre. Ils peuvent concevoir le design d'un modèle informatique ou d'une maison. Peu importe leur sphère d'activité, ils voudront s'assurer de mettre en place l'ossature nécessaire pour qu'elle se perpétue. La pérennité des entreprises les interpelle et, comme vous le voyez, ils sont d'une nécessité évidente. Un ami me racontait qu'ayant amené son fils voir les décorations de Noël d'un grand magasin, le petit garçon voulut savoir comment ça pouvait bien tenir au mur avant d'être captivé par la féerie des images. Interloqué, mon ami s'est dit que son fils était avant tout manuel et que la structure des choses le fascinait plus que leur esthétique. Il révélait ainsi son âme de constructeur.

Je n'oublie pas la famille des artistes, qui nous entraîne dans les chemins symboliques et nous permet d'élaborer nos ressentis de base pour qu'ils soient compréhensibles et transformables. Ils nous aident à sortir du barbarisme des impulsions car mieux vaut lancer un mot plutôt que lancer une pierre.

Comme je le disais, il est bon de retrouver sa famille de talent afin de ne pas se coincer soi-même en cherchant un type d'activité trop spécifique, un tour que l'on se joue souvent. Il ne faut pas oublier que la créativité humaine est extrêmement plastique et inventive. On peut écrire des chansons pour se guérir et guérir autrui. On peut en écrire pour enseigner quelque chose. On peut même en écrire pour appeler à la fondation d'une société nouvelle. On peut également construire des maisons respectueuses de l'environnement et qui participent à la guérison des êtres et de la planète. Je connais des financiers qui font profiter les autres de leurs aptitudes à faire fructifier l'argent en administrant des organismes d'aide aux jeunes, tout simplement parce qu'ils sont des soignants naturels.

Déterminer sa famille d'élan

Comment reconnaît-on sa famille d'élan ? L'exercice qui suit pourra vous aider.

> Dans un environnement calme, au son d'une musique qui vous inspire si vous le souhaitez, allez vers la détente en respirant doucement. Ces différents éléments stimuleront les images intérieures. De cette façon, vous allez entreprendre l'inventaire des activités qui vous ont intéressé à différents moments de votre vie. Votre intention doit être claire, c'est primordial. Vous n'allez pas à la

pêche à n'importe quoi, vous allez à la pêche de vos goûts profonds.

Les yeux fermés, visualisez maintenant ce qui vous intéressait à l'âge de huit ans. Laissez-vous interpeller par ce qui vient facilement, même si ça semble absurde au premier abord. Tirez le fil, c'est tout. Entrez dans cet exercice de mémoire affective avec le plus de précision possible. Il est de première importance d'imaginer les scènes avec beaucoup de détails. Le lieu, la texture des vêtements, des murs et des meubles, les personnes présentes, l'heure du jour, la lumière, la saison, chaque élément joue son rôle pour vous aider à évoquer les traces de l'élan de vie. Si des scènes s'enchaînent spontanément, laissez-les s'enchaîner. Si ça va trop vite, accordez votre attention à celle qui vous semble la plus parlante.

Puis, revenez à votre respiration et passez doucement à l'âge de la puberté, à l'adolescence. Ces périodes de la vie sont d'autant plus intéressantes qu'elles sont souvent des périodes remplies d'idéalisme, où la peur semble moins inhibante.

Une fois ces étapes parcourues, revenez à votre respiration de nouveau. Cette fois, imaginez comment s'est faite votre entrée dans le monde adulte. Qu'est-ce qui vous captivait à ce moment-là ? Et ainsi de suite, jusqu'à votre âge actuel, en n'oubliant pas de respirer calmement chaque fois que vous changez de période.

En laissant venir tout ce qui se présente avec une attention bienveillante et une intention claire, vous remarquerez peu à peu qu'un certain type de situation se répète. Voilà une tendance, et elle vous indiquera la direction que prennent vos envies profondes.

Il est intéressant de se situer dans une famille de goûts avant de se situer dans une activité spécifique. Cela vous permettra de ne pas rompre brutalement avec votre présent si vous jugez, par exemple, que vous n'exercez pas vos activités dans le bon domaine. Avant de changer sous le coup d'une révélation, songez plutôt à orienter ce que vous faites d'une façon qui vous rapprocherait de votre élan réel.

Ainsi vous vous rendrez compte que mettre son élan en pratique ne relève pas d'un luxe que seuls s'accordent quelques privilégiés. Il s'agit beaucoup plus d'une attitude intérieure qui peut s'appliquer dans différentes sphères. Tout dépend de la façon dont on les approche.

Habileté acquise contre aptitude naturelle

Venons-en maintenant aux aptitudes plus fines, aux talents et aux dons. Pour les approcher, nous utiliserons un autre type d'exercice.

1. Prenez un papier et un crayon et faites la liste pêle-mêle de tout ce que vous savez faire et de tout ce que vous aimeriez faire, qu'il s'agisse d'aptitudes développées ou d'autres restées au repos. Par exemple la dame des petits cours de peinture aurait pu inscrire « peindre » dans sa liste même si elle n'avait jamais touché un pinceau. Prenez le temps nécessaire pour faire votre inventaire.
2. Identifiez dans la liste que vous venez de faire : a) les activités qui correspondent à des habiletés acquises ; b) celles qui correspondent à des talents naturels ; c) celles qui correspondent à des fonctions nutritives. Vous pouvez dresser trois listes différentes pour que ce soit plus clair.
Les habiletés acquises sont celles que nous avons développées en fonction des nécessités de la vie même si elles ne nous intéressaient pas particulièrement. Par exemple : « Je ne m'en tire pas trop mal avec la gestion de projet mais ça ne me fait pas vibrer. »
Les talents naturels correspondent, eux, à des penchants naturels même s'ils ont entraîné une acquisition de connaissances. « Lorsque je prends quelques minutes pour faire

de la musique, ça m'« énergise » et j'en ressors rempli d'inspiration. Ça change ma journée et ça me donne le goût de vivre. » Le don suit le même ordre d'idées que le talent. Il décrit une aptitude exceptionnelle.
Finalement, il y a des activités telles que faire l'amour, se balader en montagne ou méditer qui relèvent plutôt d'une façon de se nourrir au sens large.

Une fois ces listes faites, vous serez à même de constater si vous exprimez vos talents et votre essence créatrice ou si, au contraire, vous avez été amené à les négliger au profit d'habiletés qui ne vous tiennent pas vraiment à cœur, quelles qu'en soient les raisons. Ne vous sentez surtout pas coupable, voyez plutôt ce que vous pouvez changer pour modifier votre situation un tant soit peu.

Si tout était possible

Voici un autre exercice qui s'apparente à celui que Yolande et moi avons fait faire aux participants de notre atelier télévisé. Pour le réaliser, il est préférable que vous soyez étendu sur le sol et qu'une musique de votre choix vous accompagne, mais vous pouvez aussi être assis.

À nouveau, prenez contact avec votre respiration et attendez que le calme s'installe en vous. Imaginez que vous êtes un oiseau et que vous vous envolez librement dans les airs, jouissant de ce magnifique espace d'expression. Volez, volez autant que vous le souhaitez, vous enivrant de ce mouvement d'ouverture. À partir du haut du ciel, contemplez votre vie et permettez-vous d'imaginer qu'il n'y a pas de limites et que vous avez vraiment le loisir d'être ce que vous voulez être, pour la simple joie, dans n'importe quelle sphère de votre vie. Imaginez-vous au meilleur de vous-même et goûtez ce bonheur intérieur. Dégustez-le amplement le temps que vous désirez.

Puis, toujours du haut du ciel, laissez venir à vous les obstacles qui sont venus entraver votre mouvement créateur. Laissez-les se présenter à vous sans jugement sur vous-même ni sur les gens qui ont produit ces écueils. Aujourd'hui, vous avez le pouvoir de modifier une partie du présent que ces obstacles ont conditionné. Laissez-vous imaginer comment cela peut être fait en vous adressant au meilleur de vous-même, que vous l'appeliez votre soi profond, votre conscience, votre âme, votre ange gardien ou votre guide intérieur. Laissez-vous suggérer une action ou une activité dont la pratique équivaudrait à un geste de respect et d'amour envers votre essence créatrice.

En terminant l'exercice, laissez l'oiseau se poser. Mettez les mains sur votre bas-ventre, où siège votre pouvoir créateur. Engagez-vous envers le meilleur de vous-même à manifester ce que vous avez entrevu concrètement. N'allez pas vers le grandiose. Privilégiez un point à votre portée. Ne vous relevez surtout pas sans avoir connu un moment d'accueil total de vous-même et ne vous mettez aucune pression quant à la réalisation concrète des résultats de cet exercice. N'entrez surtout pas dans le jeu de la culpabilité si vous n'êtes pas en mesure de suivre vos intuitions sur l'instant. Un jour viendra où vous serez prêt. Aussi sûrement qu'une aube suit la nuit.

S'autoriser, se donner la permission

Vous avez sans doute noté qu'il y a un engagement envers la partie créatrice de soi dans l'exercice qui précède. Il a pour effet de faire baisser la tension intérieure. Tout comme si vous accordiez soudain votre attention à un enfant qui la réclame depuis des heures.

Cependant, il y a autre chose. Le contact avec votre puissance créatrice et son expression sont fonction de la permission que vous vous accorderez de devenir vous-même. Il ne se passera rien sans que vous ne le permettiez. Telle est l'étendue de votre liberté. Vous êtes en mesure de vous autodétruire sans qu'un événement spectaculaire intervienne pour vous en empêcher, si ce n'est des malaises, des maladies et des conflits que vous produirez vous-même.

Si vous vous sentez impuissant à aménager un changement quelconque après avoir lu ce chapitre, ne vous faites aucun reproche. Passez un moment au calme et, du fond de votre cœur, entrez en contact avec la partie créatrice de vous-même. Accueillez-la avec amour. Dégustez sa présence et autorisez-la simplement à prendre place dans votre vie lorsqu'un changement sera possible. Ouvrez la porte intérieure de ce respect de soi. Il ne pourra en résulter que du bien, je vous l'assure.

Il est possible de résumer en une seule question tout le chemin que nous venons de parcourir : qu'est-ce que je reconnais en moi-même, par moi-même, qui me donne le goût de vivre ?

Tout est dans la réponse. Plus vous arriverez à favoriser ce que vous ressentez comme étant juste pour vous, plus votre vie s'intensifiera et plus vous serez serein. Même les dépendances qui vous affectent perdront de l'intérêt à vos yeux et, finalement, vous changerez sans que cela fasse mal.

En bref

Après les longues explications psychologiques qui ont précédé, j'ai voulu ce contact d'ordre essentiellement pratique avec l'essence individuelle. D'entrée de jeu, à travers plusieurs exemples, j'ai expliqué que sortir de l'attente de résultat était une condition essentielle à la découverte de cette essence individuelle et créatrice, fille de la pulsion de vie universelle. Ensuite, j'ai précisé que ne pas savoir ce que l'on doit faire relevait souvent de la perte de contact avec la sensation de pouvoir créer.

Puis, ces éléments étant posés, je vous ai proposé des exercices pratiques destinés à vous aider à déterminer par vous-même votre famille d'élan, celle qui est reliée à vos goûts naturels. Ensuite, j'ai distingué ce qui est de l'ordre des talents naturels et ce qui est du domaine d'habiletés développées pour survivre ou pour plaire aux autres et nous garder dans leur estime. Je vous ai finalement amené vers un exercice qui permettait un engagement envers un geste concret.

Tout cela n'est pas si simple, et soulève beaucoup de questions. J'imagine que nombre de « oui... mais » vous sont venus à l'esprit en cours de lecture. Nous les aborderons plus loin. Pour le moment, nous allons continuer le chemin du côté de ce qui nourrit la pulsion créatrice car, contrairement aux idées reçues, c'est souvent en s'occupant de tout autre chose que de nos problèmes que les solutions surgissent.

13

NOURRIR LE MEILLEUR DE SOI

Les mécanismes de guérison

Une fois le contact pris, il s'agit de nourrir le meilleur de soi. Au rang des meilleures façons de cultiver l'élan créateur en soi, figure ce qui apporte de l'ampleur, de l'expansion et de l'ouverture. Tout ce qui va élargir le canal et permettre une meilleure circulation de l'énergie, des pensées et des émotions produira par la suite une intensification de la vitalité, une sensation de bien-être et une plus grande capacité de créer. Il semble bien que même notre santé peut en bénéficier.

En effet, certains professionnels de la santé ont commencé à appliquer ces théories dans le traitement des maladies graves. Le psychiatre Jean-Charles Crombez est l'un d'eux. Il a créé la méthode Écho, qui permet de favoriser les mécanismes de guérison des personnes qui se retrouvent en état de choc à la suite de l'annonce d'un cancer ou d'une maladie chronique comme la sclérose en plaques. Ce que nous appelons la santé, nous apprend-il, est une question d'équilibre :

En fait, lorsque nous allons bien, nous allons plus mal que nous le pensons car les facteurs qui entraînent la maladie sont sans cesse en action. De même, lorsque nous sommes malades, nous ne sommes pas aussi malades que nous le croyons car la partie « en santé » et son arsenal de mécanismes de guérison continue d'agir[1].

La médecine s'adresse directement à la partie malade et tente de subjuguer la maladie lorsqu'elle survient. Néanmoins, Crombez nous dit que nous pouvons de façon complémentaire soutenir la partie « en santé » car elle continue d'exister, elle aussi. Pour cela, explique-t-il, il s'agit de prendre contact avec notre rythme naturel et de laisser la nature faire, car les mécanismes de guérison sont si complexes et si globaux que la science n'arrive pas à les analyser complètement. Nous savons seulement qu'ils agissent.

Il utilise l'exemple de la personne qui court après un autobus et qui, tout à coup, décide de ralentir pour suivre son rythme plutôt que de s'essouffler. De manière mystérieuse, commente-t-il, ce changement d'attitude va influer sur les mécanismes de guérison et les stimuler. Autrement dit, chaque fois que nous allons du côté d'un plaisir nourrissant, nous pouvons être certain que nous sommes en train de faire quelque chose de bon pour nous. Il va même jusqu'à dire que, si la maladie entraîne des fatigues qui obligent une personne à se reposer souvent, ces périodes d'immobilité agiront différemment selon qu'elle se sent coupable ou qu'elle les déguste comme des moments où elle fait quelque chose pour se respecter.

Comme moi, le Dr Crombez utilise l'image du bac à sable. Il nous explique qu'il s'y passe quelque chose de très important car l'enfant y exprime à son insu tout ce qui le traverse. Sous le mode du jeu, un jeu « très sérieux »

1. Productions Point de Mire, *Guy Corneau en atelier* ; épisode « La guérison ». Spécialiste invité : Jean-Charles Crombez, psychiatre. Document inédit. Diffusé sur les ondes de Canal Vie au printemps 2007.

reprend le psychiatre, celui-ci manifeste sans s'en rendre compte ses peines, ses joies, ses frustrations et ses désirs. Ce qui contribue de façon indéniable au maintien de sa santé.

Ainsi, Jean-Charles Crombez nous fait comprendre que, si la maladie nous impose des limites, nous avons cependant la possibilité de changer notre attitude psychologique. C'est même la seule chose que nous pouvons apprendre à maîtriser. Nous devons pour cela créer notre bac à sable intérieur pour ainsi dire, jouer avec nos sensations et nos sentiments comme avec autant de jouets internes.

Imaginons qu'un problème quelconque provoque en vous de grandes contractions et même de la détresse. En créant votre bac à sable intérieur, vous localisez où se trouve le foyer de la douleur puis, la ressentant, vous laissez votre psyché vous proposer une représentation pour décrire votre état. Vous vient alors l'image d'une huître fermée, par exemple. Dès lors, vous avez un objet intérieur avec lequel jouer. Vous pouvez ouvrir le dialogue avec cette huître. Ou l'ouvrir, elle. Ou la jeter contre un mur. De toute façon, vous vous rendrez compte que vos actions intérieures ont des effets physiologiques. Si vous permettez une action transformatrice, si vous ouvrez l'huître et y découvrez une perle, vous sentirez sans doute votre respiration s'alléger. Vous n'avez pas agi directement sur la maladie mais sur le terrain où elle prospère. Les processus de guérison s'en trouvent stimulés.

C'est après avoir animé un atelier avec le Dr Crombez que je me suis dit : « Pourquoi attendre d'être malade pour stimuler la partie vivante de soi ? »

Je vais donc m'attacher à décrire quelques actions qui peuvent prendre place à l'intérieur de soi. Leur but est de nourrir vos processus de guérison afin que le meilleur de vous-même puisse vous nourrir en retour. Ces gestes sont efficaces pour autant que vous les ressentiez à mesure que vous les faites, sans tenter de contrôler leur efficacité.

Il s'agit donc avant tout de s'abandonner. Vous verrez, ce n'est pas difficile et c'est très agréable.

Le jardin intérieur

Je me souviens d'un grand livre illustré acquis au tout début de ma quête personnelle. Il me fascinait. D'inspiration soufie, une tradition dont je connaissais peu de chose, il s'intitulait : *En toi est le jardin des fleurs, dit Kabîr*. En toi est le jardin des fleurs... Longtemps cela m'a paru une simple référence poétique. Aujourd'hui, ce titre me semble la clé de l'intimité avec le meilleur de soi[1].

Prenez quelques secondes pour imaginer un jardin intérieur. Il affiche des zones d'ombre et de lumière. On peut s'y livrer aux rayons du soleil. On peut s'y reposer et faire la sieste. On peut y écouter le vent dans les arbres et le chant des oiseaux. Il y a peut-être même une fontaine qui émet un léger gazouillement. On peut y contempler quelques sculptures, humer des fleurs et se laisser enchanter par les parfums de la nature. On peut y déambuler et y méditer. On peut y boire et y manger. Bref, c'est un endroit où prendre une bouffée d'air frais dans tous les sens du mot. Fermez les yeux, laissez vos préoccupations à la porte, et abandonnez-vous, condition essentielle au ressourcement. Notre réceptivité passive s'ouvre alors et il devient possible de se nourrir de sensations subtiles.

À l'évidence, vous avez aussi la possibilité d'entrer dans ce jardin la tête remplie de soucis. Ce n'est pas grave, le jardin ne vous en voudra pas. Mais il ne pourra rien pour vous. Vous resterez enfermé dans la partie mourante de vous-même, dans cet univers concentré qui devient concentrationnaire avec le temps parce qu'on y tourne en rond

1. *En toi est le jardin des fleurs, dit Kabîr*, Tours, Atelier de la Martinerie, 1981.

comme les prisonniers dans la cour. Cela va tout à fait à l'encontre de notre entreprise.

Comme je l'ai déjà dit, rencontrer le meilleur de soi signifie prendre contact avec la partie vivante de soi. C'est honorer la partie lumineuse, large, abondante. C'est la nourrir, la stimuler, la cultiver. Cela veut également dire que l'on favorise l'intensité de la vie en invitant de nouvelles sensations, de nouvelles idées, de nouveaux rêves.

Le meilleur de soi est déjà présent. Il n'a pas à être créé ou inventé. Il ne s'agit pas d'une tâche de plus à accomplir. Il s'agit de permettre un ressenti, de lui ouvrir la porte comme on ouvre celle d'un jardin. Alors nos capacités subtiles favorisent la rencontre de l'océan en soi, le ciel étoilé en soi, chaque partie de l'univers en soi.

Nous ne sommes pas en train de consigner un nouveau rendez-vous sur notre agenda ; une simple respiration suffit pour entrer en contact avec ce que nous cherchons. Force est de constater, pourtant, que nous ne trouvons pas de temps pour cette respiration. Un ami me racontait qu'au début de sa carrière, lorsqu'il s'essoufflait à courir d'un rendez-vous à l'autre, il éprouvait une sorte de vertige. Ça le prenait n'importe où, de manière inattendue, et il faisait tout son possible pour refouler ce vague à l'âme ou plutôt cette vague d'âme. Il ne prenait pas le temps de s'arrêter parce qu'il avait peur de ce mouvement de fond. Il craignait de se mettre à son écoute. Il redoutait surtout de devoir en faire quelque chose.

Comme mon ami, nous passons nombre d'heures à satisfaire les demandes des autres mais fort peu à fréquenter notre jardin intérieur. C'est ainsi que le contact avec le meilleur de soi se perd. Si nous ne prenons pas de temps pour vibrer dans la douce sensation de nous-même, pour toucher de l'intérieur ce que nous aimons, ce qui fait sens pour nous, que peut-il advenir de nous ? Nous sommes bientôt précipité dans la dépression, la lourdeur et la perte de sens. Lorsque nous n'autorisons pas la sensation de l'unité en nous, notre univers de dépendance et d'autodestruction se perpétue. Le sentiment de division se trouve renforcé et nous cherchons à nous unir aux autres au prix de mille courbettes. La fréquentation du jardin intérieur résout ce dilemme.

Se détendre…

Causons jardin… Savez-vous que les ventes du secteur du jardinage ont augmenté de 20 % en France en 2006 ? Et que ce secteur est en croissance à peu près partout, y compris au Québec ? Jardiner, c'est avoir l'impression de participer intimement à la métamorphose de la nature ; on se sent ainsi relié au mouvement même de la vie. En ce sens, comment s'étonner que les femmes représentent 60 % de la clientèle de ce marché ? Ne sont-elles pas naturellement proches de ce monde de création organique ?

En fait, il est prouvé que jardiner déclenche une production d'hormones dans le cerveau qui favorisent la détente et la sensation d'équilibre. Il en va de même pour le jardinage intérieur. La méditation, entre autres, permet le contact avec les ondes alpha, qui nous apaisent. Une expérience très rigoureuse a même démontré que la violence criminelle avait diminué de 24 % à Washington, DC, pendant les mois de juin et juillet 1993, époque à laquelle s'y trouvaient quatre mille méditants[1].

La première fleur du jardin du dedans est la détente. Elle contribue à rétablir l'ampleur naturelle de l'être. Nous la

1. Cette expérience a été conduite sous la direction du physicien John Hagelin à Washington, DC, pendant les mois de juin et juillet 1993. Quatre mille méditants ont été amenés sur les lieux pour cette expérience lourdement supervisée par un comité indépendant. La réduction du crime selon le FBI a été de 24 %. On trouve un résumé de l'étude sur le site de Institute of Science, Technology and Public Policy : www.istpp.org/crime_prevention. John Hagelin la relate dans le film *What the bleep do we know* ! ?

négligeons alors qu'elle a un effet direct sur nos peurs, dont la conséquence première est la contraction. La relaxation ne sert-elle pas à se décontracter ? Ainsi, pour sortir de nos aspects défensifs et de nos crispations, tout ce qui est de l'ordre de la décontraction est bienvenu. D'ailleurs, n'est-ce pas là la fonction que nous attribuons au verre de vin pris en rentrant du travail ?

Qu'il soit petit ou grand, le jardin a le mérite de nous offrir une sensation d'espace – c'est là sa deuxième fleur. Lorsque tout nous contraint, nous avons besoin d'une sensation d'ouverture. Nous avons besoin de donner du jeu à ce qui, dans l'être, s'est rigidifié.

Plusieurs techniques thérapeutiques y répondent – dont la méthode Écho évoquée plus haut. En réalité, la plupart d'entre elles visent à réintroduire de la liberté là où il n'y en a plus. Lorsque vous exposez vos problèmes à quelqu'un, vous en devenez observateur avec lui. Ainsi, la force des dynamiques inconscientes qui ont le pouvoir de vous contraindre devient relative. Vous créez de l'espace intérieur. Vous déliez les attachements inconscients et de nouveaux choix se présentent. De la sorte, vous favorisez l'apprentissage de nouvelles positions intérieures qui donnent plus de place et de stabilité au moi conscient.

Des techniques non thérapeutiques peuvent jouer le même rôle. Que vous alliez au jardin pour pratiquer le taichi, le yoga ou l'antigymnastique, à la longue, votre capacité de détente va s'améliorer et la sensation d'espace intérieur va croître. Cela va influer positivement sur vos crispations psychologiques et vos mécanismes de guérison.

Respirer

Dans les faits, les peurs qui jouent le jeu de la personnalité protectrice affectent directement notre capacité de respirer. Au lieu d'avoir une respiration ample, qui oxygène l'être et le régénère, nous finissons par étriquer nos mouvements, par entraver la fonction et ainsi réduire la régénération. Voilà pourquoi la plupart des techniques de détente reposent sur la respiration, outil le plus facilement accessible et le plus simple pour reprendre contact avec nous-même. Il existe même des sages qui, dit-on, développent l'aptitude à se nourrir exclusivement d'air. La respiration est en somme notre principal instrument d'expansion.

La fonction respiratoire a une longue histoire, aussi longue que celle de la vie animale sur terre. De l'organisme monocellulaire au poisson, la respiration témoigne de la poussée d'évolution qui va jusqu'à la formation de la colonne vertébrale humaine, nous la ressentons encore chaque fois que nous respirons. Savez-vous que les os du crâne et ceux du sacrum étaient en des temps lointains liés entre eux ? C'est le fait de respirer qui a permis aux premiers de se dissocier des seconds, et donc notre avancée dans l'espèce. Ainsi, à chaque respiration, nous récapitulons notre histoire et poussons encore plus loin l'aventure.

Quand le souffle s'étire et s'élance vers l'inconnu, c'est le moment de l'inspiration. J'inspire, j'accueille l'air dans mes alvéoles pulmonaires et l'univers s'imprime en moi. Je m'informe, je m'instruis, je m'inspire, je m'oriente et j'entre en expansion.

Quand le souffle revient à sa source, c'est l'expiration. J'expire, j'expulse l'air hors de mes poumons. Je m'incarne, je m'exprime, je me mélange, je participe.

C'est le miracle du souffle. Où prend-il sa source ? Nul ne le sait. Il est. Il constitue notre mouvement fondamental, un mouvement qui est au cœur de tout ce qui existe. Nous jaillissons ainsi à partir du centre et nous nous déployons, nous nous organisons, nous nous propulsons à partir de ce souffle qui nous habite. Et bientôt, le cœur bat, le sang circule, la vie s'épanouit.

Voici un exemple de la force de la respiration lorsqu'on la pratique avec conscience. Un jour que je me trouve dans une boutique d'alimentation naturelle, un homme m'interpelle. Je le reconnais : il a fréquenté les séminaires de Cœur.com pendant quelques années. Il me dit qu'il a cessé de venir nous voir parce qu'il va bien, tout simplement. Cela est arrivé tout d'un coup, m'explique-t-il. Il venait de participer à un atelier intitulé « L'intimité avec soi-même ». J'y parlais d'amour de soi, ce qui ne voulait absolument rien dire pour lui. Mais quelques semaines plus tard, souffrant d'insomnie, il s'était réveillé tôt.

> Au lieu de pester en me retournant sans cesse, me dit-il, je me suis vidé la tête, je me suis détendu et je me suis mis à respirer en profondeur, juste à sentir l'air qui entre et l'air qui sort. C'est là que ça s'est passé. En une fraction de seconde, je me suis mis à ressentir tout mon être. Je me suis mis à être bien. Je suis devenu le témoin de ma propre respiration. D'un seul coup, j'ai compris le sens de l'intimité avec soi-même et je me suis mis à m'aimer et à aimer la vie.

Je vois bien qu'il est presque gêné de la simplicité de sa découverte, et qu'il attend mes commentaires. Je lui réponds que, selon moi, toute la vie est guidée de l'intérieur par notre ressenti. Avant le réveil de ce ressenti, il y a bien des idées sur soi mais pas d'intégration réelle. Manifestement, le souffle lui a permis cette intimité avec lui-même qu'il recherchait. La respiration favorise cette présence à soi et à la vie.

L'air qui entre et qui sort

Goûtons à notre tour à l'expérience vécue par cet homme.

Préférablement à partir d'une position confortable, assise, couchée sur le dos ou sur le côté, prenez contact avec votre respiration. N'essayez pas de respirer grandement ou petitement, ne cherchez pas la meilleure façon de souffler. L'important est plutôt d'aller à votre rythme. Sentez l'air qui entre et qui sort tout doucement. Prenez conscience que c'est la vie qui est là, votre vie.

Jouissez de cette intimité toute personnelle. Accordez-vous ce moment de confort sans sollicitation extérieure. Si des émotions viennent, laissez-les venir sans juger et sans tenter de comprendre. Laissez-les passer comme elles sont venues. Restez aussi longtemps que vous le désirez dans ce moment de détente sensorielle tout en suivant l'inspiration et l'expiration. Votre seul but est de rétablir la connexion avec vous-même. À l'inspiration, imaginez que vous voguez librement dans l'univers qui s'imprime en vous. À l'expiration, vous vous détendez et vous mélangez votre essence à cet univers infini. Vous devenez « un » avec lui.

Une fois le courant bien établi, prenez votre temps et tentez de reprendre le fil de votre journée sans perdre le contact avec votre respiration, qui fait le lien avec votre corps, avec votre essence créatrice et avec la vie en vous. Si vous le perdez, vous pouvez y revenir plusieurs fois par heure ou même par minute en reprenant conscience de votre souffle.

Il s'agit ici d'atteindre une respiration consciente, dont plusieurs maîtres ont affirmé qu'elle est la seule chose nécessaire à notre libération – puisque le seul vrai problème est que nous sommes distrait de la présence de la vie en nous. Lorsque l'on respire consciemment, on a l'impression de communier avec la vie, et de s'unir à son immensité. Comme si l'univers était en soi et qu'on y participait intimement. Et la technique a ce grand avantage : comme la respiration nous accompagne partout, elle peut se mettre en pratique n'importe quand.

À partir de là, tout circule mieux en soi, dans le corps et dans l'esprit, car le physique n'a pas d'existence séparée du psychique. C'est pourquoi la pratique du sport facilite la respiration à tous les niveaux, et permet d'atteindre des états de bien-être et de détente naturelle. Une balade dans la nature favorise également la reprise du mouvement naturel et l'expansion. Tout simplement parce que toute la nature respire. Elle est un immense poumon rempli d'air pur qui nous aide à oublier nos difficultés. De plus, la nature est parfaitement authentique. Elle ne nous demande pas de maintenir une image. Les arbres ne se maquillent pas, en prévision de notre visite. Il n'est nul besoin de les prévenir avant de passer les voir. Ils sont toujours accueillants.

Vivre avec un animal favorise pour la même raison notre détente, car les animaux vivent au naturel. De plus, si vous avez un chien, l'obligation de le promener vous forcera à prendre l'air, par beau temps, comme par mauvais temps. Jacques Languirand, une personnalité connue des ondes radiophoniques québécoises, s'amuse ainsi à dire qu'il est en train « d'user son troisième chien ».

Contempler

Avez-vous en tête cette image des vieux d'antan assis sur un banc devant la porte de leur maison ? Sans télévision, sans distraction, que faisaient-ils donc ? Ils goûtaient l'air du soir, ils humaient l'humidité du temps, ils contemplaient leurs récoltes, ils regardaient les étoiles. Ils se reposaient. Ils savouraient le calme. Eh bien, dans toute démarche intérieure, il est nécessaire de retrouver ce calme, celui qui permet de sentir et de ressentir la vie, le monde et soi-même. Ce n'est pas religieux, c'est naturel. C'est du sacré au naturel, sans les dogmes et toutes les complications qui s'ensuivent.

Notre monde a tellement accéléré que ces moments de tranquillité sont devenus rares. Il nous revient de les créer volontairement. Chacun peut aménager au cœur de la journée ses temps de paix. Il peut s'agir de méditation, de contemplation, d'une promenade dans un sentier, de s'étendre quelques minutes pour se reposer, peu importe. Ces périodes deviendront la fondation du meilleur de soi.

Si vous hésitez à vous lancer dans une pratique rigoureuse, je vous invite à faire régulièrement ceci : rester assis en silence, à goûter votre propre présence au monde. Détendez-vous le plus possible car tout est fonction de votre décontraction. Goûtez cette présence consciente à soi et au moment présent.

Le temps passé à vous détendre n'est pas du temps perdu, c'est du temps gagné. Le temps passé à contempler la beauté de la nature, des rivières, et des nuages est du temps où vous existez réellement. Le temps passé à respirer de façon consciente, goûtant l'air qui entre et qui sort, prolonge vos jours et augmente votre intensité de vie. Il s'agit d'un feu doux qui ne brûle pas, qui nourrit le cœur et qui le guérit. Autrement dit, le temps passé au jardin vous sera rendu au centuple !

Goûter le soleil couchant

Nous sommes habitué aux émotions et aux sensations lourdes. Nous les ressentons dans notre corps et dans notre cœur, et nous avons l'impression d'être vivant parce qu'elles sont là. Nourrir le meilleur de soi consiste à cultiver d'autres habitudes. À sa table, nous goûtons à des sensations plus subtiles. C'est comme essayer de savourer l'air, ou un breuvage composé de substances savamment dosées et mêlées. Ou d'apprécier la texture et la couleur d'un nuage au soleil couchant. Cela alimente notre être profond, et cet exercice se nomme la contemplation. Contempler consiste à mener l'esprit jusqu'à l'union. Cela se pratique en communiant avec des formes extérieures à soi. Une tranquillité s'en dégage peu à peu.

Lorsque l'on est au jardin, on a l'envie toute naturelle de s'approcher des formes vivantes et de s'unir à elles. Ainsi, on peut contempler un arbre ou une fleur, voire le jardin en entier. Voici un exercice pour aller plus loin.

> Placez-vous à quelques mètres d'un arbre qui vous attire. Peu à peu, en utilisant la force de votre imagination, rapprochez-vous de lui mentalement. À mesure que vous l'abordez, ressentez ses vibrations et laissez-le sentir les vôtres. Il s'agit d'abord et avant tout d'un jeu de perceptions subtiles mais il a plus de réalité qu'il n'y paraît au premier abord car les arbres sont vivants. Même si vous ne ressentez absolument rien, continuez.
> Arrivé très près, fermez les yeux et imaginez que vous êtes l'arbre, que vous êtes lui et qu'il est vous. Finalement, imaginez-vous en union totale avec lui Demeurez dans cette sensation quelques secondes ou quelques minutes. Ensuite, ouvrez les yeux et laissez vos vibrations se séparer à nouveau.
> Vous savez maintenant que vous êtes uni à cet arbre et que, si vous communiez souvent de la sorte avec les éléments ou les êtres qui vous entourent, vous vous sentirez de plus en plus en unité avec l'univers entier. Ainsi le fantasme d'être irrémédiablement séparé des autres se renversera et la réalité de votre propre existence deviendra évidente.

L'exercice que je viens de vous proposer représente un sérieux défi pour un esprit rationaliste, j'en suis conscient. Pourtant, ne reflète-t-il pas ce que la science elle-même est en train de nous enseigner ? Nous sommes uni à tout ce qui existe par la voie des ondes ; par des pratiques comme la respiration consciente et la contemplation, nous pouvons ouvrir volontairement notre bande réceptive. Quoi qu'il en soit, ça ne fait pas de mal d'essayer. N'oubliez pas que nous sommes en train d'explorer les chemins de la libération, et que la culture de nos capacités subtiles en est un. Et puis, le jardin n'est-il pas l'endroit rêvé pour se livrer à de telles expériences ?

Si une résistance demeure en vous, remplacez le mot « contempler » par le mot « écouter ». Se rendre disponible, s'abandonner, lâcher prise, permettre à une expérience de nous toucher réellement, accepter de ressentir en profondeur, tout cela se résume en un mot : écouter. Écouter le vide, écouter le silence, écouter la difficulté qu'il y a en soi, écouter l'écueil, écouter la joie. Tout écouter parce que celui qui écoute est libre. Est-ce cela que nos grands-pères et nos grands-mères avaient découvert en restant assis sur leur banc ?

La supersensualité

Le jardin intérieur est aussi un endroit privilégié pour les réflexions et discussions philosophiques… Voici pour elles un thème possible, qui me tient à cœur.

À mesure que je vous guide, vous remarquez sans doute combien j'insiste sur le fait de sentir et de ressentir quitte à suggérer des pratiques qui appartiennent plus au domaine de la spiritualité qu'à celui de la psychologie. Au fait, avez-vous déjà pensé à la spiritualité comme étant une *supersensualité* plutôt qu'une coupure des sensations au profit d'un monde désincarné, dit spirituel ?

Probablement non puisqu'une telle idée est hérétique dans presque tous les contextes religieux. C'est ainsi que les religions organisées nous ont menés à ce que je considère comme un cul-de-sac. La désincarnation programmée explique en grande partie ma résistance au terme « spiritualité ».

Au lieu d'encourager les êtres à goûter l'air, l'eau, la nourriture et même la sexualité avec intensité, au lieu d'inviter les êtres à être encore plus présents à la réalité de leurs sens, les spiritualités officielles ont proposé une coupure d'avec le corps et la pulsion sexuelle. Toutefois, en nous obligeant à négliger nos outils de perception et d'expression, elles nous ont sans le savoir coupé de la pulsion créatrice universelle. Or, coupée des sens, la vie sur terre perd sa raison d'être.

En nous proposant de chercher la spiritualité au mépris de la chair, les religions ont créé une opposition blessante entre l'esprit et la matière. Du coup, notre aventure terrestre, au lieu d'être essentiellement belle et créatrice, s'est avilie. Sur-le-champ, l'être humain est devenu un pauvre pécheur attaché à son corps et à ses sensations. Voilà pourquoi il devait gagner son ciel en se mortifiant, en se tenant loin du démon souvent représenté par la femme, qu'il fallait asservir et couvrir parce que les mâles n'arrivaient pas à se contrôler. Au lieu d'inviter l'être à raffiner ses sensations au point de goûter la subtilité du monde céleste et même des anges, les religions lui ont demandé de s'amputer d'une grande partie de lui-même et de croire que cette amputation lui mériterait le paradis. Penser que ces aberrations ont encore cours...

Soyons clair : le chemin passe par le corps. Ou plutôt, il l'inclut. Sinon, des divisions néfastes entraînent l'être dans un conflit intérieur sans fin qui engendre diverses formes d'autopunition destinées à dominer une chair rebelle – dont la rébellion manifeste simplement que le corps ne peut être exclu puisque nous sommes incarné. Notons, à ce sujet, que les plaisirs compensatoires sont tous associés au monde des sensations intenses. Le saut spirituel réclame une telle abnégation que la personnalité prend peur et entraîne la personne dans des défoulements sensuels qui finissent par l'enchaîner.

Pour ma part, je me suis rendu compte que, lorsque je chante à tue-tête, quand je chante corps et âme pour ainsi dire, j'y trouve tant de plaisir et d'exaltation que je n'ai plus besoin de mes défouloirs habituels pour me récompenser. La joie que je trouve à m'exprimer tout seul dans mon salon me nourrit d'un aliment subtil et puissant. Ce qui vaut aussi lorsque je me livre à la contemplation en raffinant ma sensualité plutôt qu'en la niant.

Les bienfaits de l'expansion

Les bienfaits de la détente, de la respiration et de la contemplation, tout comme ceux de la méditation, que nous évoquerons au chapitre suivant, ne se font pas sentir sur le coup. La nourriture doit être digérée avant d'apporter sa force. Les effets positifs de l'exercice physique ne sont ressentis qu'une fois arrivé au vestiaire ou rentré chez soi. Parfois même, nous n'en bénéficions qu'après l'avoir pratiqué pendant quelques semaines.

Il en est de même des techniques d'expansion. Leurs effets se font sentir après coup, sous la forme d'inspirations, de pensées et d'intuitions qui nous viennent au cours de la journée ou au moment opportun. Pour ma part, je note que j'éprouve à la longue plus de confiance en moi. Je me sens plus libre, moins contraint par les événements qui me percutent. Comme je nourris l'essentiel et que je suis nourri par lui en retour, je me sens moins avide du regard approbateur d'autrui. Je suis également mieux disposé pour regarder la vie du bon côté en me « donnant une chance » comme on dit, et en considérant les autres plus amoureusement dans leur effort pour arriver à eux-mêmes. De plus, point fondamental, lorsqu'une personne va ainsi se ressourcer, elle se respecte, elle se reconnaît. Il s'agit d'une forme d'amour de soi. De la sorte, elle se retrouve plus autonome, elle compte moins sur les autres pour être rassurée sur sa valeur parce qu'elle s'est fait elle-même le cadeau de la reconnaissance.

Les visites de l'espace intérieur ne règlent pas tout comme par magie. Les difficultés, les impatiences, les écueils sont toujours là, mais ils ont perdu le pouvoir de nous mettre à genoux. Avec le temps, ils deviennent les nombreux rappels qui nous gardent éveillé et qui nous invitent à choisir la part lumineuse et vivante plutôt que la part sombre. Au bout du compte, on réalise de plus en plus clairement que la qualité d'une vie n'a rien à voir avec ce que l'on fait, elle a plutôt à voir avec comment les choses sont vécues. Tout se résume à une disposition d'esprit. C'est terrible de savoir cela. Mais c'est ce qui libère, en même temps. Et c'est très égalitaire, parce qu'une disposition d'esprit, ça ne coûte rien.

Bref, vous n'auriez rien fait d'autre dans votre vie que d'aller au jardin pour vous détendre, réfléchir ou rédiger quelques poèmes que vous auriez déjà fait quelque chose pour nous tous. Au lieu de nous charger collectivement du poids de vos problèmes, vous nous auriez allégés.

Une réserve

« C'est bien beau tout ça, me direz-vous. Vous nous exposez là des méthodes bien douces. Que faire avec notre quête d'intensité ? »

Si vous observez votre vie avec attention, vous vous rendrez compte qu'une sorte de réserve vous empêche de participer entièrement à ce que vous faites. Cette réserve maintient une séparation avec ceux et celles qui vous entourent ainsi qu'avec ce qui vous environne. Elle sert de protection. Toutefois elle est en même temps une prison puisque le bonheur humain se trouve dans l'expérience de l'unité fondamentale.

Essentiellement, cette réserve est faite de peur. Elle est une simple contraction, un léger voile qui vous préserve de l'expérience de l'union. Cela fait que c'est uniquement sous l'effet de l'alcool ou d'une substance quelconque que vous vous permettez d'être entier. Pour répondre à cet état de fait, je vous propose de vous livrer à une expérience très simple.

Je vous invite à respirer pleinement sans réserve. Je vous convie à vous jeter à corps perdu, sans souci pour vous-même, dans une respiration.

Si respirer trop hardiment vous semble périlleux, jetez-vous dans une sensation, dans n'importe laquelle, à condition qu'elle soit simple.

Savourez quelque chose que vous aimez, sentez le vent ou regardez une couleur comme pour vous en gaver. Goûtez immodérément, sans gêne, sans modestie, sans fausse honte.

Dégustez.

Vous allez prendre conscience de la réserve dans laquelle vous vous maintenez à chaque minute, à chaque seconde. Et cette marche sur le frein, cette marche usante, personne, vraiment personne ne peut vous en libérer sauf vous-même.

Voici un autre type d'expérience : pour un instant aimez un arbre ou une fleur de tout votre cœur, sans condition, sans leur imposer de répondre à vos critères de beauté, sans attendre qu'ils vous donnent quelque chose en retour, sans vous attacher, sans leur promettre de revenir, pour le pur plaisir de la chose.

Bref, soyez fou et déraisonnable pour quelques instants. Embrassez le monde, et embrassez-vous ! Bientôt, vous ne pourrez plus accepter de vivre autrement. Le carcan de la personnalité vous deviendra intolérable. Ce n'est pas une grande révolution que de se mettre à respirer et à sentir vraiment. Cela ne demande pas de quitter son conjoint ou sa conjointe. Cela ne demande pas de changer de profession ni de modifier ses horaires. Pourtant, cela va changer votre expérience de vous-même et de la vie. À la longue, sans l'ombre d'un doute, cela va changer votre vie au grand complet.

Se détendre, respirer, contempler la beauté, écouter le silence, se livrer à des réflexions philosophiques : notre visite au jardin intérieur est déjà bien entamée. Toutefois, elle est loin d'être terminée.

14

IMAGINER LE MEILLEUR

Méditer

La rencontre avec soi que le jardin favorise sur le mode de la détente, de la respiration et de la contemplation mène en douceur à la méditation.

Il y a différentes façons de méditer. On peut méditer tout naturellement en déambulant au jardin. Cela s'apparente alors aux rêveries du promeneur solitaire que le philosophe Jean-Jacques Rousseau nous a proposées à la fin de sa vie. Nous pouvons aussi faire de la méditation une pratique plus formelle.

Dans mes séminaires, il y a toujours des temps de visualisation, de contemplation et de méditation. La visualisation permet de goûter à la force du processus imaginatif, la contemplation sert à s'unir à ce qui nous entoure et la méditation permet de goûter à la sensation de l'existence pure.

La méditation nous calme parce qu'elle répond à l'angoisse existentielle, la source de toutes nos angoisses, qui consiste à se sentir divisé et à douter de notre propre existence. La méditation permet de retrouver de l'intérieur une sensation de participation à l'univers et, par conséquent, de se détendre profondément. À une condition cependant : ne rien rechercher d'autre que cette saveur de l'existence. En recherchant l'illumination et les effets spectaculaires, on gâche tout. Mais peut-être faut-il en passer par là pour trouver l'envie d'une pratique humble.

En plus d'approcher la sensation d'exister, méditer permet de prendre conscience de sa propre existence et d'en jouir. Ces trois mouvements qui n'en font qu'un se résument en une formule indienne : *sat-chit-ananda*, existence (*sat*), conscience de l'existence (*chit*) et jouissance de l'existence (*ananda*[1]).

JUSTE S'ASSEOIR

Lorsque je médite, je m'assois paisiblement au parc, dans mon lit, ou dans mon coin de méditation. Je prends quelques inspirations plus amples que je laisse circuler en moi pendant de courts moments d'apnée, puis j'expire tout doucement. Cette entrée en matière donne le signal à tout mon être que je désire me brancher sur l'universel. Je marque ainsi que j'abandonne pour un moment ma vie crispée. Ensuite, lorsque le calme s'installe en moi, je porte mon attention sur ces mots en phases successives : existence pure, pure conscience d'exister, et pure jouissance de la conscience d'exister. Je laisse ces expressions résonner en moi et m'aligner sur les états évoqués. Peu à peu, les mots s'évanouissent dans un silence content que je tente de maintenir sans m'obliger à aucune règle de temps.

À chaque fois, le goût de l'existence pure devient plus facilement reconnaissable et il s'intensifie. Je le répète, la pratique de la méditation est satisfaisante à condition de ne rechercher aucun résultat. Voilà peut-être pourquoi, dans certaines traditions, on la définit comme « juste s'asseoir » (*just sitting*).

---

1. Sri Aurobindo développe ce concept dans un livre intitulé *Trois Upanishads. Isha, Kena, Mundaka*, Paris, Albin Michel, coll. « Spiritualités vivantes », 1972, p. 87.

Une fois que l'on a compris le mécanisme, on peut se retrouver instantanément dans un état méditatif. Encore ici, le temps d'une respiration et l'on peut savourer cette présence à soi et cette présence à l'existence, peu importe où l'on se trouve.

Ajouter une pensée

L'attitude que je préconise est celle du goûteur de la réalité. Elle me sert de voie d'accès. C'est un outil pratique, comme une échelle pour monter sur un toit. La disponibilité qu'elle ouvre en moi fait contrepoids au reste de mon existence. Dans ma vie de tous les jours, de façon consciente et inconsciente, je suis toujours en train de chercher ce qui va m'apporter des satisfactions. Chaque minute, je réponds à des sollicitations de toutes sortes dans ce but unique. Il semble même que ces sollicitations augmentent de jour en jour, comme si leur multiplication allait finalement m'apporter l'intensité que je recherche. Alors, lorsque je m'assois et que je ferme les yeux, je suis encore sur ma lancée, je cherche encore à saisir quelque chose. Conséquemment, je veux atteindre une libération spontanée ou vivre des états intérieurs remarquables. Je veux avoir des résultats tout de suite.

Le mieux que j'ai à faire pour interrompre ce mécanisme de « saisie » est de me dire que ce que je cherche est déjà là : il suffit que je m'ouvre pour le savourer. Alors, je déguste une paix intérieure, une sorte de liberté où plus rien ne me contraint. Je goûte vide et plénitude à la fois. Je savoure en même temps une sorte de communion avec ce que je suis et ce qui m'entoure. Il n'y a plus de combat. Je me repose profondément. Je ne demande rien. Je suis, tout simplement. J'existe.

Des pensées surviennent, des intuitions, des obsessions récurrentes. Mais, à la longue, je me suis rendu compte qu'elles n'avaient pas le pouvoir que je leur prêtais au départ. Si je les laisse passer sans m'accrocher, elles perdent leur aspect contraignant. Elles deviennent une sorte de bruit de fond dont je n'ai pas à m'occuper. Je ramène constamment mon attention à la sensation de bien-être. Je ne combats pas mes pensées, j'en ajoute une : celle de retourner à un état de disponibilité.

Parfois, je n'ai même pas besoin de cet outil. Ce sont les jours où j'expérimente instantanément une grande paix, un grand délice intérieur, un silence tout frais. En ces occasions fastes, je vogue délivré de tout, je ne ferais que rester dans mon jardin intérieur. En d'autres occasions, je n'arrive pas à pénétrer en moi-même, ni à goûter à quoi que ce soit. Alors, je ne me révolte pas. J'observe ma difficulté à observer et je fais plus court, quitte à revenir plus tard. Ça ne sert à rien de se battre, ce que nous cherchons est déjà là. L'éternité est déjà là. C'est déjà l'infini dans le fini. Le combat est gagné à l'avance. Il s'agit de s'en rendre compte.

Au retour de mes méditations, je fais souvent la même prise de conscience : ce sont uniquement nos conditionnements mentaux qui bloquent la voie d'une vie plus large et plus disponible à la beauté universelle. Ces jours-là, même dans l'action, dans tous mes gestes, il y a cet espace savoureux, ce vide rafraîchissant. Je travaille mais c'est comme si je flânais, libre de moi-même, nullement entravé par mes tâches ou ma personnalité. Dans ces moments privilégiés où tout semble relever de la création et du choix, je dis oui à la joie. J'abandonne volontairement le champ de la misère et j'entre dans celui de la grâce, de la beauté et de l'amour, gratuitement. Je me promène alors dans la vie comme dans un jardin fleuri, pour le simple plaisir de la promenade.

Mener l'esprit à la tranquillité

En pratiquant la méditation, je me suis aperçu que les premiers moments ne sont jamais compliqués. Ça devient plus complexe quand le mental s'en mêle, avec toutes ses préoccupations. La sensation de la pure existence est alors menacée. Il faut être vigilant.

Afin de leur faire réaliser combien il est facile de se laisser détourner de soi-même, je propose en conférence cet exercice à mes auditeurs. Je leur demande de fermer les yeux, d'entrer dans un moment de détente et de maintenir cet état de disponibilité le plus longtemps possible. Après une minute ou deux, je les arrête. C'est déjà trop : dans ce court laps de temps, la plupart des gens dans la salle ont été accaparés, sollicités par des préoccupations telles que « Ai-je verrouillé les portières de l'automobile ? » ou « Comment se fait-il que j'aie mal à l'estomac ? ». Ou encore, ils ont été tracassés par une idée géniale qui demandait une attention totale et immédiate, quand ce n'est pas un dialogue intérieur avec une personne de leur entourage en manque d'attention.

Le plus surprenant est que l'on glisse sans s'en rendre compte. L'attention se déplace tout à fait à notre insu. En fait, il suffit de la ramener paisiblement, autant de fois que cela est nécessaire. Voilà pourquoi j'aime bien la définition de Deepak Chopra qui, dans son livre *Quantum Healing,* nous rappelle que l'étymologie du mot *méditation* est « mener l'esprit au repos[1] ».

J'utilise cet exercice pour faire comprendre à mes auditeurs comment il se fait que, tout en sachant ce qui est bon pour eux, ils glissent dans les vieilles habitudes du personnage sans s'en rendre compte. C'est ce qui arrive lorsque vous tentez d'introduire une nouvelle pratique comme la méditation dans votre vie. Cet élan vers l'expansion menace le personnage. Vos systèmes de défense se braquent, et vous voilà sollicité par toutes sortes d'urgences qui n'en sont pas. Ainsi, vous ne trouvez jamais le temps nécessaire pour méditer, même pendant quelques minutes.

---

1. Deepak Chopra, *Quantum Healing,* p. 199. Le mot sanscrit pour méditation est *dhyan.* Ce mot signifie littéralement « mener l'esprit au repos dans le silence du quatrième état ».

Ce n'est pas grave. Cela fait partie du parcours habituel. Il s'agit de persévérer. On finit par se trouver drôle de prendre la vie tellement au sérieux. Il ne sert à rien d'en faire un combat car cela va empirer les choses. Voilà pourquoi je vous invite à cultiver la métaphore du jardin où l'on vient déposer son armure pour se détendre. Ainsi, ces moments d'arrêt deviennent invitants plutôt que rebutants.

Rappelez-vous ce que j'ai appris auprès d'Éric Baret : celui qui observe qu'il est sollicité n'est pas celui qui l'est. Pour pouvoir observer, il faut qu'une partie de vous soit dégagée. En réalité, le meilleur de soi a toujours la tête hors de l'eau.

Sauf quand j'ai du temps et une grande envie d'être dans mon jardin intérieur, je médite pendant de courtes périodes de cinq à vingt minutes, quitte à méditer à deux ou trois reprises dans la journée. Ainsi, je reste en contact avec cet état d'ouverture et de disponibilité sans trop me contraindre. Mon quotidien s'en trouve changé sensiblement. J'ai plus d'amour et de joie dans mon cœur. Je suis plus présent et les détails de la vie deviennent plus légers.

Je ne cherche pas à nier que la méditation permette d'entrer en expansion au point d'avoir accès à d'autres dimensions de notre univers. Je connais des personnes qui ont des facilités étonnantes pour ce genre d'exercice. Mais ces expériences sont hors de ma portée. De toute façon, pour qu'elles soient réalisées en toute sécurité psychique, il faut avoir préalablement réglé le problème de la division entre le corps et l'esprit et dénoué nombre de nœuds relationnels. En outre, accorder une attention minutieuse aux tâches concrètes de la vie devient alors une nécessité car elles offrent l'assise nécessaire pour une évolution sans danger.

Une critique de la démarche analytique

Encore une remarque avant de quitter la partie méditative de notre promenade au jardin. Dans son œuvre, Aurobindo critique la démarche psychanalytique. Non qu'il juge inutile de passer par les méandres de l'inconscient pour tenter de les nettoyer un tant soit peu. Cela lui semble aller de soi. Toutefois, dit-il, avant de s'aventurer dans un voyage si périlleux, il vaudrait mieux avoir déjà contacté les états d'amour et de joie spontanés qui sont à la base de l'être. Autrement dit, fort d'un contact avec le centre psychique, avec l'âme ou l'individualité profonde, il est plus facile d'explorer les parties sombres qui emprisonnent sans risquer de s'empoisonner encore plus.

> Toujours, par conséquent, il faudrait commencer par une expérience positive, non par une expérience négative, et faire descendre d'abord, autant qu'on le peut, la nature divine, le calme, la lumière, l'équanimité, la pureté, la force divine dans les parties conscientes de notre être qui doivent être changées ; c'est seulement quand on y est parvenu suffisamment et que l'on a établi une base positive solide que l'on peut alors, sans danger, soulever les éléments adverses cachés dans le subconscient[1].

Pour avoir mené des ateliers où le contact avec le meilleur de soi était établi avant la descente dans les effets des ombres et des écueils, je peux affirmer que cette technique fonctionne. Lorsqu'ils savent que la plus large partie d'eux-mêmes est restée vivante et créatrice malgré tous les obstacles de leur vie personnelle, les participants ont moins de difficultés à entrevoir ce qui les emprisonne. La prise de décision sur des changements éventuels s'en trouve facilitée. C'est une considération qui, me semble-t-il, devrait être prise en compte dans la pratique future de la psychothérapie et notamment dans la formation des thérapeutes.

---

1. Satprem, *Sri Aurobindo ou l'Aventure de la conscience, op. cit.*, p. 256.

Aller au jardin pour s'y recueillir et méditer, voilà qui est bien. Se couler sensuellement dans un hamac, un fauteuil ou une chaise longue pour faire la sieste, rêvasser ou rêver, voilà qui est encore mieux. L'imagination est la grande oubliée parmi nos potentialités naturelles, gratuites et constamment accessibles. Imaginer ne coûte rien et ne demande aucune mise en scène particulière. Cette faculté est accessible en une fraction de seconde, n'importe où. Le rêve éveillé est un puissant moyen de nourrir le meilleur de soi et de s'en nourrir en retour.

La loi d'attraction

J'ai montré à plusieurs reprises que les contractions liées aux peurs et aux croyances négatives empêchaient la libre circulation de l'énergie créatrice et limitaient l'éventail des possibilités qui se présentent à l'être. J'ai suggéré également ici et là que l'univers fonctionnait selon le principe de la synchronicité, qui fait que ce que nous portons à l'intérieur se reflète dans notre vie extérieure sous l'aspect de situations favorisant l'expression de ces états intimes et nous permettant de les comprendre.

Par exemple, si une dynamique d'écrasement et d'humiliation vous a heurté dans l'enfance et que vous avez bâti votre personnalité sur la peur de son retour, il y a fort à parier que vous retrouverez des situations qui la rappellent, en effet, parce que vous portez cette dynamique en vous. La thérapie ou une observation fine de soi permet de dissoudre en partie la source de la contraction. Je dis « en partie » car seulement la moitié du travail est fait, l'autre moitié consistant à imaginer autre chose dans votre vie.

Avant de se plonger dans cette perspective, explorons un peu mieux le principe de synchronicité. Il a été proposé par

Jung et Wolgang Pauli, prix Nobel de physique, pour expliquer sur le plan extérieur comme sur le plan intérieur des phénomènes qui s'accompagnent sans être liés par une loi de cause à effet. Ce principe révèle une règle fondamentale de l'univers psychique : l'attraction. Cette attraction est fondée sur un système de résonances où le semblable attire le semblable.

C'est une loi que les alchimistes mettent en évidence dans leurs travaux. Ils expliquent que si, d'une part, il existe un *principe logique* qui décrit l'univers selon des liens de cause à effet, il existe d'autre part un *principe analogique* selon lequel le pareil répond au pareil. Dans cette perspective, ce n'est pas parce que j'ai été blessé dans le passé que j'attire des personnes qui ont la capacité de me blesser, j'attire plutôt des personnes qui ont ce pouvoir par résonance parce que ma blessure est encore vibrante en moi. Je veux dire par là que mes meurtrissures diffusent leurs fréquences et me branchent sur des situations ou sur des personnes dont émanent des ondes similaires à celles que je porte.

Cette loi d'attraction sous-entend que c'est notre état global, avec ses éléments inconscients autant qu'avec ses éléments conscients, qui émet comme une antenne de façon continue. Par conséquent, on a beau tenter de projeter des désirs positifs au-delà de soi, si trop de nœuds demeurent en nous, ils finissent par colorer notre vibration et nous attirent des situations qui témoignent que nous ne sommes pas alignés sur notre élan créateur.

Voilà pourquoi il est nécessaire de faire le tour du propriétaire auquel nous nous sommes livré dans la première partie de ce livre. En prenant la peine de nous clarifier intérieurement, nous avons plus de chances de nous trouver dans des conjonctures favorisantes ou que nous rendrons telles. Voilà également pourquoi j'ai affirmé tout au long de notre exploration que les conflits intérieurs comme extérieurs révèlent ce que nous portons intimement, souvent sans le savoir. Nous pouvons nous en servir pour partir à la découverte de ce que nous sommes. Il est vrai que, la plupart du temps, nous rencontrons d'abord les ombres, mais au-delà, les pépites d'or du soi nous appellent.

Nous venons de l'établir : nos pensées et nos états émotifs vibrent. Ce sont eux qui émettent les ondes qui vont largement déterminer notre destin. En clair, si je suis sans cesse frustré, amer et en colère, je cours le risque d'appeler de plus en plus de situations frustrantes. Si je suis endetté et que je ne pense qu'à mes dettes, j'ai de bonnes chances d'empirer ma situation.

Où est la solution ? Penser à l'abondance, imaginer l'abondance, vivre déjà dans l'abondance. Ainsi, attirant le semblable par l'effet de miroir qui joue dans l'univers, j'ai plus de chances de rencontrer des opportunités qui permettront l'abondance. De même, si vous souffrez de solitude, il est plus important d'imaginer la situation amoureuse dont vous rêvez, de la faire résonner en vous et de vivre le cœur ouvert comme si vous étiez déjà amoureux plutôt que de vous apitoyer sur votre sort. L'apitoiement ne vous attirera que plus de solitude, alors que vivre le cœur ouvert déclenchera un cycle de résonance différent. Nos états intérieurs agissent comme autant de pierres lancées dans l'eau : les cercles concentriques prolongent l'impact de nos messages. Le cœur aimant émane : je suis amoureux de ma vie, je suis amoureux de l'univers qui m'entoure et je mérite de rencontrer l'amour.

Attention, cela ne veut pas dire que vous devenez aveugle à ce qui ne va pas dans votre existence, vous réfugiant derrière le paravent d'une pensée magique. Pas du tout. Comme je vous l'ai dit, la première moitié du travail consiste à observer la mécanique de votre personnalité et de ses contractions, pas à la nier. Cependant, en observant votre état de solitude ou d'endettement avec lucidité, vous avez le choix entre vous laisser abattre et vous en servir pour vous comprendre.

Examinons la chose de plus près. La solitude affective vous conduit, d'une part, à vous jeter sur les miettes d'affection que vous offre votre entourage et, d'autre part, à vous inquiéter de votre sort. Vous ruminez des pensées négatives qui révèlent des croyances comme : « Personne ne peut m'aimer, aucun être ne me correspond, toutes les femmes de mon âge sont seules, etc. » Une fois que vous pouvez 1. constater sans jugement un tel état de choses ; 2. prendre conscience des blessures vous empêchant d'aimer sans attentes ; 3. voir les attitudes d'isolement adoptées pour vous protéger ; 4. reconnaître les compensations vous permettant de survivre à votre propre déséquilibre, vous êtes alors prêt ou prête à imaginer votre vie différemment.

Lorsque vous percevrez clairement votre dynamique et que vous vous rendrez compte qu'elle ne mène qu'à plus de malheur, de dépendance et d'autodestruction, lorsque vous ferez face à votre situation sans fard et que vous prendrez conscience de son potentiel dévastateur, vous pourrez vous en éloigner.

La façon de vous en éloigner tout naturellement consiste à imaginer votre vie autrement et à vivre intérieurement comme si l'abondance de joie et d'amour était déjà au rendez-vous. Même si cela ne produisait rien de concret sur le plan matériel, vous auriez déjà gagné sur l'essentiel car, comme je l'ai souligné à quelques reprises, nos états intérieurs font notre véritable malheur ou notre véritable bonheur.

Vous pouvez, bien entendu, vous éviter l'examen du personnage et commencer à imaginer tout de suite une situation plus heureuse pour vous. Ce sera autant de gagné et, finalement, peut-être est-ce une voie véritablement plus prometteuse. Toutefois, à la longue, vous remarquerez que vos efforts d'imagination manquent de puissance. C'est que des lourdeurs s'attachent à vous de façon inconsciente et qu'il faut aller voir de leur côté, éventuellement, même, dialoguer avec les « contractions » pour arriver à vous « décontracter » et permettre l'« attraction » de situations plus favorables.

Tout ce qui a été découvert par l'homme dans notre monde avait été préalablement imaginé. Le rêve précède toujours la réalité. Voilà pourquoi il faut oser imaginer ce qui est bon pour soi.

Commençons par de toutes petites expériences. Si vous êtes tendu, imaginez par exemple que vous êtes détendu. Vous allez constater qu'en une fraction de seconde le corps répond à l'image. Il trouve instantanément la façon juste de vous détendre. Si vous voulez sentir les battements de votre cœur, imaginez-les, tout simplement. En quelques secondes, votre cerveau organique les aura localisés et vous pourrez les sentir dans votre corps.

Autrement dit, dès que vous lui en passez la commande au moyen d'une image, le corps retrouve ses souvenirs de détente et les utilise pour produire l'état désiré. C'est pourquoi le Dr Crombez suggérait de faire le travail intérieur sans se préoccuper de savoir comment il s'accomplit car le processus est éminemment complexe.

Livrons-nous à une expérience un peu plus élaborée que les précédentes :

> Que ce soit dans le domaine de la santé, de l'amour ou des biens matériels, imaginez-vous dans un état d'abondance dans l'un de ces secteurs. Autorisez vos désirs réels. Imaginez selon vos goûts et vos envies profondes, sans jugement et sans poser de limites. Entrevoyez dans votre esprit le succès que vous souhaitez, la reconnaissance que vous convoitez, l'argent que vous désirez, l'amour que vous voulez, la santé dont vous avez besoin. Entretenez cet état intérieur comme s'il était déjà réel. Faites-le aussi longtemps que possible.

Ne craignez pas de tomber dans le grandiose car, d'emblée, deux écueils majeurs viendront sans doute troubler vos visualisations : l'incrédulité et le manque d'estime de soi. Quoique vous sentiez le bien-fondé de la démarche sous la forme d'un surcroît de vitalité, d'espoir et d'amour, une partie de vous ne pourra y croire et vous opposera toutes sortes d'obstacles intérieurs, de croyances négatives du genre : « C'est enfantin, c'est ridicule, cela ne se peut pas. » Votre personnage se sent menacé ; il rapplique.

De même, vous vous rendrez compte que vous ne vous estimez pas suffisamment pour vous accorder le meilleur de l'existence, soit la santé, l'amour et le bien-être matériel dont vous avez besoin, bref ce qui compose en grande partie le bonheur humain. Vous vous rendrez compte que vous avez de la difficulté à croire que cela est possible pour vous.

Si vous ne vous aimez pas...

J'ai constaté dans mon cabinet que les enfants battus ou qui ont souffert de profondes carences affectives, une fois devenus adultes, sont réticents aux massages – soulagement dont ils ont pourtant profondément besoin. Ils demeurent dans des environnements froids alors qu'ils appellent secrètement la chaleur. Ils s'interdisent la douceur et attendent que quelqu'un leur offre ce bien précieux. Or, leurs gestes, leurs choix, leurs pensées expriment les blessures du passé et n'attirent personne de chaleureux. J'ai souvent constaté que leur indigence attirait plutôt des individus subissant des situations intérieures semblables. La sensation de froid intérieur et de méfiance ne faisait par conséquent que se renforcer.

Au lieu d'attendre un sauveur, il s'agit de prendre conscience de l'effet dévastateur de nos blessures et de s'accorder intérieurement la douceur et la bienveillance nécessaires. Il s'agit aussi d'aller vers les environnements qui facilitent la douceur, la convivialité et la confiance, même si vous doutez de vous, de cette stratégie et même si la perspective vous répugne. En d'autres mots, si vous ne vous aimez pas, qui pourra vous aimer ? Si vous vous jugez compliqué et incompréhensible, qui pourra vous comprendre ?

Simple, n'est-ce pas ? Il s'agit de s'aimer suffisamment pour aimer ce que l'on aime, pour aimer ce que l'on fait et pour aimer ce que l'on est. Si cela est impossible, aimez le meilleur de vous-même. Aimez cet élan en vous qui tend vers une amélioration. Aimez votre élan vers la lumière et favorisez-le de toutes les façons possibles. Si vous n'êtes pas bon envers vous, qui le sera ? Si vous vous méfiez de vous-même, qui pourra vous faire confiance ? Si vous vous jugez trop sévèrement, qui pourra s'attendrir de votre sort ? Personne. Et si une telle personne existait, vous n'en voudriez pas près de vous parce que ses vibrations seraient trop différentes des vôtres.

Seule la compréhension que vous êtes prisonnier d'un mécanisme qui se perpétue indéfiniment vous permettra de commencer à vous aimer en agissant directement sur vos états intérieurs et en faisant des choix plus respectueux de votre véritable nature.

Le processus de l'imagination

L'imagination est donc une excellente façon de nourrir le meilleur de soi. Elle repose sur la loi d'attraction et, loin de se situer à l'opposé d'une démarche de compréhension psychologique, elle la complète. Mais l'incrédulité et le désamour de soi risquent de bloquer l'effervescence de l'imagination. Voyons à présent comment procéder pour bénéficier de vos séances de visualisation.

Cinq étapes essentielles se succèdent :

1. Vous donner la permission d'imaginer sans limites par rapport à une situation précise
2. Vous laisser suggérer de l'intérieur ce qui est de l'ordre du possible pour vous

3. Visualiser les premiers pas concrets à réaliser en fonction de vos goûts et de vos talents
4. Choisir de passer à l'action concrètement
5. Faire des gestes qui sont cohérents avec vos choix intérieurs

Dans cette démarche, choisir est un élément majeur. La volonté oriente l'énergie créatrice. Si l'on n'ose rien vouloir et par conséquent rien choisir, on obtient un résultat ambigu qui reflète cet état de confusion et de dispersion.

Imaginer ou visualiser – deux verbes ici synonymes – est l'action qui consiste à laisser des scénarios imaginaires se développer en soi. Toutefois, ces scénarios risquent d'avoir peu d'effet si les sentiments ne participent pas au processus. Visualiser suppose donc d'endosser l'état que l'on imagine. Vibrer, irradier et rayonner fortement. Vibrer de succès, irradier d'amour, rayonner de santé. Voilà de quoi il s'agit lorsque l'on parle de visualisation. Les pensées ont peu d'efficacité par elles-mêmes, elles servent principalement à orienter le processus. Ce sont les émotions qui, en vibrant fortement, produisent l'effet d'attraction.

Il reste à être cohérent avec ce nouvel état intérieur, à faire des choix qui le reflètent. Par exemple, si je me suis imaginé irradiant de santé et que mes premiers pas imaginaires m'ont conduit du côté de l'alimentation, je dois maintenant vivre avec des questions qui reflètent mon choix intérieur. Que vais-je manger aujourd'hui qui me nourrisse véritablement ? Que vais-je laisser de côté qui est un aliment vide ?

L'attitude est aussi psychique. Vais-je ravaler mes colères, les défouler ou m'expliquer clairement ? Quelle est l'attitude et le geste qui montrent un amour et un respect de moi-même ? Comment vais-je manifester que je me respecte et que je m'estime ?

Vous voyez où nous entraîne cette chose gratuite et sans limites qu'on appelle l'imagination. Elle peut être la folle du logis lorsqu'elle nous plonge dans les inquiétudes et les scénarios négatifs et elle peut être la fée du foyer lorsqu'elle sert à mettre en images ce que nous désirons être.

Un exercice amusant

Voici un exercice qui vous permettra de vérifier le pouvoir de l'imagination sur vos états intérieurs. En allant vers le sommeil, une fois les yeux fermés, vous allez prendre quelques secondes ou quelques minutes pour imaginer des situations ou des choses farfelues, originales, agréables : de nouveaux engins, d'autres mondes, des jus de fruits inédits, peu importe. Vous vous endormirez ainsi le sourire aux lèvres. Cet exercice n'a pas d'autre but que de vous faire sourire. C'est le meilleur moyen de constater le pouvoir de l'imagination sur vos états intérieurs.

Si vous avez de la difficulté à dormir, vous pouvez même vous imaginer dormant. Parfois, cela marche étonnamment. Comme vous avez déjà connu le sommeil, votre être sait comment le reproduire.

Tous ces jeux nous rappellent finalement que, si l'on peut se rendre malade aussi bien avec des soucis réels qu'avec des soucis imaginaires, on peut se rendre heureux avec des bonheurs imaginaires aussi bien qu'avec des bonheurs réels. La vérité est que le cerveau ne fait pas la différence entre l'imaginaire et le réel. Ce qui est vrai pour le cerveau, c'est l'état dans lequel nous sommes. Il opère à partir de cela. Alors, autant choisir en fonction de ce que l'on souhaite plutôt que de laisser le personnage le faire en fonction des blessures du passé.

Il s'agit en somme de s'habituer à imaginer le meilleur plutôt que de s'attarder à ruminer le pire. Un dernier exemple va préciser mon propos. Il est connu que Mère Teresa a déclaré qu'elle ne participerait jamais à aucun mouvement *contre* la guerre, chose surprenante de la part d'une personne qui a lutté toute sa vie pour soulager la misère des plus démunis. Elle aurait même dit que, selon elle, ces mouvements ne faisaient qu'encourager les conflits. Elle a ajouté que, en revanche, elle s'associerait volontiers à un mouvement *pour* la paix.

Ce choix des formules met en évidence le changement d'attitude dont il est question ici. Sans nier ses soucis financiers, on peut déguster une abondance intérieure et la permettre ; sans tourner le dos à sa solitude, on peut visualiser un milieu aimant et le déguster. Si vous pensez à la guerre, votre attention la fait exister encore plus, que vous détestiez ou que vous approuviez les hommes qui la font. Si vous imaginez et encouragez des initiatives de paix, vous les faites vivre. Votre attention les propulse. Vous permettez leur avènement dans le monde. Si vous choisissez de régler les conflits avec vos proches plutôt que de les laisser pourrir, vous participez à la paix dans le monde.

Encore une fois, tout est question de choix clairs, d'imagination et de gestes conséquents. Plus je donne d'attention à la terreur et au meurtre, plus il s'en produit. Plus je fournis de l'énergie à l'harmonie, plus elle a de chances de se réaliser. Si personne n'accordait d'attention aux dictateurs, ils seraient dans des asiles psychiatriques au lieu d'être à la tête de leurs pays. Si j'ose dire, c'est la même chose à l'intérieur de soi.

Il y a des tyrans à l'intérieur de soi. Il y a des conditionnements qui dictent leurs lois et qui engendrent des destinées. Il y a des pauvres, il y a des sans-abri. Il y a des gens qui se prostituent pour un peu d'attention. Ce n'est pas grave d'abriter toute cette faune. La question est plutôt : que faire avec elle ? Vous vous laissez envahir pour mieux jouer à la victime ou vous tentez de lui donner du sens ?

Il se peut que vous n'ayez rencontré que des injustices dans votre vie. Que pouvez-vous y faire ? Vous ne pouvez changer le passé. Ne vaut-il pas mieux constater comment, à la suite de ces injustices, vous êtes devenu injuste envers le meilleur de vous-même, secrètement convaincu que vous n'étiez pas à la hauteur ? Alors, pourquoi ne pas commencer à imaginer tout de suite comment il pourrait en être autrement si vous vous respectiez ?

Le meilleur pour soi

Alors que la première perspective maintient l'être dans une dépendance et dans une quête constante de reconnaissance pour se confirmer à ses propres yeux qu'il existe, la seconde consiste en une prise de conscience de notre existence indépendamment des conditions environnantes.

Dans la première perspective, nous quémandons le droit d'exister dans les yeux de chacun, nous sommes asservi par nos besoins de reconnaissance, et nous ne trouvons rien qui réponde à nos peurs fondamentales. Dans la seconde perspective, nous goûtons à l'existence, même sans raison. Nous ne nous demandons pas si nous existons, nous savourons le fait d'exister à travers tous les états et toutes les manifestations de notre être.

Inspiré par la seconde perspective, en fermant les yeux pour vous intérioriser, vous ne cherchez pas de l'amour, vous goûtez à l'amour qui est déjà là et par votre simple souffle vous l'exprimez, vous le laissez émaner de vous. Pour quelques instants, pour quelques minutes ou quelques heures, la quête est terminée, vous touchez à une paix profonde. Vous vous en abreuvez comme à un puits, comme à une source pure et inépuisable. Vous êtes dans le jardin où tout est satisfait. Pourtant, rien n'a changé, rien n'a bougé.

À partir de tels instants, on peut reconsidérer sa vie et prendre le chemin du meilleur *pour* soi qu'il s'agisse de l'alimentation, de l'exercice ou du rythme de vie. Il s'agit d'un état de retrouvailles avec soi-même. Il en émane tout naturellement un goût du respect de soi qui est le respect de la vie, de la sienne et de celle des autres.

Rappelez-vous : pure existence, pure conscience et pure jouissance de la conscience d'exister. Cela nourrit l'essentiel comme rien d'autre ne saura le faire. En réalité, ça répond à l'angoisse existentielle en réparant de l'intérieur le sentiment d'unité perdue ou que l'on croyait telle.

La fréquentation du jardin modifie nos états intérieurs. Vous pouvez apprécier votre propre existence. Subtilement, nos émanations changent. Elles deviennent plus positives et plus amoureuses. Cela agit. Vous ne faites plus partie du problème. Vous n'êtes plus dans cette quête pathétique d'admiration et d'approbation. Vous n'êtes plus centré sur votre petite vie personnelle et ses vicissitudes. Vous vous êtes recentré sur la vie, sur le processus vivant qui vous anime et dont vous exprimez la beauté par votre simple présence.

Je le répète : vous ne feriez rien d'autre que de respirer de façon consciente dans votre jardin, que de méditer pour communier avec des états subtils de conscience, que de rêvasser à des façons différentes de vivre, que vous auriez déjà fait beaucoup. Votre énergie bienveillante nous accompagnerait, nous invitant à l'amour profond de soi-même, nous proposant la dégustation de la vibration lumineuse de la vie, et nous autorisant à aller vers la joie. Sans doute est-ce là ce que font certains sages au fond de leur caverne ou des religieux dans les ordres contemplatifs.

Car nos outils d'action sont subtils, également. Si je me projette vers des situations difficiles, les mettant dans la lumière, les accompagnant d'énergie bienveillante, j'agis de façon invisible mais efficace. Comme je l'ai mentionné plus tôt, des recherches sérieuses prouvent indiscutablement que la prière et les intentions bienveillantes agissent à distance même lorsque l'on ne connaît pas les personnes qui en bénéficient.

Je sais que tout cela est étonnant. Il n'en demeure pas moins que ces outils permettent de sortir de l'impuissance éprouvée devant les conflits mondiaux et devant certaines situations insolubles de sa propre existence. Ainsi, on demeure présent aux écueils, non pas en s'attristant mais en les accompagnant de son amour. Nos pensées se rendent à destination. C'est pourquoi il vaut mieux les choisir.

Ces outils de lumière sont à découvrir et à expérimenter. Ils ne feraient que changer votre état d'esprit que le but serait largement atteint. Mais en réalité, ils font plus que cela. Ils ont une action concrète. Cependant, l'explication de ces modes d'action dépasse l'ambition de ce livre.

Imaginer un prisme lumineux

Finalement, le lien avec le meilleur de soi doit lui aussi être imaginé. Imaginez la part lumineuse et vivante de votre être et, en quelques instants, vous sentirez votre propre vibration et pourrez la déguster. L'imagination vous permettra également de prolonger cette dégustation si vous visualisez, par exemple, que vous êtes un prisme lumineux qui répand la lumière autour de lui. Cela renforcera l'intimité avec vous-même.

En découvrant le meilleur en soi, en lui donnant de l'attention, en le faisant vivre, vous découvrirez peu à peu qu'il n'y a pas d'avantages à utiliser votre imagination pour promouvoir la satisfaction de vos désirs. Il vous semblera plus intéressant d'utiliser l'amour et la joie que vous découvrez en vous pour l'offrir à votre entourage. Vous aurez alors cessé de demander et de vouloir comme si tout vous manquait ou comme si tout vous était dû. Vous aurez percé un des secrets du bonheur : offrir, offrir aux autres ce qui vous a le plus manqué, librement et gratuitement. Voici la quintessence de la créativité humaine et ce que le jardin a de plus merveilleux à vous montrer car, dans cet espace enchanté, tout s'offre sans demander rien en retour.

Avant de clore cette conversation sur l'herbe au cours de laquelle nous avons parlé des façons de nourrir le meilleur de soi, je vous rappelle ce conseil qui m'a été transmis il y a fort longtemps par le poète Kabîr :

Ne va pas aux jardins des fleurs, ô ami !
N'y va pas !
En toi est le jardin des fleurs[1].

1. *En toi est le jardin des fleurs, dit Kabîr, op. cit.*, poème I.

Troisième partie

L'EXPRESSION

15

LA PAROLE QUI CRÉE LE MONDE

L'expression

Dans le premier chapitre de ce livre, je témoignais que : « L'univers est vivant. Il est énergie créatrice. Il s'exprime. » Nos âmes individuelles sont les mandataires de cet univers expressif ; chaque fibre de nos êtres nous pousse à l'expression créatrice.

L'expression joue un rôle fondamental. Nous l'avons constaté tout au long de la deuxième partie, parvenir à exprimer ses goûts, ses dons et ses talents et arriver à exprimer ses idéaux fondent le bonheur. S'exprimer par la parole, les gestes ou l'art est essentiel pour l'épanouissement et la santé tant physique que psychologique. Puisque nous sommes des antennes énergétiques qui captent et qui transmettent, tout dans nos vies est expression. Nos pensées, nos émotions, nos sensations se diffusent vers l'extérieur. Les maladies témoignent des blocages dont souffre notre expressivité. En d'autres mots, taire sa puissance expressive équivaut à mutiler sa force de vie.

Dans ce chapitre, j'évoque les histoires de quelques personnes aux prises avec leur force d'expression à différents stades. La parole y occupe une place centrale. Étant moi-même un homme qui vit de sa parole, je suis particulièrement sensible à de tels cas.

Être un homme de parole

J'ai été fasciné par la parole toute ma vie. Enfant, j'évaluais la messe en fonction de l'éloquence déployée par le curé. Adolescent, je me suis passionné pour la poésie. Jeune adulte, j'ai écrit pour le théâtre. Par la suite, je suis devenu psychanalyste, une profession où l'on vérifie chaque jour que mettre en mots son inconscient guérit. En 1993, j'ai initié la création de groupes de parole au sein de différents réseaux d'entraide[1].

Ma fascination n'a rien à voir avec la littérature. C'est la sonorité qui m'intéresse. C'est la parole qui me passionne, le « verbe ». Le verbe, c'est la parole quand elle vibre ; ça résonne et ça fait frissonner, ça fait réfléchir et ça transporte, ça calme et ça rassure. Le verbe, c'est la parole quand elle est pleine au lieu d'être vide, quand elle est authentique au lieu d'être diplomatique, quand elle est expressive au lieu d'être dépressive.

Je me suis pris d'affection pour des poètes comme Jacques Brel, Léo Ferré, Jean Ferrat, Gilles Vigneault, Félix Leclerc et Leonard Cohen parce que leur verbe me faisait vibrer. Lorsque je vais au concert, j'ai l'impression d'aller à la messe. C'est une sorte d'événement sacré. Je voudrais m'imprégner de chaque sonorité. Je ne me lasse

1. Le réseau Hommes Québec (RHQ) et le réseau Femmes Québec (RFQ) sont des associations à but non lucratif qui aident à la mise en place de groupes de parole composés d'une douzaine de membres chacun et qui fonctionnent sur le mode de l'autogestion. Y adhérer est quasiment gratuit. De plus, la formule s'est répandue en France, en Belgique et en Suisse. Voir les sites respectifs de ces réseaux pour avoir accès à l'information tant européenne que québécoise : *www.rhq.ca* pour le RHQ ; *www.reseau-femmes-quebec.qc.ca* pour le RFQ.

pas d'écouter. Je m'extasie sur la façon dont les choses sont dites. Comme si ces êtres devenaient « souffle » quand ils chantent. Ils sont des flûtes à travers lesquelles vibre l'air des mots, à travers lesquelles souffle une inspiration qui se projette sur moi, qui m'anime et qui m'exprime.

Or aujourd'hui, le verbe et en péril.

La régression de la parole parlée

Il me semble que le domaine de la parole régresse constamment. Nous assistons à un recul de la forme verbale au profit de textes écrits à l'ordinateur ou sur le clavier d'un téléphone cellulaire. Je trouve ces nouvelles techniques de communication électronique éminemment pratiques, mais je me rends compte que l'absence de verbe nous confine dans un monde de plus en plus froid et solitaire. Nous sommes devenus des champions de la communication qui déploient leurs talents dans le vide des écrans.

Qu'est-ce que la parole parlée a de si important que l'on puisse regretter sa régression ? Je le répète : la parole vibre. Elle a ainsi une signature particulière. Nous distinguons les voix de nos intimes à travers les centaines que nous connaissons. Le timbre suffit, souvent, point besoin de nom.

De plus, la parole est empreinte du ressenti de la personne qui parle. Le psychanalyste, à force d'écouter, finit par être un spécialiste de la lecture des voix. En tout cas, si je m'applique à écouter quelqu'un, à laisser résonner sa voix en moi, je commence à comprendre comment il se sent.

Le courriel me prive de ce magnifique outil de rencontre qu'est la parole. Il est rare qu'une rencontre en chair et en os ne nous change pas ou ne transforme pas notre état d'âme car nous sommes, s'agissant des ondes et des vibrations, de véritables vases communicants. La présence des autres nous stimule ou nous déprime. Lorsqu'elle nous stimule, leur vie ranime la nôtre et, ensemble, nous créons une vie encore plus vibrante.

Voilà pourquoi, selon plusieurs études psychologiques, la solitude, à moins qu'elle ne soit choisie, est un facteur de risque pour la santé. Comme si nous devions avoir un certain nombre et une certaine qualité de stimulations vibratoires pour rester syntonisés à l'espèce humaine.

Ne restez pas dans l'isolement, parlez. Parlez à l'épicier, au boulanger, au boucher. Même si vous les embêtez. Ce n'est pas grave. Ça leur rappelle qu'ils sont encore des personnes. Réglez vos affaires en personne ou à la rigueur au téléphone plutôt que par courriel. Avec vos intimes, parlez de ce que vous ressentez lorsque c'est possible, osez montrer votre vulnérabilité, philosophez et réglez vos différends. Sortez de votre timidité, entrez dans l'expression... vous serez surpris des résultats.

Lorsque quelqu'un me demande comment je vais, il m'arrive de répondre par onomatopées, sur toutes sortes de tons, sans prononcer un mot. Je sais que ce n'est pas de la parole, mais c'est de la sonorité. Je le fais volontairement. Pour rendre de la vie à notre expression. Où sont passés les cris de joie, de frayeur, de plainte, de contentement des enfants que nous avons été ? Pourquoi nos cordes vocales ont-elles réduit leur production à ces discours monocordes qui ne choquent rien ni personne ? Par peur de déplaire si nous haussons le ton, nous avons fini par abaisser nos âmes. Le chant des oiseaux n'habite plus nos gorges, ni le grognement des avalanches. Il ne reste qu'une ombre de notre champ sonore. Laisserons-nous le beau chant des humains se taire sur cette Terre ?

N'ayez crainte, le meilleur de nous-même veille. Nous attraperons plusieurs mots de gorge avant que cela n'arrive.

Des maux pour le dire aux mots pour le dire

Les Mots pour le dire est le titre du livre-choc de Marie Cardinal qui a accompagné le début de mes études en psychologie analytique[1]. L'auteur y raconte sa psychanalyse. Au cours de sa cure, elle passe des maux aux mots. Plus tard, elle deviendra romancière.

Dans le même ordre d'idées, voici les exemples de trois femmes en débat avec la parole. La première s'empêche de parler et tombe malade elle aussi. La deuxième ne veut pas s'exprimer parce qu'elle a l'impression qu'elle en tomberait malade. La troisième s'est guérie en prenant la parole.

Être sans mots

Il y a quelques années, une de mes amies a développé une bronchite qui a dégénéré en pneumonie elle-même transformée en asthme chronique. Son médecin lui a alors prescrit un inhalateur à base de cortisone dont elle a fait un usage tel qu'à présent sa muqueuse en est affectée.

Au moins, pensait-elle, son asthme était-il soigné. Cependant, quelques mois plus tard, un beau matin, elle s'est retrouvée sans voix, aphone. Elle a ouvert la bouche pour appeler son mari qui se trouvait dans la pièce voisine... et aucun son n'est sorti. Tout se bloquait dans sa gorge.

Tous deux sont allés aux urgences, à l'hôpital. À ce moment, elle a eu une sorte de vision. Sa grand-mère lui est apparue, qui lui conseillait de se détendre, de respirer dans son ventre, de laisser le souffle l'apaiser. Tranquillement, mon amie a retrouvé l'usage de ses cordes vocales. L'épisode l'a impressionnée, cependant, et elle a commencé à s'interroger sur les origines de sa maladie, sur cer-

1. Marie Cardinal, *Les mots pour le dire,* Paris, Grasset, 1975.

taines relations entre son état psychologique et son état physiologique.

Les symptômes de sa bronchite sont apparus autour de la naissance de son premier enfant, quelques années plus tôt. Son mari voyageait beaucoup pour ses affaires, à ce moment-là. Seule avec un nouveau-né, elle s'est sentie en prison, manquant d'aide et d'espace vital mais son mari ne prenait pas ses plaintes au sérieux. La maladie a donc été une autre façon de les formuler. Elle avait besoin d'air et d'attention.

Après un certain temps, son époux a réalisé la gravité de la situation. Il a décidé de prendre du temps pour elle et pour son enfant. Comme elle était malade « physiquement », il n'entendait plus ses demandes comme des caprices. Il a réduit le nombre de ses voyages, s'est préoccupé du bien-être de sa femme et a pris des responsabilités paternelles. Elle a guéri rapidement.

Dès que sa femme est allée mieux, notre homme a repris ses habitudes et elle a replongé dans la maladie ; son esprit avait enregistré qu'elle se faisait mieux entendre lorsqu'elle était affectée physiquement. Le mécanisme s'est répété implacablement, réglé comme une horloge. Après l'asthme ont survenu l'aphonie et l'étouffement. Précisément au moment où elle a voulu appeler son mari.

Au fond, mon amie crie sa détresse en dedans. Cette stratégie inconsciente possède plusieurs avantages tout aussi inconscients : elle ne dérange personne, elle ne brise pas son image de bonne fille, elle n'étale pas son malheur de façon hystérique et elle obtient l'attention souhaitée.

J'ai proposé à cette amie d'écrire dans un journal personnel ce qu'elle ressentait, par rapport à sa situation conjugale et par rapport à elle-même.

Voici le mot qu'elle a adressé à son mari :

> Je veux te dire que la situation ne me convient pas du tout, mais comme tu me donnes tout ce qu'il faut sur le

plan matériel, je ne vois pas de raison de me plaindre. Alors cela me laisse sans voix. Je me sens impuissante. Je ne sais pas comment te dire que j'étouffe dans notre relation depuis que notre enfant est né.

Voici le mot qu'elle s'est adressé :

Je me crie à moi-même que quelque chose ne va pas, que je ne vis pas selon mes aspirations profondes. J'ai sacrifié beaucoup d'envies personnelles pour vivre ce couple et cette famille, mais tout cela est devenu profondément insatisfaisant. Je n'ose pas faire face à cette déception parce qu'elle remet trop de choses en question par rapport à mon idéal de vie, par rapport à ma mère et par rapport à mon mari.
Personne ne semble comprendre ma frustration. Alors je suis coincée. Je suis neutralisée. J'en perds la voix. Je n'ai plus que la maladie pour exprimer ce conflit. Je prends mes médicaments en espérant que la situation se régularise. Le désespoir me guette parce que j'étouffe et que je ne fais rien pour améliorer mon sort.

Mon amie est une personne hautement idéaliste, aux aspirations conjugales élevées. Avant son mariage, elle contemplait avec délices le bonheur d'une vie à deux, puis à trois, dans l'unité et la joie. L'accommodement qui lui est proposé ne lui va pas du tout. Il trahit ses valeurs profondes. Cet arrangement social lui apporte le bien-être matériel souhaité, mais la laisse affamée dans l'accomplissement de ses valeurs. Le meilleur d'elle-même n'est pas nourri par cette dynamique où elle répète des gestes qui finissent par ne plus avoir de sens pour elle.

Il ne sera pas confortable pour cette femme de faire face à son insatisfaction profonde afin de réaménager sa relation conjugale, la relation avec sa mère – pour qui un divorce est impensable – et la relation avec son idéal. Pourtant y a-t-il un autre chemin vers une véritable guérison ?

Écrire un journal personnel marque en partie l'acceptation de sa situation. Cela va peut-être réduire l'ampleur des symptômes. Cette acceptation possède en effet l'avantage de mettre à contribution les forces vives et créatrices de l'inconscient qui, si elles ne sont plus occupées à produire des malaises pour se faire entendre, tenteront d'ouvrir la voie à d'autres types de solution. Les symptômes ont été le premier pas de cet effort créateur.

Mon amie sait maintenant qu'elle n'a plus beaucoup de latitude. Son choix réel est de se prendre en main pour soutenir ses idéaux ou bien de mourir littéralement à bout de souffle, ayant accepté une sorte de lent suicide par peur de déranger son entourage.

Ce cas me semble exemplaire de ce qu'un certain nombre de femmes vivent ou ont vécu. L'engagement affectif, le mariage et la famille possèdent une valeur importante à leurs yeux. Elles sont prêtes à beaucoup de sacrifices pour le bien-être de leur époux et de leur progéniture. Ces sacrifices ont du sens et, de ce fait, ne sont pas vécus comme douloureux. Néanmoins, si un climat d'amour conjugal ne soutient pas l'entreprise, ils perdent vite leur signification à leurs yeux et les symptômes apparaissent. Les hommes éprouvent des difficultés à comprendre la psychologie de leur épouse parce qu'ils vont chercher leur valorisation dans le monde du travail plutôt que dans la vie familiale.

Mais, homme ou femme, ne logeons-nous pas tous à la même enseigne ? Ne sommes-nous pas engagés dans un immense travestissement de notre réalité intérieure au profit de notre personnalité, par peur de perdre les biens et la reconnaissance que nous avons amassés ? Alors, nous produisons des symptômes pour dire notre désaccord profond, total, radical, au point de mettre notre vie en danger.

À dire vrai, nous ne sommes pas sur cette terre pour nous « arranger », nous sommes sur cette terre pour manifester l'amour et la créativité que nous portons en utilisant la matière vivante comme tremplin d'expression. Si la suradaptation finit par nous faire perdre de vue notre essence individuelle et universelle, nous nous éteignons.

Consentir à être malade pour s'exprimer

Une femme dans la trentaine vient me consulter. Elle veut réorienter sa vie professionnelle. Elle travaille dans le monde du commerce, mais elle se voit plutôt du côté de l'accompagnement thérapeutique et elle suit une formation en ce sens. Elle me demande comment savoir si cela est juste pour elle.

Ce qui est juste, lui dis-je, est ce qui nous fait vibrer et qui nous donne le goût de vivre. L'activité pendant laquelle on ne voit pas le temps passer est la plus adéquate. À ce titre, son projet est réalisable. Toutefois, je me fais la remarque qu'elle manifeste peu de passion en m'en parlant.

Nous continuons la conversation et finalement j'apprends qu'elle souffre de ce qu'elle appelle des « rages d'écriture ». Dans ces moments-là, peu importe où elle est, me confie-t-elle, il faut qu'elle trouve un crayon et un bout de papier. L'impulsion est si violente qu'elle lui donne mal au ventre sans raison physiologique. Elle en a conclu que sa vocation ne pouvait pas être l'écriture « puisque ce n'est pas serein du tout, tout ça ».

Je la rassure : « Vos maux de ventre sont normaux. Ils sont même à mon sens une sorte de bénédiction qui vous tombe dessus. Il y a tant de gens qui font semblant, semblant de souffrir, semblant de créer, semblant d'écrire. Pour vous, c'est criant de vérité. Vous n'avez pas le choix. »

Elle ne comprend pas du tout comment je peux appeler cela une bénédiction. Elle me décrit la souffrance du processus et les angoisses paralysantes que ses rages font naître en elle. Elle me confie que la tension vient en grande partie d'une parole de son père, qui lui a répété étant jeune qu'elle n'aboutirait à rien.

Je comprends alors la nature de son conflit inconscient que l'on pourrait exprimer de la sorte : je veux écrire pour m'exprimer et me libérer, mais je suis convaincue que je n'arriverai jamais à rien puisque mon père lui-même me l'a affirmé.

Elle me demande comment son geste peut devenir plus heureux. Selon moi, il faut d'abord faire le choix d'aller volontairement vers la création au lieu d'attendre d'être submergée par le désir. Elle réplique qu'elle se retient parce qu'elle sait fort bien qu'elle va rencontrer au cours de l'acte ses peurs et ses croyances négatives et qu'elle veut s'éviter toute cette peine.

— Votre attitude même rend l'entreprise difficile, lui répondis-je. La poussée est là, elle ne peut trouver de sortie, alors elle vous rend malade. Au lieu d'accoucher, vous avez mal au ventre.

Je lui répète que si elle choisit de contrôler son geste au lieu d'attendre qu'il la fasse bouger malgré elle, si elle accepte de cultiver son jardin, elle trouvera la sérénité au-delà de ses peurs.

— Mon père est mort amer et défait par la vie, me raconte-t-elle, n'ayant pas réalisé ce qu'il souhaitait. De plus, dans mon métier, je rencontre régulièrement des hommes qui souffrent parce que, malgré le succès qu'ils connaissent, ils ne font pas ce qu'ils auraient aimé faire.

Je lui réponds :

— Vous avez de la chance. Votre père et tous ces gens-là sont vos véritables enseignants. Ce sont eux que vous êtes venue rencontrer dans cette vie. Ils vous montrent la direction. Ils vous disent en chœur : « Ne suis pas notre chemin, il ne mène pas au bonheur. Nous sommes des êtres malheureux, étouffés par le confort, les problèmes familiaux et le surcroît de travail. Nous avons couru pour réussir, mais nous avons perdu la course de la vie. »

— Je désire seulement que mon mal de ventre passe quand j'écris, reprend-elle.

Que lui dire de plus ? Elle ne sait pas encore la grâce que représente la souffrance de l'enfantement. Je me retiens d'ajouter :

— Si l'écriture d'un livre ne vous bouleverse pas, s'il ne vous change pas, s'il ne bouscule pas votre personnalité bien apprêtée, il ne compte pas. Si ce n'est pas une œuvre sortie de votre ventre, il ne sert à rien de l'écrire.

Finalement, elle me demande si je peux l'aider d'une façon quelconque. Je lui réponds :

— Réellement, je ne peux pas grand-chose pour vous. Je ne peux que vous aider à avoir mal au ventre.

Finalement, après quelques semaines, cette jeune femme s'est mise à écrire. J'ai reçu plusieurs pages par Internet. Il s'agissait d'un texte sur sa mère, détail intéressant. Elle avait décidé d'accoucher par elle-même malgré la douleur.

Ce qui m'a touché, dans cette histoire, c'est la force d'une croyance négative diffusée par la parole d'un parent. Son père lui avait « interdit » de créer et de devenir elle-même, lui imposant le sort qu'il s'était imposé. Cela met en évidence l'importance des mots que nous adressons à nos proches, en particulier aux enfants. Nous reviendrons sur ce sujet capital.

La parole qui guérit

Tant que le meilleur de soi est prisonnier des croyances du passé, il peut engendrer des douleurs. Il peut y avoir un temps de transition désagréable à vivre. Cependant, en général, le courage de l'expression conduit à la joie, à la guérison et à la régénérescence d'une vie. Ce que nous montre le cas suivant.

Sandra a toujours écrit. Je veux dire que, toute jeune, elle aimait déjà écrire. Plus tard, elle a naturellement suivi des études littéraires. C'est là, pendant ses années de fac, que tout s'est bloqué. Balzac, Flaubert, Nabokov, Bukakov...

comment peut-on arriver à la cheville de ces écrivains-là ? dit-elle.

De plus, elle souffre du fait que les études sont livresques, qu'elles ne s'adressent qu'à sa tête. Intérieurement, elle se sent comme dans un goulet d'étranglement et, pour survivre à la tension, elle se coupe de plus en plus de son corps.

Finalement, elle épouse un « bourgeois plein de fric », luxueux loft parisien et ce qui va avec. En même temps, elle décide de bifurquer. Elle quitte les lettres et s'oriente vers les sciences politiques, puis vers la haute fonction publique. Une battante.

Mais elle commence à avoir mal au ventre, elle aussi. On lui trouve des nodules au foie. Puis des métastases – il lui reste six mois à vivre. Elle entreprend une psychanalyse, et bientôt achète un cahier.

Puisqu'il n'y a plus de temps à perdre, il faut faire le plus important : écrire pour le plaisir d'écrire, sans autre ambition que la joie de poser des mots sur le papier. « Écrire avec son ventre », comme elle dit. Ensuite, retrouver son corps par le chant et la danse.

Les tumeurs au foie se révèlent moins malignes que prévu, mais la perspective d'une mort prochaine a été bénéfique : elle a retrouvé l'écriture, elle s'est retrouvée et elle ne lâchera plus.

Le temps de la séparation d'avec son mari est arrivé. Puis la première publication, le succès, et un deuxième livre. Vivre en accord avec son ventre est devenu son projet principal. Elle vit moins richement qu'auparavant, mais elle est vivante, heureuse et, enfin, elle s'exprime.

L'expérience de Sandra m'a rappelé un exercice créé par Jacques Hébert, « coach de vie », selon son expression, et « massothérapeute ». Il demande à ses clients : « Si vous aviez six mois à vivre et que tout était possible, que feriez-vous en priorité ? » Puis vient une seconde question : « Imaginez maintenant que vous êtes mort sans avoir pu réaliser ce rêve, comment vous sentez-vous ? » Et enfin : « Si vous avez quelque regret que ce soit de ne pas avoir réalisé votre projet, mettez-le en œuvre le plus vite possible car la clé de votre bonheur est là. » Voilà un exercice tonique dont chacun de nous peut bénéficier, n'est-ce pas ?

Ces histoires de femmes illustrent l'importance de l'expression. Selon la belle formule de Marie Cardinal, il faut passer des maux pour le dire aux mots pour le dire. L'enjeu de ce passage est la satisfaction profonde et réelle de vivre.

Pourquoi ? Parce que la parole guérit, parce que l'expression guérit. Parce que les heurts dont l'impact laisse en nous leur empreinte doivent trouver un exutoire sous peine de nous étouffer. Parce que les joies qui nous visitent veulent se communiquer. Parce que les inspirations qui nous traversent cherchent, elles aussi, le chemin d'une expression qui nous ressemble, qui ressemble à notre façon de voir et de vivre le monde. Parce que nous sommes tous ensemble dans le même bateau et que nous nous guidons les uns les autres. Et puis, comme le dit Deepak Chopra, parce que les étoiles veulent se voir et que nous traduisions leur beauté dans nos expressions écrites, chantées ou dansées.

La parole du cœur

Lorsque je fais une conférence ou lorsque j'écris, je suis guidé par une sorte de feu intérieur. Je cherche à travers les mots à brûler de ce feu qui ne brûle pas. Ce n'est pas technique, c'est un ressenti, quelque chose qui se situe au niveau du cœur et du ventre. Ce ressenti m'indique si je suis vrai. À travers lui, je suis la ligne de l'authenticité intérieure, la ligne de la vérité, la ligne de l'inspiration.

Cela vaut pour la parole publique. En revanche, dans ma vie personnelle, je suis souvent empêtré. Je ne trouve pas les mots justes et, très souvent, je n'arrive même pas à prendre la parole. Pis, quand cela arrive, j'ai peur de prendre trop de temps pour formuler ma pensée et, ce faisant, je deviens malhabile. Je raccourcis les formules et je me retrouve insatisfait. Cela plus particulièrement lorsque je veux exprimer des besoins, des désirs, des souhaits ou des envies ou encore des insatisfactions, des heurts et des incompréhensions. On dirait que je me suis condamné à n'exprimer que ce qui sert et fait plaisir à mon entourage.

Bien entendu, le personnage est caché là. Il tergiverse. Il calcule. Il se compare. Il craint d'être transparent, de perdre les avantages que certaines personnes lui concèdent. Il redoute d'afficher une parole nue, vulnérable et fragile.

Alors je converse avec moi-même :

L'individualité : « Tu prétends être un homme de parole mais es-tu un homme de parole dans chaque sphère de ta vie ? Qui est-ce qui parle lorsque tu parles ? »
Le personnage : « Toute vérité n'est pas bonne à dire. Si nous sommes trop ouvert, les autres peuvent s'en servir contre nous. Il ne faut pas être naïf, il faut savoir se méfier. »
L'individualité : « Lorsque la parole est claire, transparente et respectueuse, elle est tellement plus satisfaisante. »
Le personnage : « Ce n'est pas si simple. Parler franchement, c'est long à apprendre. Mieux vaut nous préparer à faire des deuils ! »
L'individualité : « La pureté de l'expression apporte de la joie à un être. Une telle parole est véritablement libératrice. De plus, sa vibration crée de nouveaux types de rapports entre les êtres humains. »
Le Moi : « Je suis fatigué de tous mes secrets et de toutes mes peurs. Je trouve que ça vaut le coup de tenter la parole du cœur. »

Lorsque nous parlons, il faut se demander qui parle, le personnage ou le meilleur de soi. Lorsque nous écoutons la parole d'autrui, également : il est bon de savoir qui est à l'écoute. Est-ce le personnage qui a besoin d'avoir raison et de se justifier ? Qui ne peut pas écouter réellement parce que le verbe de l'autre l'inquiète et menace ses acquis ?

À l'inverse, pouvons-nous écouter les autres à partir du meilleur de nous-même ? Si oui, nous entendrons ce qui se dit derrière les mots parce que nous écoutons avec notre cœur, depuis notre partie lumineuse. Lorsque j'écoute avec mon cœur, j'aime l'autre. J'aime la vérité de son expression et même sa maladresse. Ce qui ne m'empêche nullement de manifester mon désaccord éventuel.

Développer une parole simple, authentique et transparente qui peut exprimer et en même temps nous délivrer n'est pas si problématique. Une pulsion nous pousse en ce sens. Oser parler à partir du cœur, en toute humilité et en toute simplicité, n'est pas si difficile. Mais il y a tant de peurs de blesser ou de perdre, d'être rejeté ou de se retrouver seul. Il y a tant de craintes de ne plus exister dans le regard de l'autre. Et si c'était la parole interdite qui nous tuait prématurément ?

La parole positive

On accuse souvent les hommes d'être peu loquaces. Eh bien, il est un endroit où ils parlent encore moins qu'ailleurs : les douches du gymnase. Ce lieu masculin par excellence est lourdement connoté. Il est bourré de fantômes et de fantasmes. C'est l'endroit où, jeune, nous pouvions sans en avoir l'air jeter un coup d'œil aux pénis des autres, histoire de nous rassurer sur notre virilité. C'est aussi l'endroit où la hantise de l'homosexualité sous toutes ses formes règne en maîtresse absolue.

Malgré ce silence presque obligé, j'y ai entendu un dialogue, et fort inusité, cette semaine.

Deux inconnus se parlent en prenant leur douche. Ils sont presque l'un en face de l'autre. Je vois celui qui se trouve dans le box en face de moi, un vieillard, l'autre est dans le box à côté, et je ne le vois pas, mais il semble jeune.

Le vieil homme : « Vous avez un corps extraordinaire. Vraiment, c'est merveilleux. Vous avez l'air parfaitement en forme. L'êtes-vous ? »
Le jeune homme (*timide*) : « Oui, oui, je me tiens en forme. »
Le vieil homme : « C'est rare qu'on voie une telle beauté des proportions. Une telle force émane de vous. D'où êtes-vous ? »
Le jeune homme : « Je suis d'Atlanta, aux États-Unis. »
Le vieil homme : « Et vos parents, d'où viennent-ils ? »
Le jeune homme : « Mon père est russe, ma mère est perse. »
Le vieil homme : « Russe ! Voilà pourquoi vous êtes si bien fait. Quel âge avez-vous ? »
Le jeune homme : « J'ai vingt-quatre ans. Et vous, quel âge avez-vous ? »
Le vieil homme : « J'ai quatre-vingt-quatre ans, et j'ai été comme vous êtes aujourd'hui. Vraiment, encore une fois, félicitations. »

Le jeune homme sort de son cubicule et il s'avance vers le vieux pour lui sourire en commençant à s'essuyer. Je peux enfin voir cette merveille de la nature. Un colosse qui semble né de la main d'un sculpteur grec. Son corps n'est pas travaillé par la musculation. Fort et robuste, il a des proportions équilibrées. Je comprends que le vieillard ait été impressionné.

Toutefois, l'originalité, la spontanéité et la chaleur de ses compliments m'ont vraiment surpris. Il n'y avait aucune connotation sexuelle ou séductrice dans ses propos, mais une simple admiration manifestée ouvertement pour cette merveille de l'univers.

Je me suis demandé si j'aurais pu prononcer de telles paroles. Certainement pas. J'aurais eu peur qu'elles soient prises pour des avances. Je me suis alors rendu compte à quel point ma parole n'était pas libre. Par comparaison avec celle que je venais d'entendre, elle était empesée, prise dans les conventions.

Qu'est-ce qui autorisait cet homme à témoigner tant de spontanéité ? Son âge sans doute, il était libéré de tout jugement porté sur lui. Il n'avait plus rien à perdre, plus rien à prouver, personne à séduire. Il s'exprimait, tout simplement, et cela changeait la face du monde. Du moins, cela changeait l'atmosphère des douches, qui devenaient pour un instant un lieu convivial. Cela me rappelait un voyage au Moyen-Orient, où j'avais vu deux amis se laver l'un l'autre dans un hammam public le plus naturellement du monde.

J'envie la liberté de cet homme débarrassé des prétentions qui font que les gens ne se parlent plus en public, que chacun vit dans sa bulle de solitude à quêter un regard de reconnaissance. En l'entendant, je me suis fait un point d'honneur de libérer ma parole avant d'avoir atteint l'âge de quatre-vingts ans. Je me suis promis de faire un effort conscient pour me détendre et laisser mon authenticité s'exprimer plus simplement. Enfin... je crois que je ne commencerai pas dans les douches du gymnase...

La parole lumineuse

La plupart du temps, lorsque nous prenons la peine de parler avec nos intimes, c'est pour pointer du doigt leurs mauvais côtés. Selon l'expression de Jacques Salomé, nos messages sont souvent toxiques, et l'autre ne sait que faire de cette pollution sauf en souffrir et nous la renvoyer sur le même ton. Au lieu de promouvoir le meilleur de chacun, ces communications renforcent la personnalité défensive. Aussi le psychosociologue des communications nous invite-t-il à une vigilance toute particulière sur la façon dont nous nous exprimons car la parole est créatrice de rapports sains qui nous stimulent ou de rapports malsains qui nous font perdre le goût de la vie.

> Lorsque tu m'envoies un message toxique, une explosion de colère par exemple, une disqualification ou un jugement de valeur, tu blesses le goût de vivre qu'il y a en moi. C'est énergétivore. Ça me bouffe de l'énergie. J'ai des doutes, je perds ma confiance en moi, je ne sais plus si tu m'aimes. L'estime de soi en prend un coup. Je ne m'aime plus et je me retrouve dans le déplaisir d'être[1].

Salomé précise que, à l'inverse, les six effets d'une communication réussie chez nous tout autant que chez l'autre sont 1. le goût de vivre ; 2. l'énergie ; 3. une reprise de la confiance en soi ; 4. un rehaussement de l'estime de soi ; 5. un renforcement de la capacité de s'aimer ; 6. le plaisir d'être.

La parole qui soutient, celle qui nourrit, celle qui rassure et encourage est d'une importance capitale. Elle nous guérit lorsque nous l'émettons et elle nous régénère lorsque nous la recevons. Combien de fois dans votre enfance avez-vous entendu un avis véritablement stimulant qui soulignait un de vos talents ? En avez-vous déjà entendu un dans votre couple ? Je suis certain que, si vous avez reçu du renforcement positif étant jeune, il sert encore aujourd'hui de support à votre confiance en vous-même.

À l'inverse, prenez-vous la peine de mettre en mots et de souligner les apports positifs des autres dans votre vie ? Là est la question. Nous avons une révolution de la parole à faire. Nous nous plaignons que nos politiciens pratiquent la langue de bois mais ne la pratiquons-nous pas dans notre vie privée ?

---

1. Productions Point de Mire, *Guy Corneau en atelier* ; épisode « La communication dans le couple ». Spécialiste invité : Jacques Salomé, sociologue des communications. Document inédit.

La parole du cœur peut nous sauver. À cet effet, je vous propose l'exercice suivant : chaque jour de cette semaine, appliquez-vous à souligner auprès d'une de vos connaissances un de ses points positifs. Il ne s'agit pas d'être faux ou obséquieux. Il s'agit de se laisser surprendre, et de laisser la voie libre à la parole du cœur. Ne croyez-vous pas que, si chaque être humain pratiquait l'exercice pendant quelques jours, un changement notable s'opérerait rapidement autour de nous ?

Les sans mots

Qu'en est-il des défavorisés, des sans-abri, des mendiants, des jeunes en rupture de famille, des exclus en tout genre, bref de ceux qui manquent de mots, qui sont les perdants du concours de la parole ? Ceux qui mendient remarquent que les gens qui leur tendent une pièce ne les regardent pas ; quant à leur parler... C'est comme s'ils n'existaient pas.

Pourtant ils existent, et leur présence dans nos villes est l'expression pure d'un malaise profond. Nous nous comportons comme si nous voulions ignorer qu'il y a une crise en filigrane, et que l'écart entre les riches et les pauvres, entre les gagnants et les perdants du système s'accroît d'année en année.

Qu'elles soient individuelles ou collectives, les crises nous invitent à corriger des trajectoires et des comportements. Elles nous exhortent au rapport vrai et à l'inventivité, à laisser tomber les masques pour fonder de nouveaux rapports. Les crises sont quête de vérité, quête d'authenticité et recherche tâtonnante du meilleur. Pourtant, elles sont rarement entendues de cette façon ; voilà pourquoi elles ne se règlent pas.

Le professeur Jean-Pierre Pourtois qui dirige le Centre de recherche et d'innovation en sociopédagogie familiale et scolaire de l'université de Mons, en Belgique, s'intéresse particulièrement aux dynamiques de démarginalisation et d'insertion dans les milieux touchés par la pauvreté. « Nous avons besoin d'hypothèses comme les vôtres pour repenser nos interventions », me disait-il en m'invitant à parler dans son centre.

En le questionnant, je me suis rendu compte que l'intervention sociale suivait le même chemin que l'intervention individuelle. Si l'on attaque un problème de front, on risque de faire en sorte que les individus touchés se crispent et se replient encore plus sur une définition fermée d'eux-mêmes. Alors, je me suis dit qu'effectivement commencer par des voies créatrices où il y a partage du plaisir pouvait bien être une solution. Ainsi une balade dans la nature, un cours de danse sociale, un atelier de théâtre, des séances de détente, des cours de cuisine, ou quoi que ce soit d'autre, sont autant de façons de prendre contact. Elles font que les gens se décontractent, s'expriment, reprennent confiance en eux-mêmes et décident de régler leurs difficultés. Sans cesse, il s'agit de permettre une nouvelle respiration par l'expression, l'imagination ou la circulation de nouvelles idées.

À cet effet, Isabelle Rolin, passionnée par la peinture spontanée, et intervenante à Cœur.com, a animé des ateliers auprès de jeunes en difficulté. À plusieurs reprises, elle m'a dit comment l'accès à un médium d'expression libre aidait ses stagiaires à changer leur regard sur eux-mêmes. Ils se découvrent des ressources cachées et retrouvent le goût à la vie.

L'intuition du professeur Pourtois est juste ; en réveillant le meilleur de soi chez les êtres, on ne peut pas se tromper. Cela nous permet de les entendre différemment et de parler d'eux différemment. En posant un regard lumineux sur celui qui est exclu, on lui fait découvrir sa propre lumière et alors la parole créatrice jaillit.

Vu sous cet angle, les gens en crise nous rendent service. Ils nous aident. Ils nous rappellent que quelque chose ne va pas dans la construction sociale. Comment se fait-il qu'au lieu d'évoluer dans une société qui sert la partie vivante et lumineuse des êtres humains, nous nous trouvons pris dans des formes d'organisations collectives qui nous contrôlent de plus en plus ? N'aurions-nous pas reproduit sur un plan collectif un schéma individuel ? Rappelez-vous : au début, la personnalité assure notre survie et notre protection mais, par la suite, elle nous étouffe. N'est-ce pas vrai à l'échelle sociale ?

Oui, les vieux peinent à monter dans les autobus, les fous soliloquent dans les rues, les sans-abri sentent mauvais et ceux qui font la manche nous harcèlent. Mais peut-être ces gens nous rendent-ils l'immense service de retarder notre marche triomphale vers la mort en nous rappelant que nous sommes d'abord et avant tout des êtres humains.

Ceux qui n'ont pas de mots nous invitent à redécouvrir que tous les êtres sont égaux parce qu'ils participent tous de la même nature universelle. Ils contestent à leur façon des organisations qui étouffent la créativité des êtres et qui les éloignent de leurs idéaux pour obéir à des normes.

Nous sommes à la fois individuels et universels, individus et citoyens. Le projet personnel ne peut se dissocier du projet collectif. Un être humain ne peut trouver le bonheur à satisfaire uniquement ses besoins personnels. Il s'enferme dans une bulle qui finit par l'isoler et bientôt, riche de tout, il ne peut plus rien toucher qui fasse sens.

Les conditions sociales changeront-elles un jour ? Sûrement ; il faudra cependant mettre des mots sur ce changement si nous voulons qu'il se produise. En réalité, la parole crée le monde beaucoup plus efficacement que nous le croyons. Lorsque nous mettons des mots sur les maux, les dits maux deviennent des mots dits et cessent d'être maudits.

L'expression est donc une dimension essentielle de l'être. Elle le mène à une expérience de satisfaction profonde qui se décline sous les traits de la guérison, de la régénérescence et de la joie. La parole du cœur, claire et transparente, appelle une révolution qui implique chaque membre de l'organisme social. Cependant, où cette démarche nous mène-t-elle ?

16

SOUS LA LUMIÈRE D'UN IDÉAL

Rêver un impossible rêve

Une fois que l'on est en mesure de réveiller, de nourrir et d'exprimer son individualité créatrice, se posent d'autres questions : quelle direction donner à l'énergie de création ? Comment utiliser ses capacités d'expression ? Quels sont les gestes qui font sens et ceux qui ne le font pas ? En effet, il ne suffit pas de réveiller nos forces expressives, il faut savoir à quoi les utiliser. Au-delà de l'inspiration et de l'expiration, voici une nouvelle dimension de la respiration fondamentale : l'aspiration. Nous pourrions la définir comme l'élan qui mène vers un idéal.

Pourquoi évoquer la respiration fondamentale ? Parce que nos aspirations, comme elle, prennent leur source au plus intime de l'être. Cela élimine les idéaux qui représentent des valeurs respectables mais qui ne nous font pas vibrer. Ce que nous accomplissons par devoir et sans plaisir s'associe d'emblée à la personnalité. Si nous faisons quelque chose pour plaire, pour être respecté ou pour suivre les autres, ça ne compte pas. Ça reste une obligation de plus, qui produit de la fatigue plutôt que la ferveur recherchée.

Car l'idéal véritable engendre la ferveur. Il génère des valeurs qui stimulent l'acquiescement de l'être entier et pas seulement de sa raison. À la limite, c'est une question d'instincts. Un idéal qui ne vous prend pas aux tripes ou qui ne vous fait pas rêver peut être pour quelqu'un d'autre et pas pour vous.

En matière d'idéal comme d'expression créatrice, j'ai découvert que non seulement il n'y avait pas de résultat à attendre mais qu'il n'y avait rien à faire pour le mériter. L'idéal est en soi comme les étoiles sont dans le ciel. Il s'agit de lever les yeux pour découvrir les constellations. Dans le cas de l'idéal, il s'agit de les fermer pour ressentir nos vibrations intérieures, celles qui se constellent en nous pour nous guider. Il n'y a rien à gravir. L'éclairage est déjà là et il correspond à notre sensibilité. Il suffit d'accepter de s'orienter selon l'éclairage qu'il propose et de penser à changer de constellation si cela s'impose.

La notion d'idéal est cependant à manier avec des pincettes tellement on peut se faire mal avec elle. Il se trouve que j'ai fréquenté une organisation humanitaire que je trouvais fort attirante en raison de la clarté de ses valeurs et de son action. Cependant, à mesure que je rencontrais ses membres dans l'intimité, ils me confiaient divers problèmes personnels, de l'ulcère au cas de conscience en passant par les difficultés de couple. Après un temps, je me suis rendu compte que leurs idéaux s'étaient traduits dans la réalité par un ensemble de règles strictes et non écrites qu'ils s'obligeaient tous à respecter. Les aspirations ne tenaient pas assez compte des individualités des membres de l'association.

Lorsque les blessures du passé n'ont pas été explorées suffisamment, un homme ou une femme peut se retrouver à faire les bonnes choses pour les mauvaises raisons. Il tente alors de préserver une personnalité de sauveur, qui a pu se former très tôt en relation avec des parents malheureux qu'il fallait sans arrêt conforter en leur offrant de bonnes actions.

Le petit jeu continue dans l'âge adulte à une plus grande échelle.

Il n'est pas problématique en soi d'avoir développé une telle sensibilité ; toutefois, l'identification exclusive à une personnalité guidée par l'abnégation peut avoir de lourdes conséquences – si on ne se permet pas d'avoir des désirs personnels, par exemple. Jung le dit : il n'est pas facile de vivre dans l'entourage de personnes qui se prennent pour des saints, car leur ignorance de leur ombre personnelle finit par contraindre tous leurs intimes.

Dans ce chapitre, je vous propose d'entrevoir l'idéal d'une autre manière. Je vous invite à le concevoir comme une étoile qui guide nos pas et qui éclaire notre vie. Il s'agit de « l'inaccessible étoile » que chante Jacques Brel dans la comédie musicale *L'Homme de la Mancha*, où il incarne Don Quichotte, qu'il a ainsi immortalisé. Permettez-moi de revenir à nouveau sur l'expérience vécue en Inde lors de l'atelier « Mouvement, souplesse, lumière ». Avant que nous nous rendions sur le site pour sculpter, j'avais suggéré à chaque participant d'imaginer sa représentation idéale du mouvement, de la souplesse et de la lumière. Bien qu'une fois arrivé sur le terrain chacun se soit rendu compte qu'il serait quasiment impossible d'extraire cette image de la pierre et que la plupart aient dû abandonner leur représentation rêvée, elle a continué à agir. Elle est devenue une orientation générale, et une bonne métaphore du rôle véritable de l'idéal. En effet, une aspiration vivante éclaire notre action et les choix que nous avons à faire. Elle est comme l'astre qui guide les pas du chevalier de la Mancha, sauf qu'elle n'est pas une chimère. Ce soleil intérieur alimente le courage et la ferveur malgré nos humbles moyens et les difficultés objectives du parcours. L'idéal est le phare qui oriente notre action et nos prises de décision.

Ainsi, il est possible d'être heureux de participer au monde en faisant valoir cet éclairage. Je veux dire que nous profitons du contact avec l'idéal instantanément. Il ne sert à rien d'en attendre la réalisation puisque la lumière de l'étoile est déjà là. Par exemple, si c'est la pleine lune, vous bénéficiez de sa lumière dès que vous sortez en plein air. Vous n'avez pas besoin d'aller sur la Lune pour jouir de ses rayons.

De même, un être bénéficie immédiatement de la présence d'une grande aspiration dans sa vie et trouve du bonheur à incarner la présence de cette lumière dans le monde. Imaginons que vous souhaitiez agir dans le sens d'une pacification, et que vous preniez des petites et des grandes décisions dans cet esprit ; vous ferez vivre votre aspiration et elle vous fera vivre en retour. Au contraire, quelqu'un qui attend que la paix soit descendue sur terre pour commencer à sourire court de bonnes chances de mourir de très mauvaise humeur.

Dans notre séminaire, nos images idéales sont devenues des phares qui guidaient nos gestes, sans empêcher en rien le plaisir du jeu. Au contraire, il y avait le bonheur de se situer dans une direction alimentée par l'image vivante du mouvement, de la souplesse et de la lumière. Sculpter dans la quiétude d'un idéal à poursuivre, dans la joie de travailler à l'avènement de la beauté, dans un sentiment de justesse par rapport à soi, dans le plaisir d'une simplicité sans prétention, dans la liberté de créer au gré de sa fantaisie, que désirer de plus ? Pourquoi n'en est-il pas de même lorsque nous sculptons notre vie ? C'est une question que je me pose de plus en plus.

Jouer pour gagner ?

La notion d'idéal cache plusieurs pièges. Mesurer sa valeur personnelle en fonction de la réussite de ses aspirations en est un – surmenage et malheur garanti, malheur d'autant plus affreux qu'on aura eu l'audace de rêver grand. Le rêve a alors été récupéré par la personnalité qui, elle, exige des résultats et n'a que faire d'aventures à première vue irréalisables. Elle veut des retombées pour les montrer et ainsi se faire valoir, les utiliser pour se promouvoir et être reconnue par les autres. Pour le personnage, si une action ne sert pas à cela, elle ne sert à rien. Or, avoir de l'ambition et avoir de l'idéal, ce n'est pas la même chose. Être une « star » – ou vouloir en être une – et marcher dans la lumière d'une étoile, ce n'est pas pareil. En confondant les deux, vous vous lancez à la poursuite de rêves qui vous demanderont tout ce que vous pouvez donner. Vos ambitions vous essouffleront au lieu de vous remplir d'allégresse.

Traiter l'idéal comme un but à atteindre représente un autre écueil possible. En effet, pour certains, idéal rime avec excellence. Ils vivent dans la perspective exclusive de résultats hors pair. Ils veulent être les meilleurs. Au moment où j'écris ces lignes, il y a dans ma ville, Montréal, de grands placards publicitaires destinés à soutenir les athlètes canadiens en vue des Jeux olympiques. Ces publicités proclament à l'unisson : « Jouer pour gagner. » Compréhensible : nos olympiens ont besoin de sentir la population derrière eux. Cependant, avant de jouer pour gagner, la plupart d'entre eux n'ont-ils pas d'abord « joué pour jouer », patiné pour patiner, plongé pour le plaisir de plonger ? Je me permets de l'espérer.

Ayant participé activement aux mouvements contestataires de la fin des années 1960, j'ai été surpris par la suite de rencontrer d'anciens compagnons de lutte qui avaient laissé tomber toute aspiration, se réfugiant dans un cynisme décliné sur le thème : « Rien de ce que nous avons entrevu ne s'est réalisé. Ce n'est pas mieux, c'est pire. Alors, pourquoi se battre ? » Ils avaient cédé aux arguments de la personnalité et abandonné les aspirations qui guidaient leur individualité créatrice. Ayant fait de leurs idéaux humanistes et sociaux des buts à atteindre, ils se sentaient en situation d'échec. J'aurais dû leur rappeler les paroles du poète Leonard Cohen : « Et bien que tout ait mal été, devant le Seigneur des Chants je me tiendrai, avec rien d'autre sur mes lèvres que Alléluia » (« *And even though it all went wrong, I'll stand before the Lord of Songs with nothing on my tongue but Hallelujah*[1] »).

En ce qui concerne la confusion possible entre l'ambition et l'aspiration, la psychanalyse freudienne pratique une distinction éclairante entre les notions de *moi idéal* et d'*idéal du moi*. Le *moi idéal* correspond à un processus d'idéalisation par lequel le sujet se donne pour but de reconquérir un état de toute-puissance infantile. Cette recherche de la toute-puissance soutient ce que le psychanalyste Daniel Lagache appelle une *identification héroïque* à des personnages exceptionnels et prestigieux ou une admiration passionnée pour de grandes figures historiques[2]. Par le biais de cette identification inconsciente, je fusionne avec les modèles choisis. Je vis leurs succès et leurs échecs comme des événements personnels.

L'*idéal du moi* est le contraire du *moi idéal*. Au lieu de vouloir fusionner avec la puissance du modèle admiré, l'être s'en inspire ou s'inspire d'une idée qui donne un sens à son action. En somme, l'idéal du moi correspond à un stade plus mature de l'évolution psychologique. Il résulte d'une convergence entre le moi idéal – laissé en chemin –, les identifications aux parents et à leurs substituts, tels que grands-parents, autorités scolaires et religieuses, et les idéaux collectifs. Certains théoriciens comme Herman Nunberg distinguent nettement l'idéal du moi des instances interdictrices du *surmoi*, nées de la même convergence. « Alors que le moi obéit au surmoi par peur de la punition, il se soumet à l'idéal du moi par amour[3] », dit-il.

La notion d'idéal du moi a entraîné de grandes discussions en psychanalyse, discussions qui continuent

1. Leonard Cohen, *Various Positions*, Chanson « Hallelujah », Sony/ATV Music Publishing Canada Company, 1985.
2. Jean Laplanche et J.-B. Pontalis, *Vocabulaire de la psychanalyse*, 5e édition, Paris, PUF, 1976, p. 256.
3. Herman Nunberg, *Principes de psychanalyse*, Paris, PUF, 1957, p. 155, cité par Jean Laplanche et J.-B. Pontalis, *op. cit.*, p. 185.

jusqu'à ce jour. Parce que la nature de cette instance psychique demeure complexe et imprécise et qu'elle peut facilement se confondre à une orientation qui aliène l'être au lieu de le libérer. La distinction de Nunberg est en cela éclairante. Un idéal auquel on adhère par peur plus que par amour mérite d'être remis en question.

Se sentir utile

Comment identifier ses idéaux ? Question complexe, elle aussi.

Vos sentiments de compassion, de révolte peuvent être éveillés par un type de situation ou par un autre : la maltraitance des enfants, les souffrances des animaux, l'injustice et les discriminations dans votre pays ou entre pays, les menaces qui pèsent sur l'environnement... Autant de directions où placer votre idéal.

La nature de l'idéal qui vous anime importe peu. Ce qui importe est de faire l'effort d'en identifier un. Le fait est que, si vous trouvez une façon d'agir pour faire reconnaître les valeurs qui vous sont chères, vous vous sentirez plus utile et vous serez plus heureux.

En effet, la notion d'idéal introduit la question de l'utilité du geste et lie le bonheur individuel à la production d'actions et d'attitudes qui ont du sens non seulement pour soi mais aussi pour la communauté humaine.

Florent, qui administre un petit théâtre, me raconte qu'un jour il s'est retrouvé en faillite et sans le sou à la suite de mauvais investissements. « J'étais à ramasser à la petite cuillère, me confie-t-il. Un matin, je suis sorti de chez moi et je me suis rendu à pied jusqu'au centre communautaire de mon quartier pour leur offrir mon aide. Ils m'ont dit : « Nous aimerions monter une campagne de levée de fonds, vous êtes un commerçant, pouvez-vous nous aider ? » Je me suis mis au travail et ce fut un grand succès. Cela m'a redonné confiance en moi-même. Fort de cette expérience, j'ai pu lancer d'autres compagnies et me remettre à flot. Les gens du centre n'arrêtent pas de me remercier mais en fait, ce sont eux qui m'ont rendu service. »

L'expérience l'a valorisé et lui a permis de retrouver ses capacités. « Le fait de me sentir utile aux autres, ajoute-t-il, a été l'élément déclencheur. En plus de cela, je dois vous dire que j'ai toujours continué à faire du théâtre. Jamais pour l'argent, toujours pour le plaisir. Pour le plaisir d'entrer dans un rôle. Quand je revenais à ma réalité problématique, je la voyais complètement autrement. »

Le danger du surmenage

Si vous examinez votre vie en profondeur, vous allez peut-être constater que ce n'est pas tant ce que vous faites qui est lourd mais plutôt que cette activité n'a plus de sens pour vous. Cette perte de sens a diverses causes : vos talents sont sous-utilisés ; vous ne vous sentez pas en conformité avec vos valeurs ; vous vous sentez inutile et votre sensation de vous-même s'effrite de jour en jour.

Je suis intervenu à plusieurs reprises dans le cadre de journées de ressourcement proposées aux cadres travaillant dans le système de la santé et des services sociaux du Québec. Dans ce milieu, 25 % des effectifs manquent à l'appel chaque jour pour surmenage ou dépression. Un quart des effectifs, ce n'est pas rien. Or, le surmenage est souvent lié à la perte de sens de l'action personnelle.

Le secteur de la santé est instructif car les victimes du surmenage ne manquaient pas d'idéal, au départ. La plupart du temps, elles se sont mises au travail guidées par des idéaux relatifs au bien-être de la population ; elles étaient heureuses de participer à une aspiration collective, de pouvoir exercer leurs talents au service d'une cause qui avait du sens à leurs yeux.

Cependant, difficultés économiques et rationalisation des coûts aidant, les autorités administratives et gouvernementales ont exigé de plus en plus de ces travailleurs et de ces travailleuses. Ces derniers ont eu le sentiment que tout se résumait désormais à une histoire de chiffres et de productivité. L'humanisme qui les avait guidés dans leur profession exigeait une certaine qualité de soins, qui ne semblait plus à l'ordre du jour. Plusieurs ont vécu cela comme une dévalorisation. La conséquence en a été une démobilisation et une perte graduelle de sens menant à la dépression ou au surmenage pour plusieurs personnes. Lorsque nos valeurs sont fortement menacées par notre environnement social, il faut avoir une étoile qui brille très fort pour ne pas perdre de vue les aspirations qui guident notre vie.

Actuellement, nombreux sont les secteurs où les travailleurs subissent de telles pressions. Le problème est loin d'être individuel. Il faudra nous mobiliser pour faire savoir à nos gouvernements que la direction prise ne nous convient plus. Non seulement produit-elle nombre de désastres personnels mais elle nous entraîne dans un étouffement collectif qui bafoue l'humanité des êtres. Quel rôle souhaitons-nous réellement attribuer aux rendements financiers ? Jusqu'à quel point voulons-nous être informatisés ? Si les options prises ne correspondent pas à nos souhaits et à nos valeurs profondes, il va falloir commencer à le dire et réfléchir collectivement pour répondre à la question : sous quel éclairage voulons-nous vivre ?

Bien sûr, le surmenage est aussi un problème individuel. Faute d'être rassuré sur notre individualité, nous risquons de foncer dans la performance jusqu'à nous écrouler. Nous perdons alors d'un seul coup l'image que nous avons tenté de maintenir au prix de tant d'efforts.

De tels écroulements soulignent à nouveau la principale faille dans nos mécanismes psychologiques : attendre la reconnaissance de notre entourage et de nos supérieurs pour sentir que nous avons de la valeur. Il faut être capable d'abandonner le navire avant qu'il se précipite dans le piège, c'est-à-dire de repérer des facteurs de stress devenus incontrôlables.

Se respecter au point d'abandonner une tâche ou un travail, ce n'est pas toujours facile, et je ne parle pas des conséquences financières. L'intervention auprès des personnes surmenées est très révélatrice. Elles sont aux prises avec des images perfectionnistes d'elles-mêmes qui imposent une loi intérieure rigide. Le surmenage en est la cause, ainsi qu'un environnement difficile. Ces images intérieures ne sont jamais questionnées et les candidats au surmenage ne répliquent pas aux voix des conditionnements internes qui réclament la perfection. Ils ne le peuvent pas. Ces personnes n'ont aucune place pour elles-mêmes dans leur propre intérieur. Elles se dévouent entièrement au couple, à la famille, aux enfants et à la profession, pensent beaucoup aux autres et jamais à elles.

Du coup, la notion de plaisir est évacuée car elles ne s'accordent aucun moment pour prendre conscience de leur propre existence. En psychanalyse, nous dirions qu'elles n'existent pas comme « sujet » de leur propre expérience de vie. Elles fonctionnent en tentant d'en faire le plus possible tout en essayant d'être parfaites comme si cela seul comptait. L'image de ces personnes « brûlées » par le stress illustre on ne peut mieux l'impasse associée à l'identification inconsciente au besoin d'être reconnu.

Dans un atelier télévisé que j'ai coanimé avec la psychologue Rose-Marie Charest[1], je me suis rendu compte que les personnes souffrant de surmenage voyaient le meilleur de soi comme une chose de plus à faire, à laquelle il faudrait s'appliquer, vouant ainsi l'entreprise à l'échec. Nous ne pouvions donc que revenir à la base, les aider au moyen de questionnaires à retrouver une sensation d'elles-mêmes libre des demandes d'autrui. Nous ne pouvions que les invi-

1. Productions Point de Mire, *Guy Corneau en atelier ;* épisode « J'en ai assez d'être surmené » (titre de travail). Spécialiste invité : Rose-Marie Charest, psychologue. Montréal, 2006.

ter à prendre conscience qu'elles avaient, elles aussi, le droit d'exister, avec des goûts et des besoins dont elles n'avaient pas à se sentir coupables.

En conclusion de notre travail, un participant déclara qu'il savait désormais quoi faire dans les embouteillages. Au lieu de se mettre sur les nerfs, il pouvait se servir de ces temps morts pour revenir à lui-même comme on revient à la conscience après un évanouissement. Une participante ajouta qu'elle comprenait de mieux en mieux qu'il s'agissait d'un changement de regard sur soi. Après quelques heures d'échange, tous et toutes étaient convaincus qu'ils avaient le droit d'exister à leurs propres yeux et que le meilleur de soi était plus un état d'esprit, voire un état d'âme, qu'une chose de plus à accomplir. Ils avaient aussi saisi que, si l'idéal est une chose essentielle à l'être, à partir du moment où il se conjugue aux blessures du passé pour nous pousser à réagir de façon perfectionniste, il peut se révéler abusif.

Après l'atelier, Rose-Marie Charest m'a fait la réflexion suivante :

— Je suis émue par ces dix personnes. Elles sont manifestement courageuses et dévouées. Elles nous ont parlé de leurs enfants, de leurs partenaires amoureux et de leur profession avec générosité. Néanmoins, nous n'avons pas entendu le mot « amour » une seule fois.

— En effet, ai-je répondu, touché par la justesse de sa remarque, c'est comme si elles fonctionnaient et qu'elles oubliaient d'aimer. Elles cherchent à être bonnes et y parviennent haut la main. Mais leur cœur n'a pas encore voix au chapitre.

Un idéal n'est pas un dogme

L'attachement à un idéal cache un autre piège : transformer ses aspirations en dogmes. Il est le plus commun. On se met à croire à quelque chose et on n'en démord pas. Un idéal a pour rôle de nous inspirer et nous aide à dépasser nos peurs pour que nous puissions mener une action éclairée. Il n'est pas là pour nous sécuriser. Il n'est pas une bouée de sauvetage à laquelle on s'accroche pour éviter la dérive.

Il ne faut pas confondre l'idéal avec le dogme qui, lui, se définit comme une vérité incontestable. La plupart du temps, dans le champ de l'inconscient du moins, le recours au dogme est la conséquence d'une faiblesse identitaire. La doctrine offre la colonne vertébrale qui manque car elle structure et rassure.

On aurait tort de penser que les dogmes n'existent qu'en religion. Tout peut devenir dogmatique. Prenons la pratique du végétarisme. Certaines personnes en font un credo au point de mépriser ceux qui mangent de la viande. Il y a confusion. D'abord le végétarisme n'est pas un idéal mais un moyen. L'idéal qu'il sert est la promotion d'une vie respectueuse de l'organisme humain et de son environnement végétal et animal. Il y a d'autres moyens de promouvoir le même idéal. Ainsi, l'astrophysicien Hubert Reeves est devenu président de la Ligue ROC pour la préservation de la faune sauvage et la défense des non-chasseurs, parce que le plomb des innombrables cartouches pollue les sols et menace la chaîne alimentaire tant des animaux que des humains. Il sert le même idéal mais d'une autre façon. Il évolue sur un autre rayon de la même étoile.

La confusion entre l'idéal et le dogme, entre le but et les moyens peut devenir problématique. À l'heure actuelle, une telle confusion alimente la plupart des conflits mondiaux. Concevoir que l'amour et la compassion doivent régner dans le monde est un idéal grandiose, y consacrer sa vie est admirable. Penser que ces aspirations ne peuvent se concrétiser qu'au service d'une religion donnée engendre des croisades sanguinaires. À partir du moment où quelqu'un dit : « Dieu est de notre côté. Si vous n'êtes pas avec nous, vous êtes contre nous », les choses se gâtent entre êtres humains. Pourquoi les hommes de bonne volonté ne pourraient-ils cultiver le même idéal par des voies diverses ? À ce moment-là, au lieu de nous opposer, les différences nous rapprocheraient.

Encore une fois, ce sont des problèmes identitaires individuels et collectifs ainsi que des blessures historiques qui sont en jeu. C'est comme si chacun de nous voulait avoir l'assurance qu'il existe « plus » que les autres pour avoir l'impression qu'il a de la valeur et pouvoir lutter de façon efficace contre les angoisses de mort qui le tiennent aux tripes, angoisses qui sont pourtant le lot de chacun.

La dimension sociale de l'idéal

Certains craignent que l'effervescence du secteur du développement personnel pousse les gens à se refermer sur leur nombril et à abandonner le terrain de l'engagement social. Cette crainte me semble fondée et c'est pourquoi j'évoque la notion d'idéal.

Il n'y a pas d'opposition réelle entre le développement intérieur et le changement social. Bien au contraire. Puisque l'univers est pulsion créatrice et que celle-ci se traduit en soi en termes de talents et d'aptitudes, chacun peut trouver son bonheur premièrement dans la découverte de ses dons et deuxièmement dans leur expression au service d'un objectif qui lui tient à cœur et qui sert du même coup l'ensemble des êtres humains. En effet, nous pouvons concevoir notre société comme une création collective ; c'est en participant à l'œuvre de création commune que chacun trouve sa place et sa joie.

Mieux, les projets extérieurs qui ne sont pas soutenus par de véritables réalisations intérieures sont fragiles. Ils manquent de cohérence. Si vous luttez pour l'égalité sociale et que vous traitez vos proches avec condescendance, cela affaiblira grandement votre pouvoir d'action. Il y aura un manque de cohérence entre ce que vous dites et ce qui émane de vous. En général, le public ou votre entourage immédiat ne s'y trompe pas.

Il y a donc lieu de porter une attention toute spéciale au piège que sont les grandes actions radicales. Revenons plutôt à ce slogan de la révolution hippie : « Pensez globalement, agissez localement. » Cette expression mise de l'avant par David Brower, au moment de la fondation de l'association Les Amis de la Terre (Friends of the Earth) en 1969, demeure on ne peut plus actuelle. Autrement dit, rêvez d'une planète débarrassée de la pollution et n'oubliez pas de récupérer les matières recyclables que vous manipulez. Ça demande un effort constant, mais à la clé il y a le plaisir de sortir de l'impuissance, et celui de se relier à une conscience collective qui, en se renforçant, finira par faire pencher la balance du côté d'une meilleure utilisation des ressources. « Pensez globalement, agissez localement. » : on ne peut mieux résumer le dialogue naturel qui s'établit entre l'élan créateur et l'aspiration. Le « penser global » permet à l'idéal – ce que Hubert Reeves appelle l'éthique – de se déployer. « L'agir local » invite à l'utilisation des talents et des ressources d'un être au service d'une cause.

> Astrophysicien, écrit Hubert Reeves, je suis engagé pour la défense de la biodiversité. Et par éthique, je crois profondément que tuer pour le plaisir est un acte inhumain, indigne et dégradant. Aussi suis-je devenu en 2001 le président de la Ligue ROC pour la préservation de la faune sauvage et la défense des non-chasseurs. L'avenir dépend largement des décisions prises aujourd'hui et demain. Prenons les choses en main[1] !

Une amie me racontait qu'elle s'était enrôlée dans une chorale par goût du chant. Puis les choristes ont décidé ensemble de donner des concerts gratuits dans les centres

1. Cette citation apparaît sur la page d'accueil de la ligue ROC : *www.roc.asso.fr*. Voir aussi le site officiel de Hubert Reeves : *www.hubertreeves.info*.

pour personnes âgées. C'est tout simple mais je suis certain que cette initiative double leur plaisir de chanter. Orienter sa créativité, c'est cela.

Engager votre créativité en fonction d'un idéal qui vous tient à cœur vous délivrera de vous-même et de votre petite histoire. Cela vous donnera le courage d'entreprendre des actions que vous n'auriez pas cru possibles. Vous descendrez dans la rue, vous protesterez, vous parlerez à des responsables, vous vous exprimerez de plus en plus clairement sur la place publique ou dans l'intimité. Vos convictions vous aideront à dépasser vos timidités. Ou bien vous vous contenterez de cultiver en vous de telles idées ; penser, c'est déjà intervenir car ce qui émane de vous est une autre forme d'action.

Autrement dit, accepter de vivre sous la lanterne de certains idéaux nous permet d'apporter notre pierre vivante à l'édifice de la culture humaine. De cette façon, la connexion est assurée entre le monde du développement personnel et celui de l'évolution collective. L'idéal complète la jouissance associée à la découverte de son potentiel en nous permettant d'offrir nos talents au monde d'une façon qui fait du sens pour nous. C'est une manière de « joindre l'utile à l'agréable » puisqu'une partie du bonheur humain vient du sentiment d'être utile.

« Le sourire de la personne dont je prends soin est devenu mon sourire » me confiait un homme qui fait du bénévolat dans un hôpital. Je connais un couple qui consacre sa retraite à soutenir à plein temps une association qui lui tient à cœur. Recevoir un paiement pour leur action en aurait, selon eux, changé la nature ; ils la veulent tout entière dévouée à l'idéal de progrès des consciences qui les anime. Ils m'ont confié que leur participation à une œuvre et à une vision commune avait enrichi leur vie de couple.

L'idéal peut être grandiose, il est même bon qu'il le soit car ainsi son éclairage est plus large et ses inspirations plus vastes. Il est bienfaisant de rêver un impossible rêve où tous les êtres humains sans distinction de race, de religion ou de classes sociales peuvent se retrouver. De telles aspirations donnent du souffle. Il suffit ensuite de passer à l'action, porteuse de satisfaction. À ce moment-là, il est bon de se rappeler que, si nous sommes déçus de nous-même ou des autres en rapport avec des objectifs idéaux, c'est que notre personnalité a repris les commandes aux dépens de notre individualité créatrice.

Un exemple d'idéal à la fois personnel et social

Quoi que vous pensiez du monde actuel, je peux vous assurer qu'un grand nombre d'hommes et de femmes agissent pour aider à l'édification d'un monde meilleur, c'est-à-dire d'un monde respectueux des êtres humains et de leur bonheur. Certains d'entre eux ont changé d'emploi, d'autres font fructifier leur argent au service de causes humanitaires, d'autres ont accepté des salaires moindres pour rester en accord avec leurs valeurs. D'autres prennent soin d'élever leurs enfants selon des principes qui respectent leur réalité créatrice. D'autres encore se contentent d'aimer de tout leur cœur toutes les personnes qu'elles croisent, convaincues qu'en dernière analyse c'est le seul moyen d'agir véritablement.

J'ai eu la chance de rencontrer personnellement des dizaines d'entre elles dans le cadre de mon émission télévisée ou des conférences que j'ai données sur le thème du meilleur de soi. Je voudrais vous en présenter au moins une : Bruno[1].

Encore jeune, Bruno a un idéal, une sorte de rêve. Pour lui, il ne s'agit pas tant de réaliser un rêve que de toucher à un sentiment de liberté intérieure. Ses études le conduisent du côté du marketing et il travaille ensuite

1. Productions Point de Mire, *Guy Corneau en toute confidence,* épisode « Le meilleur de soi ». Diffusé sur les ondes de Canal-Vie en février 2006.

pour de grandes compagnies multinationales dans la ville de Toronto. L'argent et le prestige sont au rendez-vous. Le statut social aussi. Pourtant, Bruno s'ennuie. En haut de sa tour vitrée, il vit une véritable « catastrophe intérieure », selon son expression.

Un événement marquant va changer sa vie. Sa femme tombe malade et meurt après deux années difficiles pendant lesquelles Bruno joue auprès d'elle le rôle d'accompagnateur, de masseur, de cuisinier et d'infirmier. La mort de son épouse le déboussole au point qu'il abandonne tout et part en voyage.

Il rêvait de vivre en Europe. Il se retrouve en Suisse pour une autre année d'études. Il veut compléter son MBA (maîtrise en commerce et en administration). Et le scénario recommence à une plus large échelle, cette fois. Il travaille à Genève. Il est directeur de la communication pour toute l'Europe d'une grosse entreprise internationale. Il a la mort dans l'âme.

Le jour où ses patrons lui offrent une promotion, c'en est trop. Il refuse tout et décide de quitter la compagnie. À ses collègues qui le félicitent pour son courage, il répond :

« Je ne suis pas courageux du tout. C'est rester qui me demanderait un courage que je n'ai pas. »

À partir de ce moment-là, il réaménage ses compétences et devient facilitateur de créativité et de communication dans des organisations, notamment humanitaires, dont les idéaux correspondent mieux aux siens. En réalité, il n'a plus qu'une idée en tête : passer à la phase expressive de sa vie. Il se remarie, devient père et décide de prendre une année sabbatique pour écrire.

Finalement, son année de congé aboutira à l'écriture d'un manifeste qu'il intitule *La Révolution créatrice*. Sur son site, il décrit cette révolution comme politique – elle propose la création d'un nouveau monde ; humaniste – elle s'occupe de l'élan créateur des êtres et de leurs idéaux ; et artistique – Bruno met toutes ses ressources expressives :

parole, photographie, vidéographie et musique à contribution, et il invite chacun et chacune à le rejoindre sur ce forum de création d'un monde d'expression[1].
En ondes, il partage sa devise personnelle : « Trouve en toi la motivation de tes actions. Travaille pour toi et non pour le regard de l'autre. Le changement du monde passe nécessairement par ta révolution intérieure. »

1. Voir le site de Bruno Poirier : *www.larevolutioncreatrice.org.*

17

AMORCER LE CHANGEMENT

Notre développement de la notion d'idéal nous entraîne tout naturellement à aborder celle du changement. Au cours des chapitres de la deuxième partie, vous avez déjà glané ici et là les attitudes et les pratiques qui facilitent une transformation intérieure. Sans nous répéter, mettons en lumière ce qui permettra de dissoudre les entraves psychologiques pour libérer le geste créateur.

Quelques mises en garde sont nécessaires, cependant. Il serait dangereux, en maniant la notion de changement, de perdre la latitude que nous avons trouvée au terme de notre évocation de l'élan créateur, du jardinage intérieur et de l'idéal de l'être. Le danger est que tout se contracte à nouveau, d'un seul coup. Je vous rappelle donc qu'il n'y a aucune performance à accomplir pour toucher le meilleur de soi et que nous ne nous sommes pas dans une attente de résultat.

De plus, il est nécessaire de comprendre qu'un individu peut aussi décider de ne rien faire de sa vie. Il est important d'avoir ce libre arbitre qui est celui que revendiquait le romancier russe Dostoïevski à l'aube de la révolution bolchevique. Il avait l'intuition que l'idéalisme qui menait ce changement radical s'imposerait au détriment des êtres humains. On ne peut pas dire que l'Histoire lui ait donné tort.

La vigilance est nécessaire pour que nos propres schémas ne deviennent pas un système d'idées dans lequel la spontanéité de l'être serait étouffée parce qu'il s'efforce de pratiquer des purges dans sa personnalité. N'oubliez pas que le fondement de notre démarche est dans l'amélioration de l'intimité de l'être avec la vie et que le meilleur de soi a été défini dès le départ comme la partie vivante et lumineuse de nous.

Vouloir saisir le changement ou le contrôler est illusoire. Tout bouge tout le temps, que nous y consentions ou non. Penser pouvoir s'immobiliser dans l'espace ou dans le temps est vain. L'attitude juste consiste à permettre la transformation en abandonnant nos sécurités trompeuses et en épousant le mouvement créateur universel. Ainsi, nous contribuons à la transformation au lieu de la subir ou de lui résister. C'est comme se donner la permission d'être enfin ce que nous sommes.

Finalement, du point de vue de l'individualité créatrice ou de l'âme, le seul mouvement à accomplir est de se laisser glisser dans le meilleur sans l'ombre d'un effort. Du côté de la personnalité de surface, c'est tout le contraire. Ça ne glisse pas du tout et la transformation semble pénible parce que nous sommes fermement identifiés au point de vue de notre personnage.

Ces réserves étant faites, je vous propose d'adopter le point de vue évolutif en gardant présent à l'esprit qu'à tout moment il est possible de goûter le meilleur de soi sans difficulté, au moyen d'une simple respiration. Sur le plan de la conscience, le changement consiste essentiellement en un accroissement des moments d'ouverture, de joie et de paix que vous connaissez déjà. Ce grossissement du flux créateur, cet élargissement de la bande de réception fera que votre vie sera plus satisfaisante qu'elle ne l'a jamais été.

Entrer dans le changement, c'est entrer dans un acte d'amour et de respect de soi avec la même délicatesse et la même générosité que si vous accomplissiez un geste amoureux.

Tenir la tension

Nul besoin de se le cacher, dans la vie quotidienne, le changement est difficile ; il s'inscrit presque nécessairement dans un débat intérieur entre la personnalité protectrice et l'individualité créatrice – débat qui est le lot de toute personne qui décide de sortir de l'inconscience. Plusieurs sages en témoignent, et Jung en fait état abondamment dans son œuvre. Il appelle cela « tenir la tension » entre la position du conscient et celle de l'inconscient. Il souligne régulièrement que cela est nécessaire à l'évolution psychologique mais très inconfortable.

Le poète soufi Kabîr décrit ce même débat :

La bataille de celui qui cherche la Vérité continue
jour et nuit et, Dans le champ clos de notre corps
se livre une grande guerre contre les passions,
la colère, l'orgueil et l'envie. […]
La bataille de celui qui cherche la Vérité
continue jour et nuit et, aussi longtemps
que dure sa vie, elle ne cesse pas[1].

Souffrir d'un conflit de façon volontaire et consciente porte moins à conséquence qu'en souffrir de façon inconsciente. Les tensions intérieures que nous portons en connaissance de cause n'ont pas l'effet dévastateur de celles que nous abritons sans le savoir. Lorsque nous établissons un rapport avec un contenu psychique comme la tristesse, la colère ou un fantasme violent, il y a dialogue entre le moi conscient et le contenu en question. Ce dernier perd du même coup une partie de son autonomie, qui faisait qu'il pouvait s'emparer de nous à notre insu pour penser, sentir et agir à notre place.

En réalité, ce conflit conscient est fécond. Il s'agit du combat pour la liberté – que j'ai abordé dès la première

1. Kabîr, *op. cit.*, poème XXXIX.

phrase du livre. La liberté intérieure signifie que les conditionnements qui nous emprisonnent n'ont plus la force de nous contraindre. Elle apparaît comme la seule autonomie possible pour un être humain puisque nous sommes dépendants de tous nos types d'environnement. Toutefois, l'indépendance se paie chèrement : notre personnalité souffre de la remise en question de certitudes qui, malgré les contraintes évidentes qu'elles entraînent, ont le mérite d'assurer notre survie.

De fait, tant que l'on se contente de survivre, il n'y a pas de problème. Le jour où l'on veut approcher de son élan créateur, être plus fidèle à ses aspirations, les difficultés commencent. Les vraies, celles qui demandent un discernement constant, des choix clairs et une orientation précise. Autrement dit, une vie nouvelle, intense et passionnante qui nous rapproche d'un bonheur durable est possible pour tous mais elle se gagne de haute lutte.

De toute façon, il serait naïf de penser que le conflit dont je parle n'existe pas déjà en vous. En réalité, il a éclaté il y a fort longtemps, et depuis, il fait des ravages. C'est un conflit inconscient qui sape les résistances naturelles de l'organisme. Ses conséquences intérieures ont pour noms la maladie physique, la dépression, la perte de sens, la désillusion, le cynisme et l'égocentrisme, des affections psychiques qui nous percutent et nous emprisonnent. Tant que nous croyons que c'est le corps, la fatigue, les autres, le surmenage, les enfants, les parents et le gouvernement qui sont les responsables de nos états, nous vivons dans l'inconscience et ne réglons rien. Le jour où nous nous mettons en cause, le changement créateur peut commencer.

Ne pas s'en rendre compte, laisser faire tout en fumant notre énième cigarette ou en buvant notre énième whisky, c'est cela qui porte à conséquence. C'est un peu comme de siroter un cocktail sur le pont du *Titanic* tout en contemplant l'iceberg.

Le dialogue avec soi-même

Comment clarifier le débat entre la personnalité protectrice et l'individualité créatrice, entre l'élan créateur et les peurs du passé ? Dans mes travaux, j'utilise volontiers la technique des trois chaises, que j'ai présentée au cours d'un atelier télévisé.

Sylvie, la jeune femme qui utilise les chaises, veut venir à bout d'une personnalité perfectionniste envahissante. La chaise du milieu, que j'ai appelée la « chaise du choix », représente son intention consciente : partir de Québec, la ville provinciale où elle travaille, pour trouver un nouvel emploi à Montréal, la métropole. La chaise de droite, la « chaise de l'élan », représente ce qui pousse en elle, sa force de vie. La chaise de gauche, « la chaise des peurs », représente la personnalité avec ses craintes, ses deuils à faire, ses regrets et ses compensations. Sylvie va s'asseoir successivement sur chaque chaise et entreprendre une conversation avec différentes parties d'elle-même[1].

Chaise du choix (Sylvie, ton déterminé) : Voilà, ma décision est prise. Je vis à Québec actuellement, mais je veux revenir à Montréal.

Chaise de l'élan (Sylvie, ton enthousiaste) : Enfin la vie, l'activité. On va vivre, on va avoir une vie sociale, on va apprendre… Je veux faire autre chose de ma vie. Je veux vraiment entrer dans l'aide humanitaire aussi, faire des tas d'activités, me connaître. Je veux m'ouvrir, je veux prendre des cours de toutes sortes, faire du sport. La vie s'ouvre. Je suis enfin à Montréal. Ma décision est prise. Enfin !

---

1. Productions Point de Mire, *Guy Corneau en atelier ;* épisode « Vaincre la résistance au changement ». Diffusé sur les ondes de Canal Vie en septembre 2006.

Chaise des peurs (Sylvie, ton revendicatif) : Tu fais quoi de moi, la performance ? Tu veux trouver un nouveau job, soit. Mais tu vas réagir comment à tout ça ? Tu vas te perdre…

Chaise du choix (Sylvie s'adressant aux deux autres chaises) : On va devoir prendre des décisions à un moment donné. Savoir ce qu'on fait avec notre carrière. (Pensive, considérant les deux autres chaises) Où est-ce que je vais aller, avec tout ça ?

Chaise de l'élan (Sylvie s'adressant aux deux autres chaises) : Mais vous n'en avez pas marre de travailler ? Il me semble que c'est la vie qu'on veut. On veut voyager, on veut l'aventure, on veut découvrir. C'est ça que je veux. Je veux ME découvrir. Il serait peut-être temps que vous autres, vous la fermiez.

Chaise des peurs (Sylvie, ton affirmatif) : Ouais, mais je t'ai toujours aidée, moi. On a toujours bien fait nos affaires. On était reconnu par rapport à ça. Même si tu travailles soixante-dix à cent heures par semaine. Ce n'est pas grave, ça. De toute façon, travailler, tu ne sais faire que ça.

Chaise du choix (Sylvie sent la tension qui monte) : On va devoir se trouver un terrain d'entente là, hein ? Probablement qu'on va avoir d'autres décisions à prendre aussi… par rapport à toi, la performance.

Chaise des peurs (Sylvie se sent menacée. En s'asseyant, elle se sent oppressée. Elle suffoque. Elle retient difficilement ses larmes et finalement, elle ne peut pas parler).

Chaise du choix (Sylvie s'adresse à la chaise des peurs en pleurant) : Je ne pensais pas que tu prenais autant de place dans ma vie. Je crois que je t'ai beaucoup aimée parce que tu me protégeais. Tu me donnais une vie.

Chaise de l'élan (Sylvie, ton excédé) : Oui, mais pourquoi ne changerait-on pas de vie ?

Chaise du choix (Sylvie s'adresse à la chaise des peurs, ton déterminé) : Je prends la décision de te laisser là. Je n'en peux plus. Il faut que ça change. (Après un temps de réflexion) Et je suis bien avec ça.

J'ai appris par les documentalistes de l'émission que, dans les mois qui ont suivi l'atelier, Sylvie a déménagé à Montréal. Elle s'est trouvé un nouvel emploi et elle a entrepris nombre des activités qui l'intéressaient.

L'exercice de la chaise est très efficace, et l'on peut très bien le faire seul chez soi. Il a pour mérite de placer à l'extérieur de nous – ça s'appelle *objectiver* en jargon thérapeutique – ce qui nous préoccupe intérieurement. Ça aide à rendre conscient le débat inconscient et à clarifier les enjeux.

La place du choix

La chaise du milieu, la troisième chaise, comme je me plais à l'appeler, revêt un aspect plus important qu'il ne semble au premier abord. C'est la place neutre et bienveillante, à partir de laquelle on peut tout recevoir de ce qui se passe en soi, autant les craintes du personnage que les élans créateurs venus de l'individualité profonde. C'est un poste d'observation et de présence à soi. C'est là que l'on se souvient selon quels idéaux on veut vivre et que l'on comprend la nature des freins qui nous ralentissent.

Il s'agit de s'asseoir sur la chaise du milieu pour converser avec les différentes voix qui se lèvent en nous afin que nos décisions deviennent plus claires et mieux affirmées. N'oubliez pas que ce sont elles qui orientent l'énergie créatrice. La troisième chaise est donc celle du choix car à partir de ce que nous entendons, nous pouvons choisir ce que nous voulons nourrir en nous-même. C'est à partir de cette écoute que nous trouvons l'orientation juste.

En réalité, elle est la chaise du disciple de la vie, celui qui observe, qui évalue et qui tire des conclusions sans jugement et sans culpabilité. Pour cela, il s'agit de se donner le droit de mener une expérience avec soi, comme si vous étiez un laboratoire ou une œuvre à compléter. La troisième chaise est celle du laborantin, celle de l'artiste de la vie.

À la longue, cette troisième chaise peut devenir celle du guide intérieur. Car à mesure que se mène cette expérience pratique, des intuitions et des convictions apparaissent, qui ouvrent la direction que nous pouvons prendre.

Si vous ne retenez qu'un exercice pratique de mon volume, que ce soit celui des trois chaises.

L'écueil spirituel

Je suis en train de méditer sur une plage, en France. Une dame m'interrompt. J'émerge un peu brutalement, surpris que l'on me dérange en pleine méditation. Elle me dit qu'elle est venue à ma conférence la veille et que mes paroles l'ont déstabilisée. « Je pratique le zazen depuis plusieurs années et il me semble que je n'arrive pas à grand-chose », confesse-t-elle. Puis elle m'explique pourquoi elle n'a pas participé à la partie interactive de la soirée, au cours de laquelle j'avais mis des chaises sur scène pour permettre aux spectateurs de prolonger le jeu des acteurs en explorant les motivations profondes de ces derniers. « Vous comprenez, me dit-elle, les émotions, j'ai laissé ça derrière. »

Je lui explique que ce n'est pas d'avoir des émotions qui est problématique mais de leur être attaché inconsciemment, bref de s'identifier à elles.

« Que vous passiez, lui dis-je, votre temps submergé par vos états affectifs ou, au contraire, que vous le passiez à vous les interdire, le problème reste entier : vous ne l'avez pas réglé. Ça ne sert à rien de se répéter que la colère est mauvaise. Il faut plutôt observer les effets de l'irritation en soi, voir comment elle peut parfois nous resserrer en nous fixant sur un tout petit point de vue alors que, d'autres fois, bien exprimée, elle peut nous délivrer. »

J'ajoute qu'à mon sens le nettoyage psychologique est nécessaire, sinon les émotions sont plutôt refoulées que dissoutes et elles nuisent alors à un processus d'expansion comme la méditation. Autrement dit, une observation du mécanisme de la personnalité et des conditionnements qui sont en jeu est nécessaire pour pouvoir se dégager réellement de ce qui encombre le passage au niveau affectif. Si la capacité de devenir témoin de ses processus psychiques n'est pas installée, la méditation sert tout de même à quelque chose ; elle nourrit un espace décontracté et c'est autant de gagné. Toutefois, le cœur reste alourdi.

Elle me répond que j'ai peut-être raison.

« Je me retrouve assise entre deux chaises, incapable de lâcher vraiment au zazen et ne pouvant me résoudre à la mer d'affects qui semblent animer la plupart de mes élèves en yoga. Je trouve que le chemin est long. »

Comme je la comprends. Être assis entre deux chaises... c'est une position tellement inconfortable. En fait, il serait si simple, comme je viens de le dire, d'introduire une troisième chaise entre les deux autres : la chaise du témoin, la chaise du moi conscient, la chaise du disciple engagé, la chaise de celui qui choisit. Cette troisième position permet de ne pas sombrer dans une lutte d'opposés irréconciliables où l'on se reproche sans cesse de n'être ni d'un côté ni de l'autre. C'est une position plus confortable entre le monde paisible de la méditation et l'univers stimulant des sollicitations sociales, entre l'expansion et la contraction, entre les élans d'une part et les peurs de l'autre.

Après son départ, je me dis que la route lui semble longue parce qu'elle a un but précis. Elle projette son bonheur dans une sorte d'extinction du moi et de tout attachement au monde. Alors sa méditation se transforme en attente au lieu d'être une arrivée. Réflexion faite, j'aurais dû lui proposer de s'asseoir près de moi quelques instants pour contempler la mer et pour méditer sans rien chercher, en goûtant simplement à ce qui est déjà là, le meilleur.

La part de l'ombre

En réalité, cette dame a appris à dédaigner le monde des émotions. Son credo spirituel lui dit que ce n'est pas bien d'avoir en soi de la colère, de la jalousie, de la mesquinerie et peut-être pire. Elle se rebiffe à l'idée d'héberger tant d'ombre. À dire vrai, chacun de nous porte toute la noirceur et toute la lumière dont l'espèce est capable. Les graines du pire et du meilleur sont déposées dans chacun de nos sols. Tout peut y germer. Ce n'est pas grave de porter cela en soi.

Même si vous observez des tendances suicidaires, criminelles ou perverses en vous, dites-vous qu'elles ont une histoire qui s'explique et qui par le fait même vous explique. Ce n'est pas grave, à condition qu'il y ait quelqu'un pour observer ce qui est là, sans jugement. Il est vrai que cette histoire peut vous entraîner à votre perte si vous restez identifié à elle sans jamais y réfléchir ou tentez de l'ignorer. Une observation bienveillante fera qu'éventuellement vous pourrez vous comprendre et poser d'autres choix.

J'ai eu l'opportunité de travailler dans les prisons et avec des jeunes de la rue. En ces occasions, je me suis souvent dit : « Si je venais de la même enfance, si je venais de la même souffrance, j'aurais fait la même chose qu'eux. » Il m'apparaissait évident que c'est un être meurtri qui devient un meurtrier ou qui impose des meurtrissures aux autres. Leurs impulsions n'avaient pas pu être remises en question et ils étaient passés à l'acte pour se décharger de tensions et d'angoisses intolérables qu'ils ne comprenaient pas. Il n'y avait pas de témoin en eux.

Peu importe son âge, peu importe son passé, si un être a la chance de prendre conscience de ce qui le conditionne, un espoir se lève en lui. La conscience est cet espoir. Elle est ce facteur qui peut entraîner une nouvelle cohérence.

Sinon, tout va en se dégradant de plus en plus. Car les êtres humains sont comme les ondes qui tendent vers le chaos. Le principe de dégradation de l'énergie – l'entropie – nous entraîne vers la dégénérescence. Seule l'intervention de la conscience peut changer le cours des choses.

Développer de nouvelles convictions

Lors d'une phase de changement, il ne faut pas s'étonner d'avoir à rencontrer non seulement des émotions que nous jugeons « négatives », mais également des peurs et des expériences passées qui sont la source de notre immobilisme. Il est bien qu'il en soit ainsi. On apprend à se connaître. À cet égard, les croyances de fond sont toujours très instructives.

Pour ma part, devant une situation nouvelle, je me débats sans cesse avec la croyance que je ne peux pas y arriver. Bien que ma raison me souffle que j'ai ce qu'il faut pour entreprendre le changement souhaité, une voix lui répond que je ne suis pas à la hauteur de mon projet. J'en arrive même à créer des circonstances qui compromettent mon avancée et confirment ainsi les prophéties formulées par mes interprétations limitées.

Formuler de nouvelles convictions est une façon pratique de renverser les anciennes. Voici comment, à titre d'exemple, décliner quelques-unes des certitudes les mieux partagées en « anciennes croyances » et « nouvelles convictions » :

1. *Croyance* : La difficulté que je rencontre est l'empreinte de ma nullité irrémédiable et de ma débilité profonde.

Conviction : La difficulté que je rencontre est la trace de mon élan créateur en pleine activité. Il m'invite à sortir du *statu quo* et à le suivre.

2. *Croyance* : Je n'arriverai jamais à rien. Je n'ai pas confiance en moi.
Conviction : Créer n'est pas le synonyme de faire mais d'abord et avant tout d'être. Un nouvel état intérieur forgé par la contemplation, la détente et la méditation est l'une des créations les plus sublimes de l'être humain.

3. *Croyance* : Plus je pense à un problème et plus je cours de chances de le régler.
Conviction : Ressasser un problème ne règle rien. En rester là, c'est se contenter d'un prix de consolation. Faire quelque chose qui me fait plaisir, me balader ou aller vers une activité créatrice est plus profitable.

4. *Croyance* : Se faire aider est un signe de faiblesse.
Conviction : Si j'ai trop de difficultés, je dois me faire aider car je ne vis pas en vase clos. S'il est vrai qu'en principe tout est en soi, il faut bien concevoir que chacune de nos cellules possède à la fois une partie universelle et une essence individuelle. Le rapport avec autrui sert donc à éveiller mes capacités endormies.

5. *Croyance* : Je ne connais pas mes goûts et je ne les connaîtrai jamais. Je ne suis pas une personne créatrice.
Conviction : Je vis dans un univers créateur et je porte moi aussi un aspect créateur. Plus, je suis venu ici pour goûter à la joie et à la liberté de la création pure. Je ne crée pas pour guérir, c'est plutôt l'affranchissement de l'élan créateur qui me guérira.

6. *Croyance* : Les créateurs sont seuls et malheureux.
Conviction : La joie provient du fait de créer et elle attire à elle nombre de personnes. C'est la prison de la person-

nalité qui rend solitaire. La création me rendra solidaire du monde entier.

7. *Croyance* : Tous les autres font des choses plus belles que moi.
Conviction : Lorsque je crée, ce qui compte n'est pas le résultat, mais le plaisir que je prends au processus. Si je crée pour le résultat ou pour me faire admirer, je suis prisonnier du système de performance. Si je suis soumis au regard de l'autre pour approuver mon geste, c'est de la dépendance. La reconnaissance d'autrui contribue à mon équilibre psychologique, toutefois, c'est l'autorisation par moi-même de mes goûts, de mes talents et de mes dons qui constitue la plus belle preuve d'amour. La reconnaissance de ma personnalité par les autres ne fait que m'enchaîner. La reconnaissance par autrui de ce que je suis réellement et que j'ai le courage d'afficher est vraiment satisfaisante.

8. *Croyance :* Puisque ma décision est claire, il n'est pas normal que les doutes et les peurs soient encore au rendez-vous. C'est sans doute parce que ce n'est pas la bonne décision.
Conviction : Il est normal que les doutes et les peurs soient au rendez-vous de chaque décision importante. Plus la décision porte à conséquence pour mon futur, plus les éléments du passé risquent d'être présents.

Loin d'être exhaustive, la liste que je viens de vous soumettre est un simple aide-mémoire qui peut servir lorsque le malheur frappe. Toutefois, vous l'aurez deviné, les nouvelles convictions ne sont pas un simple jeu de l'esprit. Elles s'intègrent en nous à mesure que se vivent de nouvelles expériences conscientes. Tant qu'une idée n'a pas pris le chemin du corps en écho à une sensation, elle ne peut nous servir que partiellement, à titre de panneau indicateur.

Autrement dit, ce sont les nouveaux souvenirs qui sont les tremplins du futur.

La recette du meilleur de soi

Pour créer de nouveaux souvenirs, il est bon de savoir ce qui apporte détente et vitalité à un être humain. Or chacun de nous connaît au moins une partie de la réponse à cette question. Pour vous rafraîchir la mémoire, voici quelques facteurs favorisant la circulation de l'énergie en nous :

- *Sur le plan physique* : bouger, danser, marcher, faire de l'exercice et bien s'alimenter en mangeant des nourritures vivantes et saines biologiquement parlant.
- *Sur le plan affectif* : régler ses problèmes relationnels pour alléger son cœur ; aller en thérapie seul, à deux, en famille ; fréquenter des séminaires de croissance personnelle pour faire circuler les vieilles émotions enkystées ; être près de ceux que l'on aime, chercher des environnements humains et biophysiques propices à notre développement, avoir des plantes et des animaux près de soi.
- *Sur le plan social* : s'engager dans sa communauté, sa paroisse, sa société pour soutenir la transformation ; se rendre utile et faire des choses pour les êtres qui nous entourent.
- *Sur le plan intellectuel* : lire, s'informer, aller vers de nouvelles conceptions, philosopher.
- *Sur le plan créatif* : imaginer, poétiser, pratiquer un art d'expression, dessiner, écrire, etc.
- *Sur le plan spirituel* : célébrer la vie, méditer, contempler, aller vers des choses sublimes, pratiquer la compassion et l'ouverture du cœur, s'unir à tout ce qui est.

Et puis, par-dessus tout, rire, s'amuser, jouer, et participer avec son talent à la création collective qu'est l'univers.

Les subtilités de la recette

Comme vous le constatez, la recette est facile à énoncer et vous la connaissiez déjà. Comment se fait-il qu'elle soit si difficile à suivre ? Comment se fait-il que, connaissant les conditions de notre emprisonnement, nous ayons tant de difficultés à sortir de notre prison ? Voilà la véritable question.

La principale raison est que nous retirons des gratifications inconscientes de notre condition. J'ai abordé ce thème en détail dans mon dernier livre *Victime des autres, bourreau de soi-même*[1], en exposant que même une situation de violence peut être attrayante par l'intensité de vie qu'elle procure. Ce que nous avons vu des compensations nous a conduit à des conclusions similaires.

Sachant que dix minutes d'exercice physique par jour permettent d'éviter bien des troubles organiques et psychiques, comment se fait-il que nous ne trouvions pas les dix minutes en question ? qu'en déduire ?

N'y aurait-il pas une sensation de sécurité liée au fait de rester immobile ? Assurément, de plus, tant que nous ne bougeons pas nous ne prenons pas conscience de notre manque de souffle et de nos raideurs physiques. En faisant peu d'exercices, nous nous évitons les surprises désagréables – de façon temporaire, il va de soi.

Comment expliquer que, souffrant de surpoids et de toutes les conséquences de son état, un individu n'arrive pas à manger moins ou mieux ? Ne serait-ce pas que le trop-plein de nourriture apporte une sensation de plénitude ? Le ventre rond permet d'éviter la sensation de vide intérieur qui renvoie, elle, au manque affectif et à l'angoisse de manquer d'amour.

Voilà pourquoi je dis souvent aux gens qu'il ne sert à rien de modifier un comportement s'ils ne savent pas à quoi il sert au niveau psychologique. Prenez la cigarette. La plupart

1. Guy Corneau, *op. cit.*

des fumeurs fument pour se détendre, pour faire face à des situations tendues ou pour se récompenser. Ce sont là quelques-unes des gratifications inconscientes associées à la consommation du tabac. Cela signifie que, si vous arrêtez de fumer, vous devrez remplacer ce que la cigarette vous donne inconsciemment par des démarches conscientes comme apprendre à vous détendre, mieux gérer vos conflits et vous faire plaisir sans vous détruire.

Le mieux est de suivre la recette sans vous occuper de tout cela. Parce que si vous vous dites qu'il y a une privation préalable, vous risquez fort de ne jamais vous mettre à table...

Le dessert

L'auteur Jean-Jacques Crèvecœur a imaginé ce qu'il appelle *le paradigme du changement* pour expliquer les dilemmes intérieurs que nous rencontrons devant la perspective d'un nouveau comportement à adopter. Je m'en suis inspiré pour créer celui-ci.

Compenser = Facilité sur le court terme, inconvénient sur le long terme.

Changer = Difficulté sur le court terme, satisfaction sur le long terme.

Comme vous pouvez le constater, c'est simple et très éclairant. Lorsque j'entretiens en moi le désir de changer, je me retrouve coincé entre les manières habituelles de m'assurer une satisfaction – un gros morceau de gâteau par exemple – et une autre façon de voir qui m'invite à remplacer ma compensation préférée par un type d'aliment plus sain ou par quelques bonnes respirations.

Mon morceau de gâteau présente l'avantage d'une satisfaction immédiate et certaine même si je sais au fond de moi qu'il y aura des conséquences négatives sur le long terme. En revanche, l'optique du changement m'apporte une tension sur le court terme et une satisfaction probable sur le long terme. Le dilemme repose en fait sur le mot « probable ». Comme je n'ai pas encore éprouvé de façon sensorielle l'efficacité de la nouvelle proposition, elle m'apparaît sur le coup comme sur un horizon lointain et fort nébuleux.

Dans cet état d'incertitude, nous décidons la plupart du temps de recourir à nos compensations connues parce que nous en connaissons l'efficacité. Cette attraction pour le connu sera prépondérante jusqu'à ce que nous éprouvions tellement de souffrances que n'importe quelle solution nous apparaîtra préférable. Malheureusement, il est parfois trop tard.

De toute façon, la question à se poser est : lorsque nous suivons le chemin des compensations et des stimulations de toutes sortes, trouvons-nous une satisfaction durable ou plutôt une absence d'insatisfaction ?

En réalité, quoi que nous en pensions, notre vie n'est pas fondée sur la recherche de satisfactions réelles mais sur l'évitement du manque. Parce qu'en affrontant la non-satisfaction profonde que génère notre petit système, nous serions confronté aux angoisses qui se cachent derrière nos frustrations. Et alors la peur de l'inconnu se montrerait toute nue. Mieux vaut reprendre du dessert…

Le meilleur de soi pour les nuls…

De quoi est faite la peur de l'inconnu ? Elle appartient à ce que nous pourrions appeler la famille des *angoisses de transition*. Chaque fois que nous sommes placé devant un changement petit ou grand, notre angoisse existentielle se réveille avec sa cohorte de doutes et de peurs.

Nous avons peur du changement comme de la mort. Les questions que nous nous posons devant ces deux réalités sont d'ailleurs les mêmes : Est-ce que nous existons de l'autre côté du passage ? Est-ce que cela sera mieux après ? Est-ce que cela sera pire qu'avant ?

Ces angoisses mortifères se déclinent en une foule de sous-questions comme : Est-ce que les autres nous aimeront encore si nous osons penser un peu plus à nous ? Nous rejetteront-ils si nous prenons des initiatives créatrices ?

Il y a des échappatoires possibles. J'ai déjà mentionné le cas d'un malaise devenu si grand qu'alors même l'inconnu est préférable au connu. C'est le chemin le plus fréquenté : se résoudre à emprunter une voie nouvelle une fois toutes les autres avenues explorées. Alors, nous consentons à nous jeter dans le vide.

Nous pouvons bien convenir qu'il n'y a pas de créativité dans une telle attitude. La personne qui agit ainsi subit sa vie au lieu de la maîtriser. En réalité, tant que nous entrevoyons le changement comme radical et global, tant que nous avons l'impression que nous devrons sauter dans le vide, nous créons un obstacle mental qu'il est difficile de contourner. En effet, qui peut se permettre de penser qu'il y aurait un quelconque avantage à sauter dans un précipice à moins d'y être obligé ? Une des seules façons de contourner cet écueil fantasmatique consiste à entrevoir le changement de façon graduelle.

Lorsque nous acceptons d'approcher la transformation de façon progressive, à travers plusieurs étapes, cela rassure le mental. Notre organisme se détend et nous pouvons alors aller vers la métamorphose entrevue avec un sentiment de sécurité. C'est la recette du « meilleur de soi pour les nuls », si vous voulez. L'avantage, comme pour toutes les méthodes proposées dans la collection de ce nom, est que peu importe notre niveau d'expertise, nous y apprenons quelque chose... Sachant, de toute façon, qu'en matière de changement, nous sommes tous des « nuls ».

Un projet créateur

Voici un exercice qui, je l'espère, vous aidera. Vous pouvez le faire les yeux fermés, quitte à prendre des notes après, ou les yeux ouverts, avec un crayon à la main.

Je vous invite dans un premier temps à prendre contact avec votre corps et avec votre respiration. Fermez les yeux et détendez-vous. Prenez votre temps. La délicatesse est de mise. Dites-vous bien que la réussite immédiate ou non de l'exercice n'a pas d'importance particulière. Le simple fait d'essayer stimulera votre inconscient et les inspirations pourront venir plus tard.

Formulez maintenant un projet créateur – il peut s'agir d'une forme de créativité ou d'un style de vie lié à vos talents – qui vous fait envie mais qui vous semble irréalisable. Osez vous baigner dans ce rêve. Imprégnez-vous-en. Imaginez-vous ayant réalisé votre souhait le plus cher. Entretenez vos images avec force un certain temps.

Puis, faites l'inventaire des deuils qu'il y aurait à faire dans votre vie pour laisser de la place à ce projet créateur. Ne vous jugez pas. Imaginez simplement. Laissez-les par peur de perdre un quelconque avantage ou une quelconque jouissance se présenter. Essayez de faire le tour de la situation le plus complètement possible. Permettez-vous d'éprouver pleinement ce qui est en jeu du côté des résistances au changement.

Ensuite, revenez à votre projet de départ. Renouez quelques instants avec l'intensité des représentations. Et, cette fois, laissez-vous suggérer par l'inconscient une série d'étapes réalistes qui vous permettront de réaliser votre rêve à partir de votre situation actuelle. Prenez tout ce qui vient en considération même si cela semble original ou surprenant.

Finalement, choisissez – ou non – d'aller vers ce projet, et engagez-vous envers vous-même, envers le meilleur de vous-même, à faire le premier pas concret.

Je veux souligner trois étapes qui me semblent essentielles dans la recette du changement et qui apparaissent dans cet exercice : l'inventaire des deuils, l'engagement envers soi-même et la politique des petits pas. L'inventaire des deuils est un point que nous négligeons la plupart du temps lorsque nous envisageons la transformation d'une situation ; pourtant elle est capitale. Faute de s'y être livré, les regrets bloqueront le mouvement sans que l'on comprenne pourquoi puisqu'ils seront restés inconscients.

Il faut savoir qu'il n'y a pas de décision qui n'implique de laisser des satisfactions ou des gens derrière soi parce que choisir consiste justement à prendre un élément dans un ensemble. Il y a forcément des pincements de cœur parce que nous quittons ce qui nous a animé et parfois passionné. Mieux vaut affronter l'évidence de façon consciente avant de s'avancer ; peut-être à l'aide des trois chaises dont l'une représenterait alors les deuils, une autre, le projet créateur, et celle du milieu, la décision.

Le choix dont il est question dans un tel exercice consiste en un choix pour soi-même. Voilà pourquoi je parle d'un engagement envers soi ou envers le meilleur de soi. Il est essentiel de comprendre en vertu de quoi nous prenons une décision. Le fait-on en fonction de sa personnalité protectrice ou pour soutenir une inspiration ?

Encore une fois, il n'y a pas de jugement à porter. La conscience et l'amour du meilleur de soi aident à prendre à pas lents, d'étape en étape, la bonne direction. La politique des buts progressifs permet de rencontrer régulièrement un sentiment d'accomplissement. Les étapes franchies une à une développent de nouvelles convictions qui deviennent autant de points d'appui.

De telles explorations intérieures ne sont pas anodines. Elles changent quelque chose en nous. En définitive, la majeure partie de notre destin repose sur le sérieux que nous accordons à notre puissance créatrice.

Oserais-je terminer notre expérience culinaire en ajoutant un peu de neige fondue à la recette ? Allez ! Je ne peux m'empêcher de vous rappeler la devise si belle et si simple de l'alpiniste Bernard Voyer : « Je rêve, je décide, je marche. Je rêve de façon grandiose, je passe en revue toutes les étapes du cheminement, je décide si je m'aventure ou non, puis je mets un pas devant l'autre le cœur léger. » Un pas devant l'autre, le cœur léger, Bernard Voyer a conquis la plupart des sommets de la Terre dont l'Everest et il a traversé l'Antarctique en solitaire en tirant un traîneau[1].

Le déconditionnement

En conclusion, mettons l'accent sur ce que nous pouvons attendre de la psychologie s'agissant de déconditionnement ou d'une évolution qui va de la personnalité protectrice à l'individualité créatrice.

La compréhension psychologique nous sert à comprendre les matériaux qui constituent notre enfermement. Une fois les conditionnements admis et compris, nous pouvons penser les renverser. Pour cela, il ne sert à rien de tenter des aménagements avec le personnage car le problème ne peut pas se résoudre à son niveau. On ne peut arriver qu'à des compromis boiteux.

Par exemple, il est quasiment impossible de ne plus subir d'attentes ni de peurs. Les unes et les autres continuent à vivre en nous. Cependant, elles perdent la force de nous contraindre ou de nous définir à mesure que nous avançons.

Les nouvelles connaissances que nous acquérons font que les entraves psychologiques se dissolvent peu à peu. Elles se dissolvent en ce sens que les éléments de notre histoire personnelle et de notre personnalité se mélangent à notre individualité globale de façon homogène au lieu de rester des grumeaux gênants.

La psychologie bien utilisée sert à comprendre qu'il n'y a pas d'espoir du côté des mécanismes de protection, qu'il

1. Bernard Voyer relate sa magnifique aventure dans *Aniu – Du flocon de neige à l'iceberg*, Montréal, Nevé Éditeur, 2005.

s'agit d'un chemin de dépendance et d'autodestruction qui n'offre pas de satisfaction profonde.

La compréhension psychologique présente également l'immense avantage de nous faire entrevoir la réalité du monde intérieur. Nous pouvons devenir témoin de ce qui se passe en nous – garantie précieuse pour la transformation à venir. Sans la présence de ce témoin, sans cette conscience de soi, sans cette capacité constante de référence à ce que l'on pense et à ce que l'on sent ou ressent, il ne peut y avoir de progrès.

La psychologie nous enseigne aussi que nous pouvons converser avec nos conditionnements – avec nos complexes ou avec nos sous-personnalités au sens jungien du terme. Cela signifie une réelle avancée de la conscience car notre problème central est que nous projetons des parties de nous-même sur les autres sans nous rendre compte qu'elles nous appartiennent. Nous finissons par lutter contre ce que nous sommes ou par le convoiter.

Les conversations intérieures qui impliquent de parler avec une colère, un fantasme ou une tristesse nous font comprendre peu à peu que nous pouvons répondre à ce qui nous manque au lieu de l'attendre des autres.

En somme, il n'y a pas d'espoir du côté des jugements, des comparaisons, des compétitions ni de cette lutte sans fin pour être quelqu'un aux yeux des autres. Ça ne sert à rien de tenter de prouver que l'on existe. Il s'agit plutôt d'abandonner cette volonté pour savourer l'existence tout de suite.

La psychologie sert, enfin, à libérer l'expression créatrice des conditionnements néfastes qui l'étouffaient. Elle pave les étapes du chemin créatif qui s'offre à soi une fois que l'on a commencé à dissoudre ses entraves. Pourtant, libérer le geste créateur n'est plus affaire de psychologie.

Libérer le geste créateur, c'est comme sortir d'une voiture au terme d'une longue route, pour déguster la première bouffée d'air pur. Il est inutile de se demander si l'on mérite cet air, s'il est plus pur ou moins pur qu'ailleurs et si l'on a trouvé ou non l'air idéal. On sort simplement de l'habitacle et l'on respire un bon coup. On goûte, on s'étire, on se dégourdit les jambes, on laisse le plaisir monter en soi et l'on communie au monde. Il n'y a rien de plus naturel. Il s'agit d'une réponse spontanée à la contraction. On n'a pas besoin d'y penser. C'est un réflexe. L'analyse psychologique intervient lorsqu'un être a perdu la faculté de sortir de son véhicule pour respirer librement.

Pourtant, même si vous avez retrouvé ce réflexe, une autre question se pose : combien de temps saurez-vous rester dans le festin d'air pur avant que les devoirs, votre image de marque et ce qu'il faut faire ou dire vous reprennent et vous ramènent derrière votre bouclier, dans votre agréable prison ?

Si vous décidez de prolonger le festin, vous entrez dans le domaine du développement conscient. À partir de ce moment, le changement amorcé devient mouvement de libération volontaire. Il devient choix de vie.

18

L'AUTONOMIE ET LA MAÎTRISE

La seconde perspective

Résumons la seconde perspective à partir des divers éléments récoltés dans la seconde partie du livre. À partir de la naissance, l'être rencontre son essence individuelle, faite de qualités, de dons, de talents et d'élans. Des aspirations animent également cette essence individuelle et créatrice pour la mener vers un idéal. Par la suite, l'expression de l'essence individuelle et de l'idéal conduit l'être à la satisfaction réelle. Il expérimente l'amour, la joie, la guérison et la régénérescence plus qu'il ne l'a jamais fait dans sa vie. L'être entre alors dans un véritable mouvement de création et d'autonomie.

Une fois cela compris, on a envie de faire de la seconde perspective plus qu'un lieu de ressourcement passager. On désire la prendre pour résidence. Pour cela, il est nécessaire d'entrer dans une démarche consciente et volontaire.

C'est l'objet de ce chapitre.

Encore une fois, quelques avertissements s'imposent. Aller vers le meilleur de soi signifie répondre à notre intuition la plus haute de nous-même tout en osant nous affranchir de ce qui entrave notre liberté. Par exemple, un individu ne doit pas décider de restreindre ses excès sexuels ou d'alcool ou d'y mettre fin parce que ces abus sont mauvais en soi mais plutôt parce que les spiritueux ou le sexe dirigent sa vie et que cette situation est devenue invivable pour lui. Lorsque le goût de la liberté s'éveille en nous, ce qui nous aliène et nous rend esclave devient peu à peu intolérable.

C'est pour cette raison que j'ai cessé de fumer lorsque j'étais plus jeune. Je m'étais rendu compte que ce n'était pas moi qui fumais. Il n'y avait pas de fumeur, il y avait un esclave. Soudain, la pensée qu'une dépendance puisse me dominer à ce point m'a dégoûté. Je voulais être un homme libre. Et je sens toujours en moi ce goût de la liberté.

Cette liberté ne signifie pas pour moi un affranchissement de toutes les contraintes et de toutes les responsabilités. Il y a beaucoup de contraintes et de responsabilités dans ma vie, mais ce sont des contraintes choisies, qui permettent une création, une expression et un épanouissement.

Notre personnage voit dans la fréquentation du meilleur de soi-même un travail et des sacrifices à faire. Notre personnage craint le renoncement. En réalité, il n'y a pas de sacrifices ni de renoncement. Enfant, lorsque nous quittons notre bac à sable pour monter sur une bicyclette, nous n'avons aucun soupir de regret. Nous consentons à l'apprentissage du vélo parce qu'une liberté plus large nous appelle ainsi que la possibilité d'un plaisir encore plus grand. Notre aspiration pour la nouvelle satisfaction fait tout le travail. L'enfant ne renonce pas à ses jouets, il s'en désintéresse, tout simplement. Il passe à autre chose, parce que cette autre chose est devenue encore plus fascinante que la précédente et lui offre une plus grande autonomie.

Avec le meilleur de soi, notre aspiration pour la liberté et notre goût d'une autonomie réelle font tout le travail. C'est uniquement du point de vue du personnage que la douleur est éprouvée parce qu'il fait un pas vers l'inconnu. Encore une fois, cette souffrance est due à notre identification à la personnalité. Enfant, même les périodes de transition nous étaient agréables parce que nous n'étions pas identifiés au rôle de celui qui joue dans son bac à sable.

Au contact du meilleur de soi, l'objectif n'est plus de vivre sainement pour vivre plus longtemps. À quoi bon vivre longtemps si on est malheureux, si notre vie n'a pas de sens à nos propres yeux ? Cette attitude a la peur pour mobile et est déterminée entièrement par la personnalité. Il s'agit de vivre sainement pour créer, de mieux s'alimenter, de faire de l'exercice et de méditer pour participer de toutes nos forces à l'œuvre collective tout en en jouissant. Il ne s'agit pas de se préserver. Il s'agit d'être de plus en plus en forme pour aimer la vie, pour lui répondre avec le plus d'énergie possible et pour faire en sorte que la rencontre de cette intensité nous rende heureux.

Maître et disciple de soi-même

Aujourd'hui, je me suis attardé quelques instants dans le lit. Je méditais. Je jouissais d'un moment privilégié de détente. J'étais en contact avec mon corps dans une espèce de communion favorisée sans doute par une bonne nuit et la chaleur d'une couette. Tout en me relaxant, je voyais mieux dans quel état de tension je vivais. J'étais tendu pour mettre en œuvre des idéaux mais aussi pour des motifs moins nobles, obéissant sans le savoir à une armée de peurs qui se relayaient pour prendre le contrôle de ma vie. Peu importe, ce matin, tout était bien. Le guerrier et le missionnaire pouvaient se reposer pendant quelques minutes.

Puis il m'est venu l'idée qu'au fond la deuxième perspective était affaire de maîtrise. Elle visait à faire passer l'être d'un premier stade où il est une victime inconsciente de son destin, malmenée par le flot des événements, à un deuxième stade où il devient observateur de son propre processus, jusqu'à entrevoir qu'il pourrait devenir maître de ses états d'âme, en sorte qu'il attire à lui des événements qui le propulsent.

La maîtrise... J'ai longtemps eu peur de ce mot. D'une part, je l'associais à des choses agréables comme la maîtrise d'un instrument, la possession d'un art ou la maîtrise sexuelle, d'autre part, il était connoté, volontiers associé aux termes d'obéissance, autorité et allégeance obligatoire. Je n'avais pas seulement peur du mot : une partie de moi le détestait.

À mesure que j'avançais dans mes réflexions, je notais que j'avais envie de me lever au plus vite et d'en finir avec cette relaxation profonde. Une partie de moi savait que, si je jouissais de cet état d'abandon et d'inspiration trop longtemps, quelque chose de central en moi serait menacé. Ce quelque chose me permettait de continuer à ignorer ce que je savais par ailleurs. Une sous-personnalité en moi aimait encore jouer avec l'idée que je n'étais pas totalement responsable de ce qui m'arrivait. Ma main droite était encore trop souvent contente d'ignorer ce que la gauche faisait. Je craignais de perdre cette sorte d'insouciance en allant vers la maîtrise et la discipline.

La discipline ! Encore un mot désagréable ! Décidément, si je continuais, cette détente risquait de m'apporter une somme jusque-là insoupçonnable de mauvaises nouvelles. La discipline ! Même la sonorité du mot me faisait grincer des dents. Le pire était que, depuis quelque temps, je m'imposais une discipline quotidienne : quelques minutes de gymnastique, quelques minutes de yoga, et quelques minutes de méditation avant de commencer ma journée. Franchement, je ne m'en portais que mieux. Je me sentais plus tonique, plus confiant et plus détendu.

« Alors, où était le problème ? » me direz-vous. Eh bien, je cheminais vers la maîtrise et je ne l'avais pas réalisé. J'étais en train de me prendre au jeu de la matière que j'enseignais. J'étais en train de l'intégrer et de la mettre en pratique. Bref la main droite n'était plus capable d'ignorer ce que faisait la main gauche, et la panique pointait dans cette réalité.

Mon personnage n'aimait pas ça. Il n'aimait pas ça du tout. Il n'aimait pas que je commence à aimer autre chose. Il avait peur que je ne l'aime plus, lui, et que je l'oublie dans son coin. Au fond, les personnages ont une estime d'eux-mêmes très défaillante ; ils ne peuvent tolérer qu'on les laisse de côté. Ils ont peur de ne pas s'en remettre et de cesser d'exister. Une crainte légitime, remarquez. Mais une crainte propre au personnage. Il ne sert à rien de s'y identifier.

Ainsi, pendant que je me prélassais dans la détente et la méditation, ma personnalité résistait et me faisait du pied en me soufflant à l'oreille tout ce qui m'attendait dans cette journée. Mais je connaissais son jeu. Le personnage n'a pas de pouvoir. Il nous contrôle parce que nous trouvons une gratification à le laisser nous manipuler. Il ne peut rien faire par lui-même.

Ça ne réglait pas mon contentieux avec la maîtrise et la discipline, mais, d'une certaine façon, c'était le contentieux de mon personnage. Ce contentieux me rappelait que plusieurs fois dans ma vie j'avais rencontré des autorités abusives, que j'en avais souffert et que, dans ces contextes, j'avais dû me plier à une discipline qui n'était pas la mienne. Pourtant, cette fois, le cas était radicalement différent. Somme toute, il s'agissait de devenir mon propre maître et mon propre disciple.

Si vous prenez l'habitude d'une fréquentation quotidienne du cœur de votre être au sein d'une méditation ou d'une promenade dans la nature, alors vous aurez moins de risque de disparaître à vos propres yeux pendant des semaines entières. Chaque jour, votre rituel vous ramènera à l'essentiel.

Où conduit la voie de l'autonomie ? Vers la paix en soi. Il s'agit d'un état de satisfaction et de plénitude où l'on vit dans la liberté de ne rien attendre des autres ou de quoi que ce soit. Ainsi on goûte à la présence et l'on est nourri par la présence, la présence à l'être, la présence à soi-même, la présence à l'existence. Cette présence calme devient un état intérieur qui peut se transporter dans toutes les situations, même celles où il y a du bruit et de l'effervescence.

La liberté par rapport aux besoins

La perspective de l'autonomie n'a rien à voir avec l'absence de peurs ou de besoins, pas du tout. Elle a à voir avec un relâchement de la sujétion à ces peurs et à ces besoins. Autrement dit, c'est la force de contrainte qui est en jeu. L'autonomie est dans la liberté de choix par rapport à cette force de contrainte.

Ce n'est pas grave d'éprouver de la peur ou, par exemple, la tentation du pouvoir. Mais il est nécessaire de le reconnaître pour être en mesure de concevoir une autre voie. Il est normal qu'il y ait des réflexes conditionnés. Il ne faut pas se juger pour cela. Chaque fois que nous le réalisons, nous avons une occasion d'exercer notre maîtrise intérieure.

Si vous rentrez chez vous et que ça sent le brûlé, vous n'essaierez pas de l'ignorer. Vous ne penserez pas que ça va se régler tout seul. Non, vous voudrez identifier la source de l'odeur pour redresser la situation. Pourtant, au niveau psychologique, nous sommes capable de nier que ça sent le brûlé. Nous sommes capable de nous dire que ça sent bon même si c'est carbonisé. Nous avons un don pour détourner le regard du feu dévastateur qui nous ravage. Ce déni de la réalité ne peut mener qu'à la catastrophe, vous en conviendrez.

La sagesse ne consiste pas non plus à se dire que ça ne devrait pas sentir le brûlé. Cette réaction-là suppose un jugement de valeur et empêche d'avancer. Il est préférable de se dire que nous avons la chance d'être conscient de la gravité de l'incendie ou la chance de la prévenir. Telle est la véritable sagesse : ne pas attendre que l'incendie de la maladie, du divorce ou de l'accident se déclare pour observer nos écarts.

Être sage consiste à reconnaître le passé qui reproduit sans cesse les mêmes braises brûlantes et à choisir de le maîtriser. « Je te remercie des informations que tu me donnes, dit-on alors à ce passé. Je me rends compte que si je continue à agir comme un esclave, de manière conditionnée, je vais à ma perte et à ma destruction par le feu de l'épuisement. Je dois donc me régénérer à une autre source. »

Encore une fois, il ne sert à rien de se reprocher d'être mesquin, calculateur, obsédé ou enragé. Il est préférable de constater notre mécanisme et de comprendre notre drame afin de dégager un autre scénario possible. Il serait irréaliste de penser ne plus avoir de peur, de colère ou d'éléments manipulateurs en soi. Il s'agit de comprendre d'où ceux-ci sont issus, de saisir le rôle protecteur qu'ils ont joué et de décider de passer outre pour aller vers un projet créateur. Non seulement cela signifie qu'il y a des efforts à faire mais aussi que vous ne pourrez pas atteindre l'autonomie une fois pour toutes. Le choix est à faire chaque jour et chaque heure de chaque jour. Un instant, je suis maître et l'instant d'après je suis esclave. Voilà pourquoi la discipline est nécessaire.

Si j'ai pris l'habitude d'une fréquentation quotidienne du cœur de mon être au cours d'une méditation ou d'une promenade dans la nature, c'est parce que mon rituel me ramène à l'essentiel. Il se peut qu'à l'occasion je ne sois pas capable d'entrer en contact avec moi-même et que je vive mes minutes de méditation comme un calvaire. Ces fois-là, il n'y a pas de maître à bord. Cependant, celui-ci n'est pas remplacé automatiquement par un esclave inconscient. La position intermédiaire entre le personnage inconscient et le maître de la vie est celle du disciple qui a le pouvoir d'observer la difficulté, de la laisser résonner en lui et de la comprendre peu à peu. Puis, tranquillement, il la dépasse.

L'esclave – celui qui est victime de tout – n'est pas conscient des déchirements, des tourments et du conflit qui font rage en lui entre la première et la deuxième perspective. Et parce qu'il n'en est pas conscient, il en souffre aveuglément. Le disciple, lui, est conscient de la véritable ombre de l'être et cette conscience a pour effet d'atténuer en partie les conséquences désastreuses du conflit.

Si nos problèmes ne sont pas réglés, objectez-vous, ils nous obsèdent et ne permettent pas de jouir du meilleur de soi. Cette façon de penser est juste tant que vous vous identifiez exclusivement au personnage limité et limitant. Dès que votre conception de vous-même s'élargit, dès que vous pouvez par exemple laisser pénétrer en vous la conception que vous êtes peut-être une âme ou une cellule énergétique autocréatrice, vous vous rendez compte que votre histoire personnelle n'est qu'une entrée en matière, que vous pouvez la dépasser assez facilement, à condition de consentir quelques efforts.

L'autonomie est une pratique avant d'être une théorie, la pratique de l'expansion, la pratique de l'unité, la pratique de la joie. Elle permet de se rendre compte que nous sommes créateur de notre vie et que nous sommes « un » avec notre univers. À partir de cette prise de conscience, nous pouvons choisir les états que nous voulons cultiver : l'égocentrisme ou le don de soi. La question centrale étant : qu'est-ce qui nous rend le plus heureux ? En dehors de tout dogme, en dehors de toute religion : « Qu'est-ce qui nous procure de la joie ? Rester sur notre réserve ou exprimer un talent, une capacité ou un don ? Qu'est-ce qui procure une joie qui dure, une joie qui propulse, une joie qui nourrit pour longtemps ? »

Pourquoi y a-t-il des efforts à faire ?

On ne devient maître qu'à partir de ce que l'on pratique chaque jour. Cela vaut aussi bien pour la maîtrise de nos états intérieurs que pour la maîtrise d'un instrument. Comment penser maîtriser une fugue de Bach si on n'a jamais fait une gamme ? Au point de départ, bien qu'il contemple la perspective avec plaisir, l'élève ne sait pas comment l'exploit sera un jour possible. Le but lui semble lointain et difficile à conquérir. Il faudra passer par la discipline et par l'assiduité. Il faudra joindre le cœur à la technique, la stabilité à l'inspiration, la régularité à la liberté, la mécanique au fantastique.

Sans lecture ni séminaire, sans écoute de soi, sans méditation, sans contemplation, sans hygiène alimentaire, sans exercice physique, sans attention aux autres, sans expression, sans thérapie si on en a besoin, comment pourrait-il se passer quelque chose de significatif pour le meilleur de soi dans notre vie ? Comment pourrait-on se lever un beau matin et être maître de soi-même ?

Tout vient pas à pas, note à note, pratique après pratique. Les effets suivent, inévitablement. Ils ne peuvent pas ne pas se produire. Si l'on fait des exercices d'assouplissement chaque jour, on ne peut pas ne pas s'assouplir. Si l'on fait de la musculation régulièrement, les muscles vont se manifester puisqu'ils sont là, ensommeillés. Ils ne demandent qu'à s'éveiller. Le meilleur de soi aussi. Vous n'êtes peut-être pas convaincu qu'il y a de l'amour, de la joie et de la créativité en vous. Pourtant, si vous les nourrissez chaque jour, ils vont croître puisqu'ils sont déjà présents.

Cela signifie qu'il y a un effort constant à faire, un effort quotidien, un effort de chaque instant. À la longue, il devient une douce vigilance. Il est associé à un choix lui aussi quotidien, lui aussi de chaque instant, celui de devenir autonome, de ne pas rester l'esclave de ses conditionnements, de faire l'expérience d'une vie pleine et créatrice, une vie pleinement satisfaisante.

Il y a un effort à faire parce que nous devons changer d'espace intérieur. Nous devons passer du monde de la personnalité, de ses peurs et de ses images, à celui du meilleur de soi que nous voulons nourrir et exprimer. Comme pour tout voyage, il faut consentir à un moment de transition qui nous dérange. Il bouscule nos habitudes et notre bien-être. Comme pour n'importe quel voyage, il faut préparer ses bagages, entrevoir le parcours, charger le coffre de la voiture, conduire, décharger le véhicule et s'installer. Cela ne peut aller sans un minimum d'efforts.

L'appel du connu est terriblement persistant. Il se fait entendre dès qu'il en a l'occasion. Alors nous risquons de glisser imperceptiblement vers nos vieilles habitudes parce qu'elles sont confortables. En raison de l'attraction qu'il exerce et des plaisirs éprouvés dans le passé, le périple peut être long. D'innombrables allers-retours s'effectuent. Des milliers de promesses sont prises et ne sont pas tenues. Peu à peu, cependant, de nouveaux goûts se développent et il devient plus facile de se situer dans la nouveauté. On a moins peur des réactions des autres et de leurs jugements. On se rend compte qu'après tout il s'agit bel et bien de notre vie et que personne ne peut la vivre à notre place.

Les bonnes excuses pour ne pas aller vers le meilleur de soi

L'autonomie, la création, la maîtrise et la discipline... rien ne vous sera épargné dans ce livre, vous dites-vous. Aussi ai-je formulé quelques excuses pratiques qui vont vous permettre de vous défiler avec plus ou moins d'élégance si vous le souhaitez. Puis, j'ai pensé les traduire pour que vous ayez une idée de ce qui se cache derrière ces excuses. On ne sait jamais, ça peut toujours servir.

1. *Excuse* : « Je suis trop occupé ! »
Traduction : « Je suis trop occupé à m'autodétruire et à nourrir mes dépendances pour prendre la chance de briser mon schéma de comportement et me donner le temps de respirer. »

2. *Excuse* : « Il y a trop de gens qui dépendent de moi. Je ne peux pas arrêter. J'ai trop de responsabilités. »
Traduction : « Être un sauveur apporte de nombreuses gratifications inconscientes. Je produis des choses utiles pour les miens. Je vois le fruit de mes efforts. Ils m'aiment. J'ai de la valeur à leurs yeux, donc j'existe. »

3. *Excuse* : « Si je ralentis, je ne gagnerai plus assez d'argent et mon niveau de vie va en souffrir. »
Traduction : « Tant qu'à aller vers la destruction, autant le faire dans le confort. C'est déjà assez pénible de changer, s'il faut que ce soit inconfortable en plus ! »

4. *Excuse* : « Je ne suis pas capable ! C'est au-dessus de mes forces. »
Traduction : « Je suis prisonnier de mes schémas répétitifs et je ne vois pas comment je pourrai en sortir. Je ne réussis rien de ce que j'essaie. Finalement, je préfère le petit confort de mon malheur. »

5. *Excuse* : « Qu'est-ce que les autres vont dire ? »
Traduction : « Je passe déjà pour quelqu'un de spécial, s'il faut que je commence à méditer, à faire de l'exercice et à mieux m'alimenter, qu'est-ce que mon entourage va penser ? Ils vont me rejeter en bloc. »

6. *Excuse* : « L'expression, ce n'est pas pour moi, j'ai déjà essayé. Ça ne donne rien. »
Traduction : « M'ouvrir, m'exposer, ça me terrifie. J'aime mieux me retrouver toute seule, quitte à mourir dans mon coin plutôt que d'avoir à affronter le regard des autres. »

7. *Excuse* : « Je sais que compenser ne me fait pas de bien, mais je peux arrêter quand je veux. »
Traduction : « Je sais bien que je me raconte une histoire mais je préfère ça que de faire face à mes difficultés réelles. »

8. *Excuse* : « Je n'en crois pas mes yeux, je suis réellement en train de me détruire par moi-même. Je ne pensais pas que je pouvais véritablement passer à côté de ma vie. Je suis malheureux, mais je ne suis pas le seul à rater mon coup. »
Traduction : « Je n'ose pas revendiquer mon propre pouvoir car être victime a ses avantages. Finalement, je suis obnubilé par cette autodestruction. »

9. *Excuse* : « J'ai déjà fait un grand effort de changement, pourquoi devrais-je en faire d'autres ? »
Traduction : « Ces remises en question perpétuelles me dérangent. Pourquoi faudrait-il aller jusqu'à remettre toute notre personnalité en question ? C'est idiot à la fin. »

Maintenant, cochez les excuses qui vous correspondent le mieux et transcrivez-les sur une feuille de papier que vous garderez sur vous. Relisez-les au moins une fois par jour de façon à vous en convaincre totalement. Puis allez vers votre autodestruction la conscience tranquille.

Il y a fort à parier que, tôt ou tard, vous en aurez assez de ce personnage de victime et que vous le laisserez de côté. Vous n'aurez pas perdu votre temps, mieux vaut connaître vos écueils intérieurs si vous voulez leur fausser compagnie.

Glisser

Contrairement à ce que vous croyez, il est faux que le pire ne demande pas d'efforts alors que le meilleur en demanderait beaucoup. Le drogué peut accomplir des prouesses pour se procurer sa drogue, tout comme l'alcoolique, sa boisson. Je connais des gens capables de pirouettes acrobatiques pour rentrer chez eux à l'heure où commence leur émission de télévision préférée.

Il y a une astuce pour aller vers le meilleur de soi sans trop d'effort. Il s'agit de commencer sans trop y penser, en suivant la ligne de moindre résistance, celle qui est dégagée de tout débat intérieur, qui offre un simple mouvement, un glissement vers ce qui est juste.

Votre lit est chaud et il neige dehors. Vous venez de méditer quelques minutes. Le mouvement juste serait d'aller respirer dans cette pureté moelleuse. C'est votre goût, celui qui viendrait rompre avec vos habitudes. Mais alors, les excuses commencent : « C'est compliqué, il faut se lever et s'habiller. Le lit est si bon, et j'ai encore sommeil ! »

L'excuse vaut pour tout, pour une conversation franche que vous désirez avoir avec quelqu'un comme pour un moment d'exercice physique. D'une certaine façon, ça ne vaut pas la peine d'entreprendre un débat avec le personnage. Il est perdu d'avance car la force de l'habitude a facilement le dernier mot. Que faire ? Se laisser glisser. Se laisser glisser dans la promesse de cette neige douce. Se laisser glisser dans ce bel air à respirer. Se laisser tirer vers le meilleur. Le laisser nous entraîner. Sombrer dans le plaisir à venir.

Le poids qui nous alourdit

Je vous le répète, c'est la personnalité qui entrevoit le meilleur de soi comme un effort à faire. En réalité, la maîtrise entraîne l'être vers la légèreté graduelle à mesure que ce dernier quitte les rivages du sérieux personnage.

Le poids qui nous alourdit est aussi léger qu'une plume. Il n'est pas plus lourd qu'une respiration. Il n'a pas plus de poids que la lourdeur d'un regard. Ce qui le rend lourd est notre croyance en nos drames, en nos désirs et en nos chaînes, qui sont autant de raisons que nous inventons pour limiter notre liberté parce qu'elle nous fait trop peur. En fait, le changement n'est pas plus lourd que la prochaine pensée, car ce sont nos pensées qui définissent notre réalité.

Comme l'a si bien dit l'écrivain Milan Kundera, la légèreté de l'être a quelque chose d'insoutenable. Alors, nous nous inventons des histoires qui ont du poids pour imposer notre présence. Nous nous rendons malheureux de tout. Tout semble nous manquer. Même si nous méditons, il nous semblera que nos méditations ne vont pas assez loin ou qu'elles ne sont pas assez intenses. Même si vous suivez les recommandations de ce livre, il vous semblera que vous ne comprenez pas bien alors que tous les autres semblent comprendre. Pis, il vous semblera que vous faites les exercices avec application mais que les résultats ne suivent pas. Vous êtes simplement occupé à vous compliquer la vie. Vous vous enchaînez pour vivre en esclave et avoir une bonne histoire à raconter aux copains. Vous vous diminuez pour ne pas avoir à affronter la réalité de votre puissance créatrice. Finalement, la liberté et la légèreté sont peut-être les poids les plus lourds à porter.

En réalité, nous sommes comblé, comblé à tout moment, comblé complètement. Voilà ce qui est profondément intolérable. Nous refusons ce contentement et inventons l'histoire de notre disette. Nous inventons la guerre pour crier l'injustice de notre situation. Toutefois, chaque rayon de lumière nous nourrit, chaque respiration nous purifie, chaque verre d'eau nous structure et nous redonne l'information essentielle. Chaque pensée nous crée.

Tout est là, il n'y a qu'à goûter, à savourer. Le bonheur, l'extase et la joie vous attendent. Vous n'avez rien à faire pour mériter cela. C'est déjà là, en vous.

La garantie

Au cours d'une conférence, un homme m'a exprimé l'avis qu'il n'avait aucun moyen de savoir si ce que je disais des bienfaits de l'autonomie et de la maîtrise était vrai. En somme, l'entreprise n'offrait aucune garantie. Il avait raison, lui ai-je répondu. En effet, la démarche proposée était risquée. Mais il avait au moins une garantie : celle d'être malheureux s'il ne l'adoptait pas, s'il continuait à être dissocié de lui-même, dans l'ignorance de ses goûts et de ses envies.

Le schéma de la seconde perspective

Sous la forme schématique que nous avons utilisée à quelques reprises, la seconde perspective se lit comme suit.

Autonomie et création – Schéma de la seconde perspective

6. Autonomie
5. Satisfaction : amour, guérison, régénérescence, joie
4. Expression
3. Idéal
2. Essence individuelle : goûts, qualités, dons, talents et élans
1. Naissance

Comme vous pouvez le constater, le schéma de la seconde perspective est beaucoup moins complexe que celui de la première. C'est qu'il est plus simple de vivre dans la perspective de l'autonomie et de la création que dans celle de la dépendance et de l'autodestruction.

Si nous comparons maintenant les deux perspectives développées, nous constatons que la première est celle du pire alors que la seconde est celle du meilleur. La première est prisonnière de la personnalité protectrice, la seconde est le domaine de l'individualité créatrice que nous pouvons aussi appeler le « je suis » véritable. La première mène à l'autodestruction, l'autre à la création de soi. La première s'élabore dans la dépendance et la négation de son propre pouvoir, la seconde repose sur l'autonomie et la reconnaissance par nous-même de nos goûts et de nos talents.

Prisonnier de la première perspective, nous attendons nos stimulations du monde extérieur, évoluant dans la seconde, nous passons à l'autoanimation. Dans la première perspective, nos états intérieurs dépendent de ce qui nous arrive. Dans la seconde perspective, ce qui nous arrive dépend de nos états intérieurs. La première perspective est contraction et inhibition, la seconde est expansion et propulsion. La première perspective nourrit la partie mourante de nous-même, la seconde alimente la vie.

L'allée qui va vers le meilleur de soi est large, ensoleillée et bordée d'arbres gorgés de fruits. Elle est invitante et enivrante. Pourtant, combien d'entre nous oseront quitter l'inconfort de leur route sinueuse pour la fréquenter ?

CONCLUSION

Dans ce livre, je vous ai livré ce qui, pour moi, constitue un guide de vie. Comprendre les contractions du personnage pour donner la place à l'élan de création est devenu la raison de mon existence. Une voie spirituelle qui ne mène pas vers la désincarnation mais, tout au contraire, vers une expression de plus en plus puissante et joyeuse.

Arriver à s'oublier et à dépasser ses peurs pour se livrer à un acte réel de création qui témoigne de la beauté universelle, voilà ce à quoi nous sommes appelé.

Le meilleur de soi

Le meilleur de soi représente notre essence. Et notre essence se compose de nos goûts profonds, de nos talents, de nos qualités, de nos dons et de nos aptitudes. Le meilleur de soi n'est pas une chose à atteindre, c'est une chose à être et à exprimer. Il nous invite à utiliser nos talents pour nous transformer et pour transformer le monde. Cette expression nous remplit de joie parce qu'elle nous permet de goûter à l'adéquation fondamentale de notre essence avec la nature universelle. Nous nous percevons alors comme une expression particulière de cette nature. Cette essence individuelle est celle-là même qui nous permet de goûter à l'universalité, celle qui nous permet de savoir que le monde entier est nôtre et que nous pouvons nous y détendre et nous y reposer.

Le meilleur de soi est l'outil avec lequel nous réalisons notre mandant de vie : ce que nous sommes venus faire sur terre. Quand nous nous accomplissons, alors il nous semble que la vie est belle et que tout est juste. Il y a encore les injustices, la famine et la pauvreté, pourtant notre participation au monde et à sa transformation nous semble en rapport intime avec les réajustements nécessaires.

Lorsque l'être est dans sa profondeur tranquille, il existe. Il reconnaît la même profondeur chez tous les êtres et il peut se promener avec plus de sécurité dans le monde. Il sait que tout n'est qu'une mise en scène pour exprimer soit la douleur d'être écarté de soi-même, soit la joie d'exprimer la beauté de la source de vie. Lorsque l'être vit dans l'infinité, il reconnaît l'infini en chacun et il se promène tranquille car il sait que même la mort ne peut lui enlever la dégustation de son bien précieux.

Des fleurs d'eau dansent dans le soleil à la surface de la rivière. Elles n'existent que quelques secondes durant pour la joie d'un scintillement. Elles sont le produit d'une conjonction de la lumière du soleil et du mouvement de l'eau produit par le vent. À la surface de ce monde, nous n'existons pas plus que ces fleurs luminescentes. Voilà pourquoi nous mettons tant d'énergie à prouver que nous sommes important et brillant. La peur de ne pas exister nous entraîne aux plus risibles contorsions. Tout cela pour ne pas toucher à la peur de ne pas être.

Pourtant, nous existons plus que cela. Lorsque l'être est paisible, il scintille comme la fleur d'eau à la surface du lac et ce scintillement est perçu subtilement par ceux qui l'entourent. Il les apaise et il les attire à soi. Lorsque l'être se repose dans sa puissance intérieure, calme et détendu, faisant l'expérience de l'existence pure, il rassure son environnement et il trouve dans cette dégustation nombre de réponses.

Pour moi, tout se conjugue ici, dans cet instant que je goûte infiniment. Je sens le parfum de la fleur de l'être, de l'étant, de l'existant. Tout me traverse et me parle sans me déranger le moins du monde. La musique savoureuse, le vent froid sur ma feuille, l'ouvrier qui pioche dans la rue, tout me ravit et me remplit de contentement. Que le monde est merveilleux !

Alors, une prière monte en soi. Pendant quelques instants, je ne conçois plus ma vie que comme une offrande, que comme une réponse à cette beauté si profonde et si offerte à la fois. Enfin, j'ai des yeux pour voir, des oreilles pour entendre et je prie pour avoir les mots, la voix, le chant, les pas, la danse pour rendre à l'infini son amoureuse présence.

Votre vie actuelle

Votre vie actuelle est une parfaite création. Tout y est parfaitement juste, un parfait miroir de votre cheminement dans la création de vous-même. Votre existence est une création pure où n'entrent nulle vicissitude et nulle pollution. Si vous n'aimez pas ce que vous voyez, vous pouvez changer.

Comme des gens sculptent leur image corporelle, vous pouvez sculpter votre univers intérieur.

La condition de cette œuvre est que vous acceptiez tout ce que vous êtes et tout ce qu'il y a dans le monde sans jugement. Parce que vous êtes ce monde et cette humanité, dans tous ses travers et dans toutes ses lumières. Une fois que vous avez cessé de vous battre pour vous faire valoir, une fois que vous êtes moins préoccupé de votre propre importance, vous pouvez commencer à faire votre tableau à votre goût. Le monde et tous ses matériaux constituent l'étendue de votre palette.

Cependant, chaque fois que vous croyez avoir absolument besoin de quelque chose, cette chose commencera à manquer. Elle deviendra une obsession ou une compulsion. Vous tenterez de contrôler la source et de ménager le peu que vous avez. Vous vous croirez dans l'indigence. Vous envierez ceux qui semblent posséder plus que vous. Vous tenterez de les garder en votre pouvoir. Vous leur ferez la guerre. Vous les emprisonnerez pour ne plus qu'ils vous empêchent de déguster en paix ce à quoi vous croyez avoir droit.

Chaque revendication est une prétention qui referme la porte de l'extase naturelle, qui verrouille la grille de la béatitude et qui empêche l'accès au meilleur de soi.

Je n'ai rien à redire à tout ce qui m'arrive parce que tout y est parfait. Que j'étouffe dans le manque ou dans l'abondance, tout est parfait. Tout est parfait dans le sens que j'ai sans cesse accès à l'information nécessaire pour me comprendre et lever les obstacles qui entravent ma route. Parce que ma vie est le reflet de ces entraves, comme elle est le reflet de ce qui a été dénoué.

Du point de vue de la partie lumineuse de moi-même, ma vie n'a jamais été infidèle au mouvement créateur de mon être. Le meilleur de soi est toujours en parfait déploiement, même s'il apparaît voilé, déguisé ou étouffé. Je connais alors dans mon corps, par mes douleurs, par mes pensées, la réalité de cet étouffement, la réalité de ce travestissement de ce que je suis. Je connais par mes souffrances la réalité de ma trahison de moi-même.

Un homme veut se suicider

Après un séminaire, un homme insiste pour avoir une entrevue en privé. Il m'explique qu'il a été « forcé » à venir au monde et qu'on l'a « obligé » à naître. Ce qu'il comprend de tout ce qu'il a lu et entendu, me dit-il, est qu'il était bien avant son existence actuelle et qu'il sera bien après. Alors, il n'a qu'une envie : se suicider. Sans doute les événements douloureux de sa vie inspirent-ils à cet homme son propos. Propos qui est celui des touristes revenant d'un voyage organisé raté. Ils prétendent avoir été entraînés malgré eux dans cette galère, que l'agence de voyages les a trompés, que ces vacances n'étaient ni de leur goût ni de leur choix.

En écoutant cet homme, je saisis avec une acuité encore inégalée jusqu'à quel point nous pouvons être victime d'une interprétation cristallisée en nous. Car les prémisses de son affirmation sont que nous sommes séparés du bien-être et qu'il n'y a ici-bas que souffrance.

Je sais ce dont il parle. J'ai entretenu pendant de nombreuses années de telles croyances. Elles étaient l'objet central de toutes mes crises existentielles. Puis une longue maladie et la proximité de la mort sont venues défaire de telles interprétations. J'y ai appris que rien ne nous sépare de la béatitude et du banquet de l'union, que l'on peut déjà s'y attabler. Mon drame intime m'apparaît aujourd'hui comme une sorte de cinéma personnel, comme une prétention de souffrir plus que les autres. J'y trouvais une valeur personnelle et je réclamais du respect en fonction de l'intensité de ma souffrance.

Que répondre à cet homme ? Devais-je lui exposer ce que j'ai répété tout au long de ce livre :

> La division dont vous souffrez est imaginaire. Elle n'existe pas. Vous me semblez être victime d'une interprétation limitée de ce qu'est la vie.
>
> Votre envie de vous suicider n'est peut-être qu'une autre manière de vous rendre intéressant à vos propres yeux et aux yeux de votre entourage. Vous prenez plaisir à enfoncer chaque thérapeute que vous consultez et chaque chef de séminaire que vous côtoyez avec votre désespoir. Si vous ne jouiez pas, si vous ne faisiez pas semblant, il y aurait longtemps que cette question serait réglée. Vous

nous auriez quittés ou, si réellement vous ne teniez plus à rien, vous seriez enfin libre. Vous auriez reconnu la vanité de tout ce qui fait une vie humaine et vous pourriez enfin vivre et vibrer. Mais cette envie d'en finir est plutôt une autre stratégie de survie de votre personnage.

En somme, vous avez trouvé une façon imparable d'attirer l'attention. Vous avez décidé que vous seriez le meilleur en matière de souffrance et, ce matin, vous voulez que je vous décerne une autre médaille en avouant mon impuissance.

Mais je ne lui ai rien dit. Il devait savoir cela par cœur. Alors, j'ai décidé de lui raconter une histoire...

Madame la pomme

« Que diriez-vous, ai-je commencé, à une pomme qui viendrait vous consulter, convaincue dur comme fer que son identité se résume à la surface de sa peau ? Que diriez-vous à une pomme qui s'alarmerait de voir son enveloppe extérieure marquée de boursouflures et de cicatrices par la rudesse des temps ? Que diriez-vous à une pomme qui se plaindrait de circonstances adverses par la faute desquelles la branche où elle est née a toujours eu moins de soleil que les autres ?

« Vous l'écouteriez gentiment puis vous trouveriez une façon de lui démontrer que son cœur est intact, n'est-ce pas ? Vous lui diriez que la nature universelle réside bien en son noyau : venue d'un arbre, elle a le potentiel, elle, petite pomme, d'engendrer d'autres arbres.

« Vous lui diriez peut-être qu'elle est incluse dans le processus vivant et créateur et que peu importent ses certitudes, elle n'en a jamais été séparée. Vous tenteriez de lui faire saisir que la sève qui circule en elle est la même que celle qui circule dans toutes les autres pommes et dans l'arbre entier. Grâce à cette sève, elle possède donc une nature universelle qu'elle exprime à sa façon en tant que pomme unique et que d'autres fruits expriment aussi de façon unique et distincte. »

Mon homme souriait. Manifestement, mon histoire lui plaisait. Je conclus en ajoutant : « Seriez-vous d'accord avec moi pour dire que notre pomme souffre surtout du sentiment de sa propre importance ? »

Il me regarda un moment avec circonspection, pesant le sens de mon anecdote. Puis il se leva, et sortit en riant. Il était libre ; sa blague avait assez duré.

Un chemin d'évolution intégral

Le processus de dissolution des entraves et de libération du geste créateur sous l'éclairage d'un idéal constitue une voie d'évolution volontaire et consciente. Il s'agit d'une voie engagée, à ceci près que l'engagement est envers soi-même et l'immensité de la vie que nous sommes et de l'amour que nous portons. Elle est dégagée des dogmes religieux et même des pratiques spirituelles traditionnelles. Toutefois, elle en conserve l'essence. De surcroît, ce chemin lie avantageusement connaissance psychologique et pratique spirituelle. De la sorte, une évolution intégrale se dégage pour l'être, loin du péché, des fausses hontes et de la culpabilité.

Des groupes de travail autogérés pourraient se créer pour pratiquer ce dont il est question dans ce volume. Car même si nous pouvons évoluer seul, ce n'est pas souhaitable à la longue. Les êtres humains sont tellement isolés, dans le monde contemporain, qu'il est souhaitable de se réunir pour se soutenir dans l'évolution psychologique et aussi pour partager des intérêts et des idéaux communs afin de lutter ensemble pour leur accomplissement.

Cette démarche peut s'entreprendre en couple également. Actuellement, la vie à deux a perdu de son sens : les raisons de rester ensemble paraissent de moins en moins évidentes. Les enfants, l'argent, le statut social, les jugements des tiers, toutes les justifications sociales anciennes ont été balayés. Quelle nouvelle conviction va nous permettre de cohabiter ? Il ne peut s'agir que d'une aventure intérieure où nous nous accompagnons mutuellement dans la prise de conscience des personnalités qui sont en friction et d'un projet créateur au sein duquel nous partageons un même idéal.

La recette n'est pas nouvelle. Pourtant, il est rare de rencontrer des couples entrés dans une œuvre de libération créatrice consciente sans appartenir à une secte ou à un organisme qui définisse pour eux leur sexualité et leurs rapports avec les autres. Il n'y a pas de jugement à porter, bien entendu. Toutefois, nous pouvons observer que, en ce cas, chaque limite devient à la longue une souffrance.

Finalement, je souhaite que les connaissances formulées dans ce livre puissent orienter des thérapeutes dans leur action, voire dans les formations qu'ils prennent ou qu'ils offrent.

Le chemin d'évolution intégrale a pour but l'acquisition d'une maîtrise de ce qui se passe en nous. C'est la naissance d'une autonomie réelle par rapport aux impulsions du personnage et elle ouvre la porte aux élans essentiels.

Cette autonomie apporte une légèreté. Elle permet de s'oublier. Plus nous sommes investi dans la délectation du moment présent, plus se développe en nous un sentiment d'unité et d'appartenance à tout ce qui est, plus nos angoisses existentielles se calment pour faire place à la sérénité. Nous n'avons plus besoin que le regard de l'autre nous prouve que nous existons puisque nous goûtons à l'existence, nous la savourons à chaque respiration.

Imaginez un monde

Pensez que, dans quelques générations, les notions de personnalité et d'individualité seront bien intégrées. Les êtres humains n'auront plus à passer leur vie sur ces thèmes.

Ils sauront que la vie sur terre est une sorte de théâtre symbolique où ils rejouent leurs drames favoris en marche vers l'universalité de leur nature. Imaginez un instant des parents qui seraient en contact conscient avec leur nature universelle, qui savent qu'ils accueillent un être universel venu les visiter pour créer à partir de sa propre essence et en même temps se libérer et se guérir.

La perspective semble lointaine, et pourtant… Ce temps viendra, un temps de grâce, de paix et de création intense où les êtres humains seront libérés de leurs conditionnements intérieurs et jouiront de leur liberté. Ce sera la renaissance que la Renaissance a annoncée et nous sommes en train d'y pénétrer.

J'entrevois une société où nous saurons tous que notre valeur ne peut être mesurée par l'argent que nous faisons ou par le fait d'être « quelqu'un » aux yeux des autres. Cette valeur s'établira dans la joie et dans la conscience de participer à une œuvre collective qui n'est pas écrite à l'avance, et où chacun a un mot à dire et un geste à poser.

Vous pouvez vivre dans cette vibration maintenant car ce futur est déjà présent en vous. Pour ma part, j'ai choisi depuis longtemps de le vivre. J'ai tenté toute ma vie de créer des groupes qui recherchaient cette conscience, et qui la vivaient. Ma conviction est que le monde se recrée à partir de ces modestes groupes de conscience dans lesquels on partage une expérience dans le respect et l'autonomie, attentifs aux peurs et aux revendications de pouvoir qui ne manqueront pas de se manifester, mais gardant le cap sur l'étoile de la liberté.

Imaginez un monde où règne la paix, où l'environnement est sain, où les êtres humains apprécient leur différence au lieu d'en faire un motif de lutte. Imaginez un monde de rêve où la création a tous les droits, un monde où les gens sourient pour rien. Eh bien, ce monde, il est à portée de main. Vivez dès aujourd'hui dans la lumière de cette étoile. Réjouissez-vous de participer à l'avènement d'un monde nouveau et faites les choix qui s'imposent. Le monde est notre création, ensemble nous pouvons le transformer.

Rien de plus simple, il s'agit de retrouver son cœur. Comme le dit mon ami Pierre : « Notre cœur est comme une fleur qui émet son parfum sans réserve. »

La vie que l'on porte en soi

Retrouver le meilleur de soi, c'est retrouver la vie que l'on porte en soi, la vie qui est en nous, la vie que l'on est. Ce sont des retrouvailles avec le sens sacré de l'existence et de l'action humaine.

Mon souhait est que ce livre soit un ferment de votre engagement envers le meilleur de vous-même, envers vos goûts réels, envers vos talents, envers votre individualité. Il est aussi que vous découvriez que c'est en étant fidèle à sa création que l'on est le plus fidèle aux autres. On ne dépend plus d'eux et on les libère du poids de nos frustrations, de nos peurs et de nos attentes. Peut-il y avoir plus grande satisfaction que celle d'être aimé pour ce que nous sommes, ce qui arrive lorsque nous prenons le risque de nous exprimer ?

Finalement, la joie vient lorsque, attaché à donner le meilleur de soi, on s'applique de tout son cœur à exprimer la beauté des êtres et de l'univers dans lequel nous vivons. Alors, tout retrouve son sens et notre vie nous semble non seulement utile à soi et aux autres, mais à la vie elle-même.

Autoriser le meilleur de soi consiste à permettre à ce qui en nous vit déjà dans la tranquillité, l'harmonie et l'amour de s'exprimer dans notre existence pour produire le joyau de la joie.

Retrouvailles

Voilà, l'essentiel est dit. Je vous ai laissé entrevoir comment je vis, ce que je crois et ce que je pratique. Je ne suis pas très avancé sur le chemin du déconditionnement. Mon seul mérite est de l'avoir enfin reconnu et de l'avoir emprunté pour de bon – du moins, je l'espère.

Ce livre m'a traversé. Son écriture a été pleine d'enseignement pour moi. En vous parlant de la négligence de l'élan créateur, je me suis rendu compte que j'étais un cordonnier mal chaussé. Je n'écris plus de poésie, je ne fais plus de théâtre et ma guitare est silencieuse depuis des mois. Cet état de fait m'a amené à prendre des mesures importantes. Il y a quelques mois, afin de récupérer du temps pour la création, j'ai quitté la direction de ma propre organisation, les Productions Cœur.com, ces productions qui m'ont permis de réaliser des rêves inouïs. Louis Parez, qui collabore avec moi depuis quinze ans, a pris le relais sur le sol européen. Lucie Déry, une autre routière de Cœur.com depuis ses débuts, a repris le flambeau au Québec. Je suis confiant ; vous pourrez continuer à y trouver les inspirations que vous cherchez pour vos propres projets créateurs.

J'ai décidé également de réduire le nombre de mes conférences et de mes séminaires afin d'ajouter une corde à mon arc : l'écriture poétique et théâtrale. Je veux donner vie à ce livre en incarnant les thèmes abordés en divers personnages – au sens de l'art dramatique. Je vous invite d'ailleurs à me suivre dans cette nouvelle aventure qui prendra place peu à peu.

Je vous laisse sur un poème que j'ai composé pour évoquer le renouement avec le meilleur de soi. Il s'intitule *Retrouvailles* – retrouvailles avec la source amoureuse d'où nous venons et dont l'eau vive coule en chacun de nous[1].

Amour, mon bel amour, voici quelques offrandes
Ma vie au grand complet gaspillée pour des sous
Avec la peur en prime, avec la peur au ventre

1. Guy Corneau, « Retrouvailles », poème. Vous pouvez retrouver le texte de ce poème sur le site de www.productionscœur.com. Aller dans le menu à gauche et cliquez sur « Poèmes ».

Qui nous courbe l'échine, qui nous met à genoux
J'ai erré si longtemps avant de comprendre
Que sans toi je n'étais qu'un pauvre pou
Oh ! Un pou bien-portant avec son importance
Qui écrivait des livres et qu'on aimait partout

Vivre à côté de soi, vivre à côté de l'âme
C'est renoncer à soi, c'est renoncer à tout

J'ai perdu mon combat, tu gagnes, souveraine
Enferme donc ma haine au fond de tes cachots
Garde-moi prisonnier, lave-moi de mes peines
Pour le mal que j'ai fait, lève l'impôt
De pleurer chaque jour, ému jusqu'à comprendre
Et de pleurer d'amour devant ce qui est beau
Je veux vivre à tes pieds, n'ai plus rien à atteindre
Nulle part où aller, tout est de trop

Vivre à côté de soi, vivre à côté de l'âme
C'est renoncer à soi, c'est renoncer à tout

Je chante pour ceux-là qui n'ont pas pris la chance
D'être eux-mêmes ici-bas, eux-mêmes malgré tout
Je chante pour ceux-là qui n'ont pas eu leur chance
Ou qui tout comme moi l'ont jetée comme un fou
Je chante pour ceux-là dont j'envie l'existence
Ils mangent dans ta main, ils te servent à genoux
Ils suivent le chemin de leur maîtresse tendre
Et ils ont le courage de leurs goûts

Vivre à côté de soi, vivre à côté de l'âme
C'est renoncer à soi, c'est renoncer à tout

Si longtemps loin de toi, longtemps loin de moi-même
Mon bel amour caché au beau centre de tout
Mon bel amour trahi au centre de moi-même
Je te retrouve enfin, à bout de maux.

Bibliographie

Livres

AUROBINDO, Sri, *Trois Upanishads. Isha, Kena, Mundaka*, Paris, Albin Michel, coll. « Spiritualités vivantes », 1972.

CARDINAL, Marie, *Les mots pour le dire*, Paris, Grasset, 1975.

CHAMBERLAIN, David, *The Mind of Your Newborn Baby*, Berkeley (États-Unis), North Atlantic Books, 1998, 298 p.

CHOPRA, Deepak, *Quantum Healing*, Montréal, Les Éditions internationales Alain Stanké, 1990.

CHOPRA, Deepak, *Power, Freedom and Grace : Living from the Source of Lasting Happiness* (*Pouvoir, liberté et grâce : vivre à la source d'un bonheur durable*), Amber-Allen Publishing, coll. « Personnal Growth and Spirituality », 2006.

CORNEAU, Guy, *La guérison du cœur*, publié aux Éditions de l'Homme (pour le Québec), chez Robert Laffont (pour l'Europe francophone), 2000 et aux Éditions J'ai lu, 2002.

CORNEAU, Guy, *Victime des autres, bourreau de soi-même*, publié aux Éditions de l'Homme (pour le Québec), chez Robert Laffont (pour l'Europe francophone), 2003 et aux Éditions J'ai lu, 2004.

CROMBEZ, Jean-Charles, *La méthode en écho. Une traversée vers l'implicite*, Montréal, Éditions de l'Homme, 2006.

CYRULNIK, Boris, *Un merveilleux malheur*, Paris, Odile Jacob, 1999.

CSIKSZENTMIHALYI, Mihaly, *Vivre la psychologie du bonheur*, Paris, Robert Laffont, coll. « Réponses », 2004.

CSIKSZENTMIHALYI, Mihaly, *La créativité-Psychologie de la découverte et de l'invention*, coll. « Réponses », Paris, Robert Laffont, 2006.

D'ANSEMBOURG, Thomas, *Cessez d'être gentil, soyez vrai !*, Montréal, Éditions de l'Homme, 2001.

ELLENBERGER, Henri F., *The Discovery of the Unconscious*, New York, Basic Books, 1970.

GIBRAN, Khalil, *Le prophète*, Paris, Casterman, 1956.

GROF, Stanislav, *The Holographic Mind*, New York, Harper Collins, 1992, 240 p.

JUNG, Carl Gustav, *Types psychologiques*, Genève, Librairie de l'université Georg & Cie, SA 1968.

KABIR, *En toi est le jardin des fleurs*, Tours, Atelier de la Martinerie, 1981.

LABONTÉ, Marie Lise, *Au cœur de notre corps*, Montréal, Éditions de l'Homme, 2000, 160 p.

LABONTÉ, Marie Lise, *Le déclic*, Montréal, Éditions de l'Homme, 2003.

LAPLANCHE, Jean et PONTALIS, J.-B., *Vocabulaire de la psychanalyse*, 5e édition, Paris, PUF, 1976.

MCTAGGART, LYNNE, *L'univers informé, la quête de la science pour prendre le champ de cohérence universelle*, Ariane, coll. « Science et Holisme », 2005, 311 p.

NARBY, Jeremy, *Intelligence dans la nature*, Paris, Buchet-Chastel, 2005, 415 p.

NUNBERG, Herman, *Principes de psychanalyse*, Paris, PUF, 1957.

RATTE, Jean, *L'homme cellulaire*, Montréal, Janus, 2001.

RANK, Otto, *Le traumatisme de la naissance*, Paris, Payot, coll. « Petite bibliothèque Payot », 1968, 237 p.

ROSENBERG, Marshall, *Les mots sont des fenêtres ou des murs*, Saint-Julien-en-Genevois, Éditions Jouvence et Syros, 2001.

SATPREM, *Sri Aurobindo ou l'aventure de la conscience*, Paris, Buchet-Chastel, 3e édition, 2003.

SERVAN-SCHREIBER, David, *Guérir le stress, l'anxiété et la dépression sans médicaments ni psychanalyse*, Paris, Robert Laffont, 2003, 304 p.

VOYER, Bernard, *Aniu-Du flocon de neige à l'iceberg*, Montréal, Nevé Éditeur, 2005.

WEIL, Pierre, *L'art de vivre en paix*, Manuel d'éducation pour une culture de la paix, Paris, Éditions Unesco/Unipaix, 2001.

Articles

CHAMBERLAIN, David, « Early Parenting is Prenatal Parenting ! » (Prendre soin de l'enfant dès les premiers jours, c'est en prendre soin avant la naissance !), dans le journal en ligne *Birth Psychology (Psychologie de la naissance)*, l'organe d'information officiel de Association for Prenatal and Perinatal Psychology and Healt (Association pour la santé et la psychologie prénatale et périnatale), voir aussi *www.birthpsychology.com*.

CHAMBERLAIN, David, « Birth and Violence » (Naissance et Violence), dans le journal en ligne *Birth Psychology (Psychologie de la naissance)*, l'organe d'information officiel de Association for Prenatal and Perinatal Psychology and Healt (Association pour la santé et la psychologie prénatale et périnatale), voir aussi *www.birthpsychology.com*.

GARNIER, Lisa, « Que ressent le fœtus au moment de l'accouchement ? », *Science et Vie*, hors série, n° 234.

NARBY, Jeremy, interviewé par Laurent Montbuteau, « Nature et Conscience », *RectoVerseau*, Romont, n° 172, octobre 2006.

VAN EERSEL, Patrice, « Le Tchèque qui faisait mourir et renaître sous LSD », dans « Les dossiers clés » de la revue *Nouvelle*

Clés, à la rubrique « Psychologie des profondeurs ». Voir *www.nouvellescles.com*. À noter que l'article est paru pour la première fois dans le magazine *Actuel* en avril 1985.

Sites Internet

ASSOCIATION FOR PRENATAL ET PERINATAL PSYCHOLOGY AND HEALTH (Association pour la santé et la psychologie prénatale et périnatale), *www.birthpsychology.com*.

CANAL-VIE, *www.canalvie.com*.

INSTITUTE OF SCIENCE TECHNOLOGY AND PUBLIC POLICY, *www.isttpp.org*.

LIGUE ROC POUR LA PRÉSERVATION DE LA FAUNE SAUVAGE, *www.roc.asso.fr*.

LUMIÈRE SUR LA PLANÈTE, *www.lumieresurlaplanete.org*

NOUVELLES CLÉS, *www.nouvellescles.com*.

POIRIER, Bruno, *www.larevolutioncreatrice.org*.

PRODUCTIONS CŒUR.COM, *www.productionscœur.com*.

REEVES, Hubert, *www.hubertreeves.info*.

RÉSEAU FEMMES QUÉBEC, *www.reseau-femmes-quebec.qc.ca*.

RÉSEAU HOMMES QUÉBEC, *www.rhq.ca*.

SOULIER, Olivier, *www.lessymboles.com*.

Documents audio-visuels

COHEN, Leonard, *Various Positions,* Chanson « Hallelujah », Sony/ATV Music Publishing Canada Company, 1985.

Les Productions Point de Mire, *Guy Corneau en atelier ;* épisode « Vaincre la résistance au changement. » Spécialistes invités : Claude Lemieux ; acteur : Danièle Morneau, psychologue. Montréal, 2006. Diffusé sur les ondes de Canal Vie en septembre 2006.

Les Productions Point de Mire, *Guy Corneau en atelier ;* épisode « Je ne sais pas ce qui me passionne » (titre de travail). Spécialiste invité : Yolande Brouillard, artiste peintre et psychothérapeute. Document inédit. Montréal, 2006.

Les Productions Point de Mire, *Guy Corneau en atelier ;* épisode « La maladie a transformé ma vie ! ». Spécialiste invité : Jean-Charles Crombez, psychiatre. Document inédit. Montréal, 2006

Les Productions Point de Mire, *Guy Corneau en atelier ;* épisode « J'en ai assez d'être surmené ». Spécialiste invité : Rose-Marie Charest, psychologue. Document inédit. Montréal, 2006

Les Productions Point de Mire, *Guy Corneau en toute confidence ;* épisode « Le meilleur de soi ». Montréal, 2005. Diffusé sur les ondes de Canal Vie en février 2006.

Lumière sur la planète, *Une énergie gratuite, illimitée et non polluante qui remplace le pétrole,* DVD, Montréal, 2006.

Lords of the Winds Films, *What the bleep do we know ! ?* DVD, Twentieth Century Fox Home Entertainment, États-Unis, 2004.

Informations

Pour avoir des informations au sujet des conférences et des séminaires de Guy Corneau, des activités des Productions Cœur.com ou obtenir des renseignements sur les réseaux d'entraide pour les hommes et pour les femmes, nous vous prions de contacter :

Pour le Québec :
Les productions CŒUR. com
11-1100, avenue Ducharme
Canada, H2V 1E3
Tél. : (514) 990-0886
Fax : (514) 271-3957

Pour l'Europe francophone :
Les productions CŒUR. com
90, avenue du Monde
B-1400, Nivelles
Belgique
Tél./Fax : (32) 67.84.43.94

Vous pouvez également consulter ces deux sites Internet :
www.guycorneau.com
www.productionscœur.com

Remerciements

Ma gratitude va d'abord à Antoine Audouard des Éditions Robert Laffont pour le suivi qu'il a assuré quant au contenu global du texte. Ses réactions vives et engagées nous ont valu des conversations inspirantes.

Christel Mouchard a corrigé mon texte avec un grand art. Elle lui a donné beaucoup de clarté. Je lui rends grâce.

Je voudrais remercier également Nicole Lattès, à la direction, Antoine Caro, à l'édition, Catherine Bourgey et Élisabeth Villeneuve aux relations de presse, ainsi que toute l'équipe des Éditions Robert Laffont pour leur enthousiasme à l'égard de mon travail.

Nancy Lessard a fait preuve d'un magnifique sens de la lumière pour la page couverture et Ann-Sophie Caouette a produit une illustration tout à fait convaincante de l'Arbre du soi. Qu'elles soient remerciées.

Ludmilla Garau a lu et relu mon manuscrit au fur et à mesure que j'avançais. Sa sensibilité et sa perspicacité ont fait en sorte que, de chapitre en chapitre, j'ai pu être informé sur la cohérence de mon propos. De même, elle m'a grandement aidé pour la finalisation du manuscrit, ne ménageant pas les heures. Mon cœur est plein de gratitude pour sa présence aimante et éclairée.

Mélanie Gleize a également assuré la lecture du manuscrit de façon suivie et fait de nombreuses suggestions. Elle m'a proposé plusieurs citations, notamment celle de

Lucrèce qui ouvre le livre. Je la remercie pour la passion qu'elle a mise dans ce travail.

Marie Lemieux, ma précieuse collaboratrice aux Productions Guy Corneau, a veillé minutieusement à la tenue du bureau pendant que je m'absentais pour écrire. Elle a également retranscrit plusieurs pages du texte et corrigé des pans entiers de celui-ci. Je la remercie pour sa grande disponibilité.

Régine Parez et Lucie Déry, respectivement coordonnatrices européenne et québécoise des Productions Cœur.com, ont veillé également à modérer les sollicitations pendant les phases d'écriture. Leur chaleureuse attention par rapport à l'avancement de l'œuvre m'a touché.

Les personnes qui ont participé à mes émissions de télévision ont témoigné dans le souci d'en aider d'autres. Je prolonge ici leur volonté et les remercie pour ces tranches de vie qui animent le cours du livre. Je saisis l'occasion pour remercier également Raymond Gauthier et Christine Fauteux, mes producteurs à Point de Mire, chez qui mes idées ont trouvé une grande qualité d'écoute.

Je dois beaucoup à mon fidèle ami et compagnon de séminaire Pierre Lessard. Sa créativité et son inspiration, notamment en ce qui a trait à l'invention de schémas et d'exercices, sont fascinantes. De conférence en atelier, et de voyage en conférence, nous avons cheminé ensemble à travers toutes les idées de ce livre. Nous avons tâché de les rendre de plus en plus concrètes et de les amener dans leur versant lumineux. Je lui en serai toujours reconnaissant.

Plusieurs collègues m'ont accompagné dans les ateliers cités dans les pages de mon ouvrage. Je voudrais remercier entre autres la psychologue Danièle Morneau, le psychiatre Jean-Charles Crombez, la psychologue Rose-Marie Charest, le praticien de la communication non violente Thomas d'Ansembourg et le sociologue de la communication Jacques Salomé pour la qualité de leur savoir et de leurs pratiques thérapeutiques respectives. J'ai beaucoup appris à leur contact.

Parmi les nombreux artistes qui m'ont suivi dans cette aventure télévisuelle, je voudrais remercier particulièrement l'acteur et metteur en scène Claude Lemieux dont la finesse et la profondeur d'intervention ne cessent de me fasciner. Je remercie également Yolande Brouillard, artiste peintre et psychothérapeute, pour son dynamisme inspiré.

Ma gratitude va aussi à tous les thérapeutes et artistes de l'équipe de Cœur.com qui, à travers les années, par leur expertise et leur dévouement, ont permis à la matière du meilleur de soi de prendre forme pour devenir accessible au grand public.

Finalement, je rends grâce à l'univers pour sa grande bonté. Ce livre m'a ouvert et rapproché du meilleur de moi-même. J'espère qu'il en sera de même pour tous ceux et toutes celles qui prendront contact avec lui.

Table

Première Partie
LA CONTRACTION

Deuxième partie
L'EXPANSION

Troisième partie
L'EXPRESSION

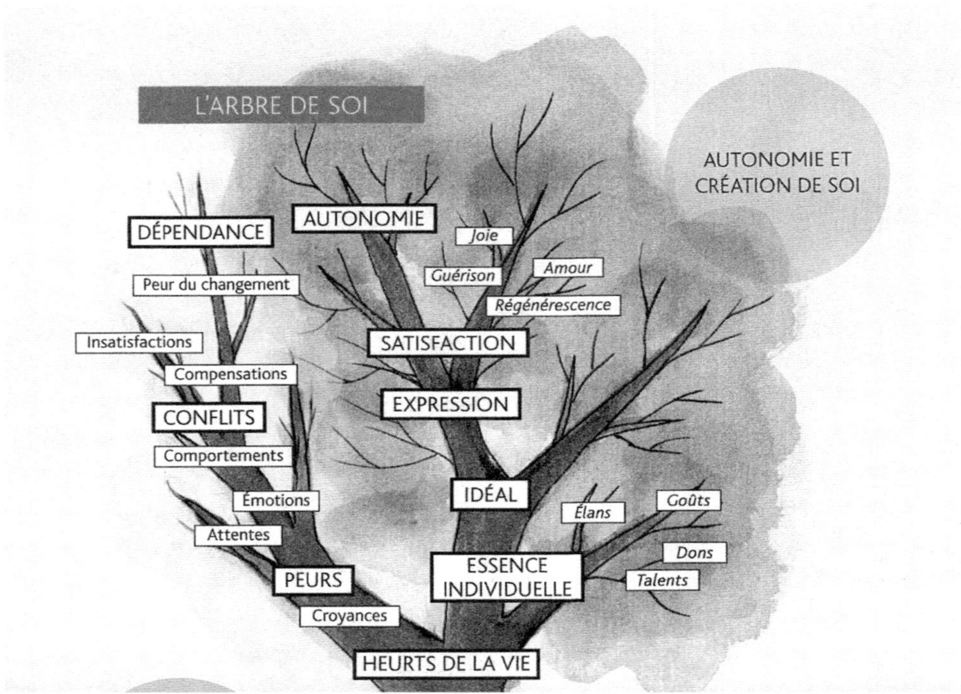
L'ARBRE DE SOI
AUTONOMIE ET
CRÉATION DE SOI
DÉPENDANCE
AUTONOMIE
Joie
Guérison
Amour
Peur du changement
Régénérescence
Insatisfactions
SATISFACTION
Compensations
EXPRESSION
CONFLITS
Comportements
IDÉAL
Émotions
Élans
Goûts
Attentes
Dons
ESSENCE
INDIVIDUELLE
Talents
PEURS
Croyances
HEURTS DE LA VIE

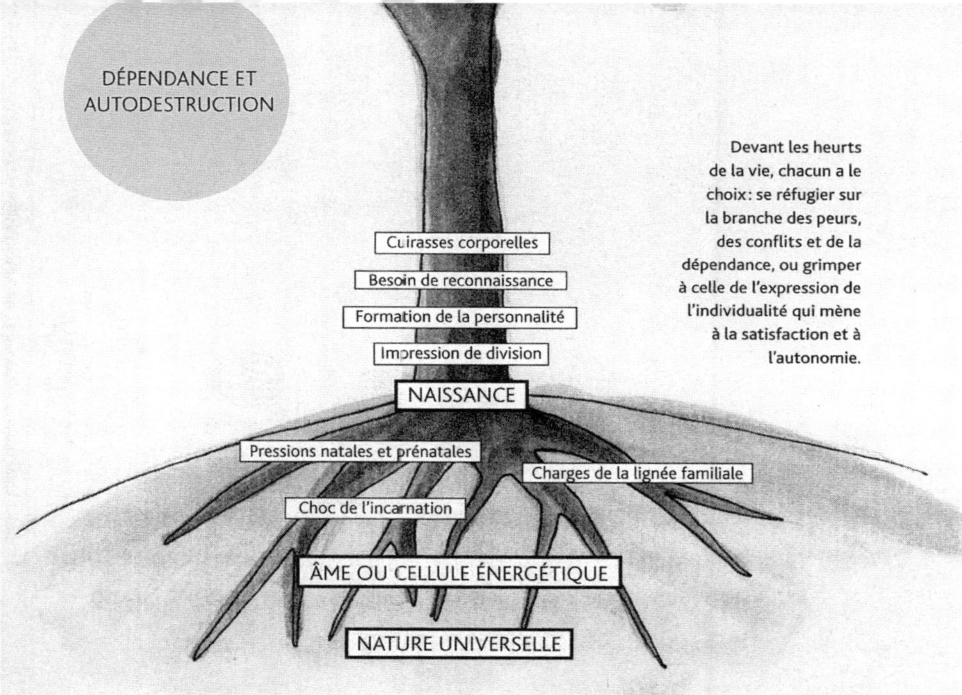

Devant les heurts de la vie, chacun a le choix: se réfugier sur la branche des peurs, des conflits et de la dépendance, ou grimper à celle de l'expression de l'individualité qui mène à la satisfaction et à l'autonomie.

Composition
NORD COMPO

Achevé d'imprimer en Espagne
par BlackPrint CPI
le 7 fèvrier 2012.

1er dépôt légal dans la collection : décembre 2008

ÉDITIONS J'AI LU
87, quai Panhard-et-Levassor, 75013 Paris

Diffusion France et étranger : Flammarion